付建利　编著

单词裂变法

从500基础词直升3500高阶词

清華大學出版社
北　京

内容简介

本书以 500 个基础词汇为出发点，通过科学的裂变方式，衍生出 3500 个紧密相关的单词。这种方法不仅使单词学习更加系统化，还大大提高了单词之间的关联性，使记忆更加牢固。此外，本书从发音、拼写和例句三个关键维度入手，为英语学习者提供了全方位的单词学习支持。

图书在版编目（CIP）数据

单词裂变法：从500基础词直升3500高阶词 / 付建利编著. -- 北京：清华大学出版社, 2024. 8. -- ISBN 978-7-302-66432-1

Ⅰ. H313

中国国家版本馆CIP数据核字第2024F9E344号

责任编辑： 陈 健
封面设计： 何凤霞
责任校对： 赵琳爽
责任印制： 杨 艳

出版发行： 清华大学出版社
网 址： https://www.tup.com.cn，https://www.wqxuetang.com
地 址： 北京清华大学学研大厦A座 **邮 编：** 100084
社 总 机： 010-83470000 **邮 购：** 010-62786544
投稿与读者服务： 010-62776969，c-service@tup.tsinghua.edu.cn
质量反馈： 010-62772015，zhiliang@tup.tsinghua.edu.cn
印 装 者： 三河市龙大印装有限公司
经 销： 全国新华书店
开 本： 144mm×210mm **印 张：** 16.125 **字 数：** 515千字
版 次： 2024年8月第1版 **印 次：** 2024年8月第1次印刷
定 价： 49.00元

产品编号：105453-01

前　言

在学习英语的过程中，单词似乎永远是我们无法逾越的一道坎。那些不认识的单词，是我们在英语考试中的丢分点、阅读语言文章时的卡点、与外国友人交流中的障碍点。我相信很多同学都使用过各种背单词的方法，比如找一本单词书按照字母一个一个去背、反复抄写单词去背，更有甚者，采用一些奇奇怪怪的方法，比如漫画记忆法、故事记忆法等，但是都收效甚微，“今天背明天忘”似乎就像一个魔咒，困扰着我们。最后发现，我们费了很大的力气，单词量还是没有多少提高，英语始终处于初级水平，考试成绩无法提高，最后失去对英语学习的兴趣和信心。

那么，单词到底应该怎么背呢？又应该如何利用这些单词来提高英语考试成绩，进而提高我们在日常生活中英文阅读与交流的能力呢？

在回答这些问题之前，我们先思考一下，平时学习英语的方法中，是否存在以下四个致命的问题：

1. 英语单词彼此间毫无联系

我们知道，人的脑神经细胞，经过视觉、听觉、运动、嗅觉、味觉、触觉以及想象等刺激会生长出“树突”，通过这些“树突”，与其他神经细胞形成网络。人的大脑有 1000 亿个神经细胞，每个神经细胞又可以长出 2000 至数万个树突与其他神经细胞连接。因此，大脑对接收的信息，最容易的处理方式是建立在彼此联系的基础之上。

但是反思一下我们学习英语的过程，无论是课本单词表里的单词，还是单词书上以各字母开头的单词，似乎每一个我们要背的单词彼此之间都没有多少联系，比如很多单词书的第一个单词就是abandon，第二个是ability，第三个是abnormal，接下来是abroad、absence、absolute……总之，就是按照字母顺序简单进行排列，看似单词又全又多，但其实乱作一团。这些单词每一个都是新单词，彼此毫无联系，大脑无法对其形成记忆网络，更无法形成深层记忆，自然很快就忘记了。

2. 单词记得很牢，但考试分数还是上不去

很多同学都会发现，平时记单词很认真，而且也都能记下来，但是在考试的时候，就会感觉晕头转向，还会有很多题目出错。这是为什么呢？其实，归根到底还是单词的问题。例如，我们可能在这个单元学习了单词workday，在下学期学习了单词workaday，但是在考试的时候，会将这两个单词进行辨析考查。我们平时只是将重点放到了单词拼写上面，却忽视了两个形近词含义的比较，那么在考场上，一来学得不扎实，二来有些紧张，很可能题目就做错了。像这样的知识盲点有很多，我们为此丢了很多分，非常可惜。

3. 似曾相识的单词，一考就错

还有很多同学发现，在考场上出现很多似曾相识的单词，但字面的含义和单词真正的含义相隔十万八千里。很多同学最怕这种题，因为只要遇到通常是一考就会错。比如，很多同学以为room service是“客房打扫服务”，实际上这个词组表示的含义是“客房送餐服务”；workout这个单词，很多同学以为是“出去工作”，但实际上这个单词的含义是“体育锻炼”；还有一个经常考查的单词是workbook，很多同学以为它是“工作手册”，但其实它和工作没有任何关系，表示的含义是“练习册”；再比如，child大家都认识，表示“孩子”，但

是 childlike 表示“天真无邪的”，而 childish 则表示“幼稚的”，两者的含义相差很大。这样的单词不胜枚举，大家平时学习一定要注意。

4. 总也理解不了很多词组的含义

在英语考试中，经常考查我们对于单词或词组的理解，但这也是很多同学感到非常吃力的。单词已经很难记了，再变成词组，就更难记了。造成这一困难的还是我们的大脑对于这些知识没有形成深度记忆网络。

举两个例子。很多同学误以为 dog days 是“小狗的日子”，但这个词组表示“三伏天”，尤其指北半球七八月这段最热的天气。为什么呢？其实，这个有趣的表达与天狼星（Sirius）有关。古代的人们对天文学知之甚少，古希腊人认为大犬座（Canis Major）是一只狗在追赶兔子（即天兔座，Lepus），大犬座中那颗明亮的天狼星恰好是狗的鼻子，因此称它为“狗星”（dog star）。人们发现，每到七月末，这颗“狗星”（dog star）就会在日出前出现在天际，此时也正是一年中最热的时候，因此 dog days 所指的就是“三伏天”。

第二个例子是在考试中经常出现的 look up，表示“查找”，但很多同学总也记不住。很多同学问我，为什么“查找”的英文是 look up，为什么要向上看啊？查找东西不是要低头才能找到吗？其实，如果了解了这个词组的来源，将其与中文含义建立起联系，你就能轻松背下来了。《汉谟拉比法典》（*Code of Hammurabi*）是中东地区的古巴比伦国王汉谟拉比（约公元前1792—前1750年在位）大约在公元前1776年颁布的法律汇编，是最具代表性的楔形文字法典，也是世界上现存的第一部比较完备的成文法典。而《汉谟拉比法典》原文是刻在一段高

2.25 米，上部周长 1.65 米，底部周长 1.90 米的黑色玄武岩石柱上，故又名“石柱法”。正文包括 282 条法律，对刑事、民事、贸易、婚姻、继承、审判等制度都做了详细的规定。因此人们要去查阅法典中的铭文时，就必须抬起头来看石柱上的文字，自此，look up 才有了“查找”这样的含义。

这样的例子还有很多。通过上述四个英语学习过程中的问题，我们发现单词的记忆痛点实际上全都是由于孤立记忆单词，没有形成记忆网络所造成的。要破解这个问题，最重要的就是深入研究单词彼此之间的联系，然后将这些散落无序的单词串联起来，这样才能够实现单词量的突破与提升！

我习惯将单词量称作“盒子”，这个盒子体积越大，我们的单词量就越大。现在，盒子有了，可是里面的单词杂乱无章，毫无顺序，导致我们经常会丢掉盒子里的单词，或者对盒子里的单词记混记错，使它变成了一个没有用的单词盒子。

自从公元 5 世纪入侵英国的盎格鲁 – 撒克逊人为英伦三岛带来了古英语开始，语言在不断演化，逐步演变为中古英语，到如今的现代英语。通过简单的历史回顾，我们不难发现，虽然单词数量以百万计，但是它们其实都是由几百个核心单词为基础演化构成的。

因此，我们一旦找到了这些核心单词，就相当于找到了词汇的源头，一连串的单词随着基础词快速裂变出来，单词与单词之间彼此相连，我们就可以顺藤摸瓜，将这些单词一网打尽，更加高效地学习这些单词，更加深刻地记住这些单词。

以下表格，我通过 10 个基础单词进行举例，为大家演示单词裂变的过程，希望给大家一些启迪与帮助。

基础词	裂变词 1	裂变词 2	裂变词 3	裂变词 4	裂变词 5	裂变词 6
1 look 看	look out 小心	outlook 观点	lookout 前途、未来	look up 查找	good-looking 好看的	forward-looking 有远见的
2 work 工作	workday 工作日	workaday 枯燥乏味的	workaholic 工作狂	workout 体育锻炼	workbook 练习册	workmate 同事 / 工友
3 room 房间	bathroom 浴室	roomy 宽敞的	bedroom 卧室	roommate 室友	fitting room 试衣间	room service 送餐服务
4 lock 锁	locked 上锁的	locker 储物柜	locker room 更衣室	lock up 将……锁上	unlock 开锁	locksmith 锁匠
5 child 孩子	childlike 天真无邪的	childish 幼稚的	childless 无子女的	childhood 童年	wonder child 神童	child’s play 轻而易举的事
6 dog 狗	doggy 小狗	dogged 顽强的	dog-leg 急转弯	dog’s dinner 一团糟	dog days 三伏天	dog-tired 非常疲倦的
7 fly 飞	dragonfly 蜻蜓	flyer 飞行员	flyover 立交桥	fly high 雄心勃勃	fly low 低调 / 谦卑	flyblown 特别脏的
8 price 价格	half-price 半价的	cut-price 低价的	price floor 最低价	priceless 无价的	pricey 昂贵的	price tag 价签
9 fruit 水果	fruiter 果农	fruity 果香味浓的	fruitful 富有成果的	fruitless 没有成果的	fruited 结果实的	dried fruit 果脯
10 time 时间	good timing 刚刚好	overtime 加班	time-saving 节省时间的	timetable 时刻表	time sheet 考勤表	timid 胆小的

通过以上表格大家可以发现，如果孤立地去背表格中的单词，效率就会很低，而且很容易忘记。这就是因为单词彼此之间没有任何联系，我们的大脑接收的都是孤立的信息，很难形成深刻的理解性的记忆网络。这就像我们去攀岩，如果脚下踩不到任何东西，形成不了支点，单靠徒手向上攀爬，是很难到达终点的，通常很快力气就没有了，会从上面掉下来。背单词也是如此。如果先给自己一个简单的单词作为支点，然后去背围绕这个单词的其余单词，那么我们就能使上劲，不断向上爬，单词量也就能稳步提高了。

我将这套方法称为“单词裂变法”，这 500 个简单的单词，每个均可裂变形成 6 个单词。这样一来，3500 个单词就不再是杂乱无章的随机排列，而是彼此相连，自成体系。

为了帮助不同阶段的读者更高效进行词汇学习，本书将这 500 组词汇分为基础词、中阶词和高阶词，建议读者按照以下顺序和每日学习数量进行学习：

基础词	001（able）～109（press）	每天学习 2～3 组
中阶词	110（back）～307（print）	每天学习 3 组
高阶词	308（centre）～500（find）	每天学习 3～4 组

希望大家借此方法，多思考，多总结，成功踏上一词变十词、十词变百词的神奇之旅。祝每位英语学习者都可以通过单词裂变法，快速提升英语学习能力。

本书在编写的过程中，得到了很多知名学者和一线优秀英语教师的大力帮助和指导。特别要感谢雅思名师於迎春、高级英语教师杜建中、英语教研员呼永芳等，同时插画师赵欣为本书封面设计绘制了卡通形象，在此一并感谢！

目 录

第 1 部分 基础词

第 2 部分　中阶词

第 3 部分 高阶词

437 **stream**『小溪；流』 /437
438 **street**『街道』 /438
439 **strong**『强壮的』 /439
440 **study**『学习，研究』 /440
441 **sun**『太阳』 /441
442 **suppose**『假设；认定』 /442
443 **sweet**『甜的』 /443
444 **take**『拿，带走』 /444
445 **talk**『说话』 /445
446 **taste**『品尝；味道』 /446
447 **tax**『税；征税』 /447
448 **teach**『教授』 /448
449 **tell**『告诉；讲述；识别；泄露』 /449
450 **test**『考试；检测』 /450
451 **think**『想』 /451
452 **tight**『紧的』 /452
453 **time**『时间』 /453
454 **tongue**『舌头』 /454
455 **top**『顶部』 /455
456 **town**『城镇』 /456
457 **translate**『翻译』 /457
458 **treat**『处理；对待』 /458
459 **true**『真实的；正确的』 /459
460 **trust**『信任』 /460
461 **turn**『转动』 /461
462 **unite**『联合；团结』 /462
463 **use**『使用』 /463
464 **value**『价值』 /464
465 **view**『观看；观点』 /465
466 **voice**『声音』 /466
467 **wait**『等待』 /467
468 **walk**『走』 /468
469 **war**『战争』 /469
470 **ware**『物品』 /470
471 **warm**『温暖的；变暖和』 /471
472 **wash**『洗』 /472
473 **water**『水』 /473
474 **way**『道，路；方法』 /474
475 **week**『星期』 /475
476 **west**『西』 /476
477 **where**『哪里；地方』 /477
478 **white**『白色』 /478
479 **wide**『宽的；广泛的』 /479
480 **will**『意愿；决心』 /480
481 **wind**『风』 /481
482 **wit**『智慧』 /482
483 **woman**『女人』 /483
484 **wood**『木头；森林』 /484
485 **word**『单词；话语』 /485
486 **work**『工作』 /486
487 **world**『世界』 /487
488 **write**『写作』 /488
489 **yard**『庭院』 /489
490 **year**『年』 /490
491 **after**『之后』 /491
492 **bind**『捆绑』 /492
493 **praise**『赞扬』 /493
494 **revise**『修订』 /494
495 **thing**『事情』 /495
496 **seek**『寻找』 /496
497 **separate**『分开』 /497
498 **popular**『流行的』 /498
499 **light**『轻的』 /499
500 **find**『发现』 /500

第1部分 基础词

001 able『能够』

unable [ʌn'eɪbəl] *adj.* 不能的，无能力的，不会的	极速理解：**un**（否定）+**able**（能够） • I'm **unable** to attend the meeting this afternoon. 我今天下午**不能**参加会议。
disable [dɪs'eɪbəl] *v.* 使失去能力，使无能，使伤残	极速理解：**dis**（否定）+**able**（能够） • The accident **disabled** him from work. 事故**使**他**失去**了工作**能力**。
disabled [dɪ'seɪbəld] *adj.* 残疾的，有残疾的	极速理解：**dis**（否定）+**abl(e)**（能够）+**ed**（形容词后缀） • He is a **disabled** veteran. 他是一位**残疾的**退役军人。
enable [ɪn'eɪbəl] *v.* 使能够，使有能力，使实现	极速理解：**en**（加强）+**able**（能够） • The new software will **enable** us to better track sales data. 新软件将使我们**能够**更好地跟踪销售数据。
ability [ə'bɪlɪti] *n.* 能力，才能，本领	极速理解：无 • The **ability** to work independently is important. 独立工作的**能力**非常重要。
disability [ˌdɪsə'bɪlɪtɪ] *n.* 残疾，缺陷	极速理解：**dis**（否定）+**ability**（能力） • Her **disability** made it difficult for her to find employment. 她的**残疾**使得她很难找到工作。

002 act『表演；行动』

actor ['æktə] *n.* 男演员	极速理解：**act**（表演）+ **or**（人或物） • Tom Hanks is a famous **actor** in Hollywood. 汤姆·汉克斯是好莱坞著名的**男演员**。
actress ['æktrɪs] *n.* 女演员	极速理解：**act**（表演）+ **ress**（女性） • Meryl Streep is one of the greatest **actresses** in the world. 梅丽尔·斯特里普是世界上最伟大的**女演员**之一。
action ['ækʃən] *n.* 行动，活动	极速理解：**act**（行动）+ **ion**（名词后缀） • He took immediate **action**. 他立即采取了**行动**。
activity [æk'tɪvɪti] *n.* 活动	极速理解：**activ(e)**（活跃的）+ **ity**（名词后缀） • The company organized team-building **activities**. 公司组织了团队建设**活动**。
react [rɪ'ækt] *v.* 表现，反应	极速理解：**re**（反向，再）+ **act**（行动） • The chemical compounds **react** with each other. 这些化合物互相**反应**。
interact [ˌɪntər'ækt] *v.* 互动，相互作用	极速理解：**inter**（相互）+ **act**（行动） • The teacher encourages students to **interact** with each other. 老师鼓励学生**互动**交流。

003 age『年龄；时期』

aged ['eɪdʒɪd] *adj.* 年老的，上了年纪的	**极速理解：ag(e)（年龄）+ ed（形容词后缀）** • The **aged** population is increasing in many countries. 许多国家**老龄**人口正在增加。
ageing ['eɪdʒɪŋ] *n.* 变老，衰老	**极速理解：age（年龄）+ ing（名词后缀）** • These products can reduce the signs of **ageing**. 这些产品能减少**衰老**迹象。
ageless ['eɪdʒlɪs] *adj.* 永恒的	**极速理解：age（年龄）+ less（形容词后缀）** • Some classic movies are truly **ageless**. 一些经典电影真的是**永恒的**。
age-old *adj.* 古老的，存在已久的	**极速理解：age（时期）+ old（古老的）** • Folk tales and legends are full of **age-old** wisdom that still resonates today. 民间故事和传说充满着**古老的**智慧，至今仍然有所启示。
age-long *adj.* 漫长的，长久的	**极速理解：age（时期）+ long（长久的）** • The artist's legacy has had an **age-long** impact on the art world. 艺术家的遗产对艺术界产生了**长久的**影响。
ageism ['eɪdʒɪzəm] *n.* 年龄歧视，对老年人的歧视	**极速理解：age（年龄）+ ism（名词后缀）** • Some employers practice **ageism** and refuse to hire the older worker. 一些雇主有**老年歧视**，拒绝雇用上年纪的工人。

004 air『空气；航空』

airport ['eəˌpɔːt] *n.* 机场	极速理解：**air**（航空）+ **port**（港口） • I will pick you up at the **airport** when you arrive. 当你到达**机场**时，我会去接你。
airline ['eəˌlaɪn] *n.* 航空公司	极速理解：**air**（航空）+ **line**（路线） • The **airline** cancelled the flight due to bad weather. 由于天气不好，**航空公司**取消了该航班。
airless ['eəlɪs] *adj.* 没有通风口的，没有空气的	极速理解：**air**（空气）+ **less**（形容词后缀） • The **airless** room was stuffy and uncomfortable. **没有通风口的**房间闷热不透气。
airbed ['eəbed] *n.* 充气床，空气床	极速理解：**air**（空气）+ **bed**（床） • We have inflated the **airbed**. 我们已经把**充气床**充好气了。
airsick ['eəˌsɪk] *adj.* 晕机的	极速理解：**air**（航空）+ **sick**（生病的） • I always get **airsick** on long flights. 我总是在长途飞行时**晕机**。
open-air *adj.* 露天的，野外的	极速理解：**open**（开放，敞开的）+ **air**（空气） • We went on an **open-air** safari tour to see the wildlife. 我们参加了一次**露天的**野生动物观光游。

005 all『全部的』

overall ['əʊvərˌɔːl] *adj.* 整体的 *adv.* 总的来说	**极速理解：over（超过）+ all（全部的）** • **Overall**, the project was a success. **总体来说**，这个项目是成功的。
all-round *adj.* 全面的，多方面的	**极速理解：all（全部的）+ round（环绕，方面）** • He is an **all-round** athlete, excelling in several sports. 他是位**多才多艺的**运动员，在多项体育项目中都表现出色。
know-all *n.* 自以为是的人	**极速理解：know（知道）+ all（全部的）** • Don't be a **know-all** and listen to other people's opinions. 不要成为一个**自以为是的人**，听听他人的意见。
all-night *adj.* 整夜的，通宵的　*adv.* 通宵	**极速理解：all（全部的）+ night（夜晚）** • He stayed up **all-night** studying for the exam. 他熬了个**通宵**备考。
all-out *adj.* 全力的	**极速理解：all（全部的）+ out（出去，尽全力）** • We need to make an **all-out** push to finish the project. 我们需要**全力**以赴完成项目。
coverall ['kʌvərˌɔːl] *n.* 连体工作服	**极速理解：cover（覆盖）+ all（全部的）** • The **coveralls** were stained with grease and oil from the machinery. **连体工作服**被机械的油污和油渍弄脏了。

006 arm『手臂；武装』

armrest ['ɑːmˌrest] *n.* 扶手，扶手椅	极速理解：**arm**（手臂）+ **rest**（休息，支撑） • The airplane's **armrests** couldn't be lifted. 这架飞机的**扶手**无法抬起。
armpit ['ɑːmˌpɪt] *n.* 腋下	极速理解：**arm**（手臂）+ **pit**（坑） • I put on some deodorant to prevent sweating in my **armpits**. 我涂点防汗剂，防止**腋下**出汗。
armband ['ɑːmˌbænd] *n.* 臂带，袖章	极速理解：**arm**（手臂）+ **band**（带子） • The athletes wore **armbands** with their country's flag during the opening ceremony. 运动员在开幕式上佩戴着印有国旗的**臂带**。
armed [ɑːmd] *adj.* 持有武器的，武装的	极速理解：**arm**（武装）+ **ed**（形容词后缀） • The police were **armed** with guns in case of an emergency. 警方**携带着**枪支以防万一。
army ['ɑːmi] *n.* 陆军，军队	极速理解：**arm**（武装）+ **y**（名词后缀） • My grandfather served in the **army** during World War II. 我爷爷在二战期间服役于**陆军**。
disarm [dɪs'ɑːm] *v.* 缴械，解除武装	极速理解：**dis**（否定）+ **arm**（武装） • The countries agreed to **disarm**. 这些国家同意**解除武装**。

007 art『艺术；技巧』

artist ['ɑːtɪst] *n.* 艺术家，画家	**极速理解：art（艺术）+ ist（名词后缀）** • My sister is a talented **artist** who sells her paintings online. 我姐姐是一位有才华的**艺术家**，她在网上销售她的画作。
artistry ['ɑːtɪstrɪ] *n.* 艺术技巧	**极速理解：art（艺术）+ istry（名词后缀）** • The singer's **artistry** was evident in her emotional performance. 歌手的**艺术表现力**在她充满感情的演唱中显而易见。
artificial [ˌɑːtɪ'fɪʃəl] *adj.* 人造的，人工的	**极速理解：art（技巧）+ ificial（形容词后缀）** • I don't like the taste of **artificial** sweeteners in my food. 我不喜欢食物中的**人工**甜味剂的味道。
inartificial [ˌɪnɑːtɪ'fɪʃəl] *adj.* 非人造的，自然的，朴素的	**极速理解：in（否定）+ artificial（人工的）** • I prefer **inartificial** cosmetics that use natural ingredients. 我喜欢使用**天然**成分的化妆品。
artless ['ɑːtlɪs] *adj.* 天真的，朴实的	**极速理解：art（技巧）+ less（无，没有）** • The child's **artless** laughter was infectious. 孩子**天真的**笑声感染了所有人。
artful ['ɑːtfʊl] *adj.* 巧妙的	**极速理解：art（技巧）+ ful（充满的）** • The jewelry designer's **artful** creations were admired by many. 珠宝设计师**巧妙的**作品受到了许多人的赞赏。

008 bag『袋子』

baggy ['bægi] *adj.* 宽松而下垂的，松垮的	极速理解：**bag**（袋子）+ **g** + **y**（形容词后缀） • He wore **baggy** pants that were too big for him. 他穿着一条**松垮的**裤子。
bagful ['bægfʊl] *n.* 一袋之量，满袋子	极速理解：**bag**（袋子）+ **ful**（充满……的） • I went to the store and bought a **bagful** of apples. 我去商店买了**一袋**苹果。
baggage ['bægɪdʒ] *n.* 行李，行李箱	极速理解：**bag**（袋子）+ **g** + **age**（名词后缀） • I packed all of my clothes in a single piece of **baggage**. 我把所有衣服都装在一件**行李**里。
handbag ['hændˌbæg] *n.* 手提包	极速理解：**hand**（手）+ **bag**（袋子） • She carried her keys and wallet in her **handbag**. 她把钥匙和钱包都放在**手提包**里。
schoolbag ['sku:lˌbæg] *n.* 书包，学生用背包	极速理解：**school**（学校）+ **bag**（袋子） • The children carried their books in their **schoolbags**. 孩子们把他们的书装在**书包**里。
bin bag 垃圾袋	极速理解：**bin**（垃圾桶）+ **bag**（袋子） • We need to buy more **bin bags** to take out the trash. 我们需要买更多的**垃圾袋**来倒垃圾。

009 ball『球』

football ['fʊtˌbɔːl] *n.* 足球，足球运动	极速理解：**foot**（脚）+ **ball**（球） • Let's go play **football** at the park. 我们去公园踢**足球**吧。
volleyball ['vɒlɪˌbɔːl] *n.* 排球，排球运动	极速理解：**volley**（击球）+ **ball**（球） • She's really good at playing **volleyball**. 她非常擅长打**排球**。
basketball ['bɑːskɪtˌbɔːl] *n.* 篮球，篮球运动	极速理解：**basket**（篮子）+ **ball**（球） • He wants to join the school's **basketball** team this year. 今年他想加入学校的**篮球**队。
baseball ['beɪsˌbɔːl] *n.* 棒球，棒球运动	极速理解：**base**（垒）+ **ball**（球） • **Baseball** has a long history in the United States. **棒球**在美国有着悠久的历史。
eyeball ['aɪˌbɔːl] *n.* 眼球	极速理解：**eye**（眼睛）+ **ball**（球） • Don't touch your **eyeballs** with dirty hands. 不要用脏手触摸你的**眼球**。
balloon [bə'luːn] *n.* 气球，飞行器	极速理解：**ball**（球）+ **oon**（名词后缀） • The hot air **balloon** rose slowly into the sky. 热**气球**缓缓上升到天空中。

010 bed『床』

bedtime ['bedˌtaɪm] *n.* 就寝时间	极速理解：**bed**（床）+ **time**（时间） • I must be going home; it's way past my **bedtime**. 我得回家了，早过了我的**就寝时间**了。
bedroom ['bedˌruːm] *n.* 卧室	极速理解：**bed**（床）+ **room**（房间） • I'm going to paint my **bedroom** walls a new color. 我要把**卧室**墙涂上新颜色。
bedding ['bedɪŋ] *n.* 床上用品	极速理解：**bed**（床）+ **d** + **ing**（名词后缀） • The hotel provides high-quality **bedding**. 这家酒店提供高质量的**床上用品**。
roadbed ['rəʊdˌbed] *n.* 路基，道路的基础	极速理解：**road**（道路）+ **bed**（床） • The **roadbed** needs to be very solid and stable. **路基**需要非常坚实稳定。
seabed ['siːbed] *n.* 海底，海床	极速理解：**sea**（海）+ **bed**（床） • The **seabed** is home to many different species of marine life. **海底**是许多不同种类的海洋生物的家。
hotbed ['hɒtˌbed] *n.* 温床，孕育之地	极速理解：**hot**（热的）+ **bed**（床） • The region is a **hotbed** of political unrest. 这个地区是政治动荡的**温床**。

011 bird『鸟』

seabird ['siːbɜːd] *n.* 海鸟	**极速理解：sea（海）+ bird（鸟）** • The **seabirds** rested on the rocks beside the shore. **海鸟**们在海岸旁的岩石上休息。
lovebird ['lʌvˌbɜːd] *n.* 爱情鸟（产于非洲）	**极速理解：love（爱）+ bird（鸟）** • They are like a pair of **lovebirds**, always staying by each other's side. 他们像一对**爱情鸟**，总是在彼此身边。
jailbird ['dʒeɪlˌbɜːd] *n.* 囚犯，服刑的人	**极速理解：jail（监狱）+ bird（鸟）** • He spent ten years as a **jailbird** before being released on parole. 他在服刑期满前当了十年的**囚犯**，之后获得假释。
bird flu 禽流感	**极速理解：bird（鸟）+ flu（流感）** • The government issued a warning about the spread of **bird flu** in the region. 政府发布了一个关于**禽流感**在该地区传播的警告。
birdlike ['bɜː(r)dˌlaɪk] *adj.* 像鸟一样的，鸟类的	**极速理解：bird（鸟）+ like（像……的）** • The dress was adorned with delicate **birdlike** patterns. 这件服装上装饰着精细的**鸟类**图案。
bird's nest 鸟巢	**极速理解：bird's（鸟的）+ nest（巢）** • When a **bird's nest** is overturned, no egg can remain intact. 覆**巢**之下无完卵。

012 birth『出生』

birthday ['bɜːθˌdeɪ] *n.* 生日	极速理解：**birth**（出生）+ **day**（日） • Today is my sister's 30th **birthday**. 今天是我姐姐的 30 岁**生日**。
childbirth ['tʃaɪldˌbɜːθ] *n.* 分娩，生产	极速理解：**child**（孩子）+ **birth**（出生） • The mother was in a lot of pain during **childbirth**. 母亲在**分娩**期间感到很痛苦。
rebirth ['riˌbɜːθ] *n.* 重生，复活	极速理解：**re**（再，重新）+ **birth**（出生） • The novel tells the story of a man's spiritual **rebirth**. 这本小说讲述了一个人心灵**重生**的故事。
birthplace ['bɜːrθˌpleɪs] *n.* 出生地	极速理解：**birth**（出生）+ **place**（地方） • Hawaii was the **birthplace** of surfing. 夏威夷是冲浪运动的**发源地**。
birthrate ['bɜːθˌreɪt] *n.* 出生率	极速理解：**birth**（出生）+ **rate**（率） • The country's **birthrate** has been declining for several years. 该国的**出生率**已经连续几年下降。
birthmark ['bɜːθˌmɑːk] *n.* 胎记	极速理解：**birth**（出生）+ **mark**（标记） • The baby had a small **birthmark** on her arm. 这个婴儿的手臂上有一个小**胎记**。

013 black『黑色；黑色的』

blackish [bˈlækɪʃ] *adj.* 略带黑色的	**极速理解：black**（黑色；黑色的）+ **ish**（略微的） • She has long **blackish** hair. 她有一头**乌黑的**长发。
blackness [ˈblæknəs] *n.* 黑暗，黑色	**极速理解：black**（黑色；黑色的）+ **ness**（名词后缀） • The **blackness** of the night made it hard to see. 黑夜的**黑暗**使得视线不清。
blacken [ˈblækən] *v.* 使变黑，玷污	**极速理解：black**（黑色；黑色的）+ **en**（使……化） • The smoke from the fire **blackened** the walls. 火的烟雾让墙壁**变黑**。
blackboard [ˈblækˌbɔːd] *n.* 黑板	**极速理解：black**（黑色；黑色的）+ **board**（板） • The teacher wrote out the math problem on the **blackboard**. 老师在**黑板**上写下了数学题。
blacklist [ˈblækˌlɪst] *n.* 黑名单	**极速理解：black**（黑色；黑色的）+ **list**（名单） • Many students have been placed on a **blacklist**. 许多学生已被列入**黑名单**中。
blackmail [ˈblækˌmeɪl] *n.* 勒索，敲诈	**极速理解：black**（黑色；黑色的）+ **mail**（邮件） • The criminal threatened to release compromising photos unless he received payment for his **blackmail**. 罪犯威胁要发布敏感照片，除非他得到**勒索**款。

014 boat『小船』

boating ['bəʊtɪŋ] *n.* 划船，泛舟	**极速理解：boat（小船）+ ing（名词后缀）** • We spent the afternoon **boating** on the river. 我们整个下午在河上**划船**。
motorboat ['məʊtəˌbəʊt] *n.* 机动船	**极速理解：motor（发动机）+ boat（小船）** • We rented a **motorboat** to explore the coastline. 我们租了一艘**机动船**探索海岸线。
lifeboat ['laɪfˌbəʊt] *n.* 救生船	**极速理解：life（生命）+ boat（小船）** • The captain ordered all passengers and crew into **lifeboats**. 船长命令所有乘客和船员都进入**救生艇**。
ferryboat ['ferɪbəʊt] *n.* 渡船，渡轮	**极速理解：ferry（渡船）+ boat（小船）** • We took the **ferryboat** across the river. 我们乘坐**渡船**穿过河流。
houseboat ['haʊsˌbəʊt] *n.* 船屋	**极速理解：house（房子）+ boat（小船）** • We rented a **houseboat** for a weekend getaway on the lake. 我们在湖上租了**船屋**度过周末。
boatman ['bəʊtmən] *n.* 船夫，船长	**极速理解：boat（小船）+ man（男人）** • The **boatman** rowed the boat along the river. **船夫**划着船沿河而行。

015 bone『骨头』

bony ['bəʊni] *adj.* 多骨的，瘦骨嶙峋的	极速理解：**bon(e)**（骨头）+ **y**（形容词后缀） • The **bony** structure of the bird allowed it to fly. 鸟的**多骨**结构使其能够飞翔。
boneless ['bəʊnləs] *adj.* 无骨的	极速理解：**bone**（骨头）+ **less**（没有） • The **boneless** chicken is easier to eat. **无骨**鸡肉更容易食用。
breastbone ['brestˌbəʊn] *n.* 胸骨	极速理解：**breast**（胸部）+ **bone**（骨头） • The doctor examined the patient's **breastbone**. 医生检查了患者的**胸骨**。
backbone ['bækˌbəʊn] *n.* 脊柱，支柱	极速理解：**back**（背部）+ **bone**（骨头） • The **backbone** provides support for the entire body. **脊柱**为整个身体提供支撑。
cheekbone ['tʃiːkˌbəʊn] *n.* 颧骨	极速理解：**cheek**（面颊）+ **bone**（骨头） • She was very beautiful, with high **cheekbones**. 她**颧骨**高高的，非常漂亮。
lazybones ['leɪzɪˌbəʊnz] *n.* 懒鬼，懒人	极速理解：**lazy**（懒惰的）+ **bones**（骨头） • **Lazybones**! We have things to do. 你这个**懒鬼**！我们有事情要做。

016 book『书』

textbook ['tekstˌbʊk] *n.* 教科书	极速理解：**text**（课本）+ **book**（书） • The school issued **textbooks** to all students. 学校向所有学生发放**教科书**。
bookstore ['bʊkstɔː] *n.* 书店	极速理解：**book**（书）+ **store**（商店） • Let's go to the **bookstore** and see if they have any new releases. 我们去**书店**看看是否有新书发行。
booklet ['bʊklɪt] *n.* 小册子	极速理解：**book**（书）+ **let**（小的） • The museum provides visitors with a **booklet**. 博物馆为游客提供一本**小册子**。
handbook ['hændˌbʊk] *n.* 手册，指南	极速理解：**hand**（手）+ **book**（书） • The hiking **handbook** provides tips for staying safe. 徒步**手册**提供保持安全的建议。
bookworm ['bʊkˌwɜːm] *n.* 书呆子，热爱读书的人	极速理解：**book**（书）+ **worm**（蠕虫，用于比喻） • She's such a **bookworm** that she spends all her free time reading. 她是一个非常**热爱读书的人**，她所有的空闲时间都在阅读。
bookmark ['bʊkˌmɑːk] *n.* 书签	极速理解：**book**（书）+ **mark**（标记） • She gave me a beautiful **bookmark**. 她送了我一张漂亮的**书签**。

017 boy『男孩』

boyfriend ['bɒɪˌfrend] *n.* 男朋友	极速理解：**boy**（男孩）+ **friend**（朋友） • She's just broken up with her **boyfriend**. 她刚刚和**男朋友**分手。
cowboy ['kaʊˌbɒɪ] *n.* 牛仔	极速理解：**cow**（牛）+ **boy**（男孩） • He wears a **cowboy** hat and boots to the rodeo. 他戴着**牛仔**帽穿着牛仔靴参加牛仔竞技比赛。
playboy ['pleɪˌbɒɪ] *n.* 花花公子	极速理解：**play**（游玩，戏耍）+ **boy**（男孩） • Father was a rich **playboy**. 父亲是一个有钱的**花花公子**。
boyish ['bɒɪɪʃ] *adj.* 男孩子气的	极速理解：**boy**（男孩）+ **ish**（形容词后缀） • She had her long hair cut into a **boyish** crop. 她把长发剪成了**男孩子般的**短发。
schoolboy ['skuːlˌbɒɪ] *n.* 男学生	极速理解：**school**（学校）+ **boy**（男孩） • The teacher assigned a book report to the **schoolboys** in the class. 老师在课堂上要求**男学生**们写一篇读书报告。
boyhood ['bɒɪhʊd] *n.* 男孩时期，童年时期	极速理解：**boy**（男孩）+ **hood**（名词后缀） • His father was very involved in his **boyhood**, teaching him to fish and hunt. 他的父亲在他的**童年时期**非常用心地教他钓鱼和打猎。

018 brother『兄弟』

brotherly ['brʌðəli] *adj.* 兄弟般的	极速理解：**brother**（兄弟）+ **ly**（形容词后缀） • There is a **brotherly** affection among us. 我们之间有**兄弟般的**情谊。
brotherhood ['brʌðəˌhʊd] *n.* 兄弟关系，同胞情感	极速理解：**brother**（兄弟）+ **hood**（名词后缀） • They live and work together in complete equality and **brotherhood**. 他们完全平等，像**兄弟般**在一起生活和工作。
stepbrother ['stepˌbrʌðə] *n.* 继兄，继弟	极速理解：**step**（继承）+ **brother**（兄弟） • Her **stepbrother** came to live with them after her mother remarried. 她的母亲再婚后，她的**继兄弟**搬来和他们住在一起。
half-brother *n.* 同父异母或同母异父的兄弟	极速理解：**half**（一半的）+ **brother**（兄弟） • She grew up with her **half-brother**. 她和她**同母异父的兄弟**一起长大。
cousin brother 表兄弟（男性表亲）	极速理解：**cousin**（同辈堂 / 表亲）+ **brother**（兄弟） • He's technically my **cousin brother**. 他从事实上来说是我的**表兄弟**。
brother-in-law *n.* 姐夫或妹夫	极速理解：**brother**（兄弟）+ **in law**（姻亲） • My **brother-in-law** is a great cook. 我**姐夫**是一个优秀的厨师。

019 call『呼唤；称呼；打电话』

recall [rɪˈkɔːl] *v./n.* 回想，召回	**极速理解：re（再）+ call（呼唤）** • I can't **recall** where I put my keys. 我**想**不**起来**我把钥匙放在哪里了。
call on 拜访，征求意见	**极速理解：call（呼唤）+ on（上面）** • She decided to **call on** her grandmother after work. 她决定下班后去**拜访**她的祖母。
miscall [ˌmɪsˈkɔːl] *v.* 错误地称呼	**极速理解：mis（错误的）+ call（称呼）** • Don't **miscall** my name again. 别再**叫错**我的名字了。
callback [ˈkɔːlˌbæk] *n.* 回叫，重呼	**极速理解：call（打电话）+ back（回来）** • After leaving a message, I waited for the **callback**. 留下信息之后，我等待对方的**回电**。
caller [ˈkɔːlə] *n.* 来电者，拜访者	**极速理解：call（打电话）+ er（人）** • He didn't recognize the **caller** on his phone. 他没有辨认出他手机上的**来电者**。
calling [ˈkɔːlɪŋ] *n.* 使命	**极速理解：call（呼唤）+ ing（名词后缀）** • He became a doctor because he felt a **calling** to help others. 他成为一名医生，因为他感受到了助人的**使命**。

020 can『罐头；能』

canner ['kænə] *n.* 罐头制造商	**极速理解：can（罐头）+ n + er（人或物）** • The **canner** had to recall their product. **罐头制造商**被迫召回了他们的产品。
canned [kænd] *adj.* 罐装的	**极速理解：can（罐头）+ n + ed（形容词后缀）** • Sugary **canned** drinks rot your teeth. **罐装的**甜饮料会腐蚀你的牙齿。
cannery ['kænərɪ] *n.* 罐头加工厂，制罐工厂	**极速理解：can（罐头）+ n + ery（名词后缀）** • The **cannery** is located near the fishing docks to ensure fresh seafood for their products. **制罐工厂**位于渔业码头附近，以确保他们的产品使用新鲜的海鲜。
can-opener *n.* 开罐器	**极速理解：can（罐头）+ opener（开启者）** • He used a **can-opener** to open the tin of food. 他使用**开罐器**打开了罐头食品。
watering-can *n.* 洒水壶	**极速理解：watering（浇水）+ can（罐头）** • She uses the **watering-can** to water her plants every morning. 她每天早上使用**洒水壶**给她的植物浇水。
can-do *adj.* 积极进取的，有干劲的	**极速理解：can（能够）+ do（做）** • He is being seen as a strong, **can-do** man. 他被认为是个实力强大、**乐于尝试**的人。

021 cap『盖，罩子』

capsule

['kæpsjuːl]

n. 胶囊，太空舱

极速理解：cap（头）+ sul + e（名词后缀）

- I have to take two **capsules** with meals, twice a day.

  我每天要随餐服用两颗**胶囊**，一天两次。

capital

['kæpɪtəl]

n. 首都，大写字母

极速理解：cap（盖）+ ital（名词后缀）

- Beijing is the **capital** city of China.

  北京是中国的**首都**。

earcap

['ɪəkæp]

n. 耳罩

极速理解：ear（耳朵）+ cap（罩子）

- The **earcaps** are designed to protect the ears.

  这些**耳罩**是为了保护耳朵而设计的。

uncap

[ʌn'kæp]

v. 揭开盖子，取消限制

极速理解：un（否定）+ cap（盖）

- She **uncapped** the bottle and poured some water for the plants.

  她**打开**瓶盖为植物浇了一些水。

kneecap

['niːˌkæp]

n. 膝盖盖骨

v. 击打膝盖，破坏计划

极速理解：knee（膝盖）+ cap（盖）

- The manager **kneecapped** the proposal in the meeting by pointing out its flaws.

  经理在会议上通过指出缺陷**破坏了**该提案。

capsize

['kæp'saɪz]

v. 翻船，倾覆

极速理解：cap（盖）+ size（尺寸）

- The boat **capsized** in the storm.

  船在暴风雨中**翻了**。

022 car『车』

carsick ['kɑːˌsɪk] *adj.* 晕车的	**极速理解：car（车）+ sick（呕吐）** • I always feel **carsick** when I read in the car. 我一边坐车一边看书时总是感到**晕车**。
carload ['kɑːləʊd] *n.* 一车的负荷，一车的量	**极速理解：car（车）+ load（负担）** • The train delivered a **carload** of wood to the factory. 火车将**满载**着的木材运到工厂。
cargo ['kɑːgəʊ] *n.* 货物，船货	**极速理解：car（车）+ go（走）** • The **cargo** was loaded onto the ship for delivery to the port. **货物**被装载到船上运往港口。
car park 停车场	**极速理解：car（车）+ park（停）** • The **car park** is full. **停车场**已经满了。
carfare ['kɑːˌfeə] *n.* 车费，乘车费	**极速理解：car（车）+ fare（费用）** • I don't have enough money for the **carfare**. 我没有足够的钱付**车费**。
carriage ['kærɪdʒ] *n.* 马车，车厢	**极速理解：car（车）+ ri（名词后缀）+ age（名词后缀）** • In old time, people used to travel by **carriage**. 在过去的时代，人们乘**马车**出行。

023 care『关怀；照料；小心』

daycare ['deɪˌkeə] *n.* 托儿所，日托中心	**极速理解：day（白天）+ care（照料）** • My little brother goes to **daycare** during the day. 我的小弟弟白天去**托儿所**。
careline ['keəlaɪn] *n.* 热线（提供帮助或支持的电话服务）	**极速理解：care（关怀）+ line（线路）** • The **careline** is available 24 hours a day. **服务热线** 24 小时都有人接听。
caring ['keərɪŋ] *adj.* 关心的，有爱心的	**极速理解：car(e)（关怀）+ ing（形容词后缀）** • She is a **caring** teacher who always tries to help her students. 她是个**有爱心的**老师，总是尽力帮助她的学生。
careful ['keəfʊl] *adj.* 小心的，仔细的	**极速理解：care（小心）+ ful（充满……的）** • You need to be **careful** when you're crossing the street. 你过马路要**小心**。
careless ['keəlɪs] *adj.* 粗心的，马虎的	**极速理解：care（小心）+ less（无）** • A **careless** mistake could have serious consequences. **轻率的**错误可能会带来严重的后果。
carefree ['keəˌfriː] *adj.* 无忧无虑的	**极速理解：care（小心）+ free（自由的）** • He loves the **carefree** lifestyle of living on the beach. 他喜欢在海滩上过着**无忧无虑的**生活。

024 cat『猫』

catwalk ['kætˌwɔːk] *n.* 时装表演 T 形台	**极速理解：cat（猫）+ walk（行走）** • The models sashayed down the **catwalk**. 模特们优雅自如地走下了 **T 形台**。
catlike ['kætlaɪk] *adj.* 像猫的	**极速理解：cat（猫）+ like（形容词后缀）** • Her movements were very **catlike** and graceful. 她的动作**像猫一样**，非常优雅灵活。
catnap ['kætˌnæp] *n.* 小睡，打盹	**极速理解：cat（猫）+ nap（小睡）** • I'm just going to take a quick **catnap** before dinner. 我只是在吃晚饭之前稍微**小睡**一下。
catty ['kæti] *adj.* 刁钻刻薄的	**极速理解：cat（猫）+ t + y（形容词后缀）** • She made a **catty** remark about her co-worker's outfit. 她对同事的衣服发表了一句**尖刻的**评论。
catfight ['kætˌfaɪt] *n.* 女人间的争吵	**极速理解：cat（猫）+ fight（战斗）** • A **catfight** has erupted over who will get top billing. 她们之间就谁做主角的问题爆发了一场**吵闹**。
cattery ['kætəri] *n.* 猫舍	**极速理解：cat（猫）+ ery（地点）** • The couple owns a **cattery**. 这对夫妇拥有一家**猫舍**。

025 chair『椅子；主席』

chairman ['tʃeəmən] *n.* 主席	极速理解：**chair**（主席）+ **man**（男人） • The **chairman** called the meeting to order. **主席**宣布会议开始。
co-chair *n.* 联合主席	极速理解：**co**（共同）+ **chair**（主席） • He now serves as **co-chair** of this Foundation. 如今他是该基金会的**联合主席**。
wheelchair ['wiːlˌtʃeə] *n.* 轮椅	极速理解：**wheel**（轮子）+ **chair**（椅子） • He's been using a **wheelchair** since he got injured. 自从受伤以来，他就一直在使用**轮椅**。
chairlift ['tʃeəˌlɪft] *n.* 缆车	极速理解：**chair**（椅子）+ **lift**（提升） • The **chairlift** stopped due to high winds. 因为风太大，**缆车**停运了。
armchair ['ɑːmˌtʃeə] *n.* 扶手椅	极速理解：**arm**（手臂）+ **chair**（椅子） • The guests were offered comfortable **armchairs**. 客人可以坐在舒适的**扶手椅**上。
chair [tʃeə] *v.* 主持	极速理解：无 • She has been asked to **chair** the committee for the project. 她被要求**主持**项目委员会。

026 child『孩子』

childish ['tʃaɪldɪʃ] *adj.* 幼稚的	极速理解：**child**（孩子）+ **ish**（形容词后缀） • She made a **childish** mistake. 她犯了一个**幼稚的**错误。
childless ['tʃaɪldləs] *adj.* 无子女的	极速理解：**child**（孩子）+ **less**（无） • Many **childless** couples choose to adopt children. 许多**没有孩子的**夫妇选择领养孩子。
childhood ['tʃaɪldhʊd] *n.* 童年	极速理解：**child**（孩子）+ **hood**（名词后缀） • She had a happy **childhood** growing up in the countryside. 她在乡下度过了快乐的**童年**。
childlike ['tʃaɪldˌlaɪk] *adj.* 像孩子一样的	极速理解：**child**（孩子）+ **like**（形容词后缀） • The painting captured the **childlike** innocence of the young girl. 这幅画捕捉到了那位年轻姑娘**孩子般的**天真。
stepchild ['stepˌtʃaɪld] *n.* 继子；继女	极速理解：**step**（继承）+ **child**（孩子） • He treated his **stepchild** as his own. 他像对待亲生孩子一样对待自己的**继女**。
childbearing ['tʃaɪldˌbeərɪŋ] *adj.* 生育的	极速理解：**child**（孩子）+ **bear**（生育）+ **ing**（形容词后缀） • She is past her **childbearing** age. 她已过了**生育**年龄。

027 city『城市』

citizen ['sɪtɪzən] *n.* 公民	**极速理解：citi（城市）+ zen（人）** • Every **citizen** has the right to vote. 每个**公民**都有投票的权利。
citizenry ['sɪtɪzənrɪ] *n.* 公民身份或状态	**极速理解：citizen（公民）+ ry（名词后缀）** • He used the medium of radio when he wanted to reassure the **citizenry**. 他利用广播来安定**民心**。
cityscape ['sɪtɪskeɪp] *n.* 城市景象，城市风光	**极速理解：city（城市）+ scape（景观）** • They're recreating a **cityscape** of New Orleans. 他们在重造新奥尔良的**城市风光**。
citify ['sɪtɪˌfaɪ] *v.* 城市化	**极速理解：cit(y)（城市）+ ify（动词后缀）** • Over the years, the small town has been slowly **citified**. 多年来，这个小镇已经逐渐**城市化**了。
city-state *n.* 城邦	**极速理解：city（城市）+ state（国家）** • Ancient Greece was made up of many **city-states**, each with its own unique government and culture. 古希腊由许多**城邦**组成，每个城邦都有自己独特的政府和文化。
city hall 市政厅	**极速理解：city（城市）+ hall（大厅）** • The mayor gave a speech at **city hall**. 市长在**市政厅**发表讲话。

028 clear『清洁；清楚的』

clearance ['klɪərəns] *n.* 清除；通关；许可	**极速理解：clear**（清洁）+ **ance**（名词后缀） • The pilot was waiting for **clearance** for take-off. 飞行员在等待起飞的**许可**。
clear-sighted *adj.* 有清晰视野的	**极速理解：clear**（清楚的）+ **sight**（视力）+ **ed**（形容词后缀） • His **clear-sighted** vision for the company's future led to its success. 他对公司未来的**清晰**愿景促使了它的成功。
unclear [ʌn'klɪə] *adj.* 不清楚的	**极速理解：un**（否定）+ **clear**（清楚的） • It is **unclear** whether there is any damage. 有无损坏尚**不清楚**。
clear-headed *adj.* 头脑清醒的	**极速理解：clear**（清楚的）+ **head**（头）+ **ed**（形容词后缀） • Even in high-stress situations, she remained **clear-headed**. 即使在高压情况下，她也保持**冷静**。
clearly ['klɪəli] *adv.* 清晰地	**极速理解：clear**（清楚的）+ **ly**（副词后缀） • The message was **clearly** written on the sign, so there was no confusion. 标牌上**清晰地**写着信息，因此没有任何困惑。
clarify ['klærɪˌfaɪ] *v.* 澄清	**极速理解：cl(e)ar**（清楚的）+ **ify**（动词后缀） • The speaker **clarified** her point. 演讲者**澄清**她的观点。

029 clock『钟表』

clock in 打卡上班	极速理解：**clock**（钟表）+ **in**（进入） • You need to **clock in** before your shift starts. 你需要在你的班次开始之前**打卡上班**。
alarm clock 闹钟	极速理解：**alarm**（警报）+ **clock**（钟表） • I set my **alarm clock** for 6 AM so I can wake up early. 我将**闹钟**设定为早上 6 点，以便早起。
round-the-clock *adj.* 全天的	极速理解：**round**（环绕）+ **the** + **clock**（钟表） • The convenience store is open **round-the-clock**. 便利店 **24 小时**营业。
clockwise [ˈklɒkˌwaɪz] *adv.* 顺时针方向地	极速理解：**clock**（钟表）+ **wise**（方向性后缀） • Turn the key **clockwise**. **顺时针方向**转动钥匙。
anticlockwise [ˌæntɪˈklɒkˌwaɪz] *adv.* 逆时针方向地	极速理解：**anti**（相反的）+ **clockwise**（顺时针方向地） • Twist the lid **anticlockwise** to open the jar. **逆时针**旋转盖子，打开罐子。
clockwork [ˈklɒkˌwɜːk] *n.* 发条装置	极速理解：**clock**（钟表）+ **work**（工作） • The toy robot runs on **clockwork** and is powered by winding up the key. 玩具机器人靠**发条**驱动，我们通过上发条来为其提供动力。

030 coat『外衣』

coating
['kəʊtɪŋ]
n. 涂层

极速理解：coat（外衣）+ ing（名词后缀）

• The cake has a thick **coating** of frosting.
蛋糕上有**一层**厚厚的奶油糖霜。

greatcoat
['greɪtˌkəʊt]
n. 大衣

极速理解：great（大的）+ coat（外衣）

• On cold winter days, he always wears his **greatcoat** to keep warm.
在寒冷的冬天，他总是穿上他的**大衣**来保暖。

raincoat
['reɪnˌkəʊt]
n. 雨衣

极速理解：rain（雨水）+ coat（外衣）

• Don't forget to bring your **raincoat** when it's raining outside.
外面下雨时，别忘了带上你的**雨衣**。

tailcoat
['teɪlˌkəʊt]
n. 燕尾服

极速理解：tail（尾巴）+ coat（外衣）

• The orchestra musicians wore **tailcoats** for their performance.
管弦乐队的音乐家们穿着**燕尾服**演出。

overcoat
['əʊvəˌkəʊt]
n. 外套

极速理解：over（以上）+ coat（外衣）

• The **overcoat** protected her dresses from the rain.
外套保护着她的裙子不被雨淋。

housecoat
['haʊsˌkəʊt]
n. 家居服

极速理解：house（家）+ coat（外衣）

• His favorite **housecoat** was made of soft cotton.
他最喜欢的**家居服**是由柔软的棉制成的。

031 cold『冷的』

coldly ['kəʊldli] *adv.* 冷淡地	**极速理解：cold（冷的）+ ly（副词后缀）** • She spoke **coldly** to him after their argument. 在吵架后，她对他说话很**冷淡**。
coldish ['kəʊldɪʃ] *adj.* 略冷的	**极速理解：cold（冷的）+ ish（形容词后缀）** • The swimming pool water is getting **coldish**. 游泳池的水变得**有点凉**了。
coldness ['kəʊldnəs] *n.* 冷淡，冷漠	**极速理解：cold（冷的）+ ness（名词后缀）** • Her **coldness** hurt his feelings. 她的**冷淡**伤害了他的感情。
cold-hearted *adj.* 冷血的，无情的	**极速理解：cold（冷的）+ heart（心脏）+ ed（形容词后缀）** • He is a **cold-hearted** man. 他是一个**冷酷无情的**人。
ice-cold *adj.* 冰冷的	**极速理解：ice（冰）+ cold（冷的）** • The **ice-cold** breeze made them shiver. **冰冷的**微风让他们发抖。
cold-blooded *adj.* 冷血的；冷酷的	**极速理解：cold（冷的）+ blood（血液）+ ed（形容词后缀）** • The snakes are **cold-blooded** and they like to warm themselves in the sun. 蛇是**冷血**动物。它们喜欢在阳光下让自己变暖。

032 color『颜色』

colorful ['kʌlərfə] *adj.* 富有色彩的	**极速理解：color（颜色）+ ful（充满……的）** • The autumn leaves turn into such a beautiful and **colorful** scenery. 秋叶变成如此美丽**丰富的**景色。
colored ['kʌləd] *adj.* 染色的，有色的	**极速理解：color（颜色）+ ed（形容词后缀）** • The white T-shirt was washed with a load of **colored** clothes, and now it's pink. 白色的 T 恤衫和**彩色**衣服一起洗，现在变成了粉色。
discolor [dɪs'kʌlə] *v.* 使变色	**极速理解：dis（否定）+ color（颜色）** • Exposure to sunlight can **discolor** clothing. 暴露在阳光下会使衣服**失色**。
food coloring 食用色素	**极速理解：food（食物）+ coloring（色素）** • The icing on the cake was dyed with **food coloring** to make it bright blue. 蛋糕上的糖霜被染上**食用色素**，变成了明亮的蓝色。
colorless ['kʌlə(r)ləs] *adj.* 无色的	**极速理解：color（颜色）+ less（无）** • The **colorless** liquid was a chemical solution. 这个**无色**液体是一种化学溶液。
watercolor ['wɔːtə(r)ˌkʌlə(r)] *n.* 水彩（颜料）	**极速理解：water（水）+ color（颜色）** • She enjoys painting landscapes with **watercolors**. 她喜欢用**水彩**画风景。

033 cook『烹饪』

cooking ['kʊkɪŋ] *n.* 烹饪，烹调	**极速理解：cook（烹饪）+ ing（名词后缀）** • **Cooking** is one of my favorite hobbies. **烹饪**是我的爱好之一。
cooker ['kʊkə] *n.* 炊具，厨灶	**极速理解：cook（烹饪）+ er（工具）** • The **cooker** in the restaurant stopped working. 餐厅的**灶台**坏了。
cookery ['kʊkərɪ] *n.* 烹饪术，烹调法，烹饪技艺	**极速理解：cook（烹饪）+ ery（方法）** • This book is all about classic French **cookery**. 这本书是关于经典法式**烹饪**的。
cookbook ['kʊkbʊk] *n.* 烹饪书，食谱	**极速理解：cook（烹饪）+ book（书）** • My mom gave me a **cookbook** for my birthday. 我妈妈给我一本**烹饪书**作为生日礼物。
uncooked [ˌʌn'kʊkt] *adj.* 未煮熟的，生的	**极速理解：un（否定）+ cook（烹饪）+ ed（形容词后缀）** • She likes to eat **uncooked** vegetables as a light snack. 她喜欢把**生的**蔬菜当作小零食吃。
cookout ['kʊkˌaʊt] *n.* 户外烧烤聚会，野餐	**极速理解：cook（烹饪）+ out（外面）** • We're planning a **cookout** this weekend at the park. 我们计划这周在公园里举行一个**烧烤聚会**。

034 cut『切割』

cutting ['kʌtɪŋ] *n.* 切割；修剪	**极速理解：cut（切割）+ t + ing（名词后缀）** • He spent the afternoon **cutting** the grass in the yard. 他花了一下午的时间**修剪**院子里的草坪。
cutback ['kʌtˌbæk] *n.* 削减，减少	**极速理解：cut（切割）+ back（后面）** • The company had to make **cutbacks** to survive the economic downturn. 公司不得不**削减**成本以度过经济衰退。
shortcut ['ʃɔːtˌkʌt] *n.* 捷径，近路，快捷方式	**极速理解：short（短的）+ cut（切割）** • If we take a **shortcut**, we can get to the restaurant in half the time. 如果我们走**捷径**，可以在一半的时间内到达餐厅。
clear-cut *adj.* 明确的，清晰的，明显的	**极速理解：clear（清楚的）+ cut（切割）** • There is no **clear-cut** answer to this question. 这个问题没有**确切的**答案。
cutoff ['kʌtɒf] *n.* 截止日期；切断，截断	**极速理解：cut（切割）+ off（分离）** • The **cutoff** for applications is next Friday. 申请**截止日期**是下周五。
cutlery ['kʌtlərɪ] *n.* 餐具，刀叉	**极速理解：cut（切割）+ l + ery（集合名词后缀）** • The restaurant's fancy **cutlery** added to the dining experience. 餐厅高档的**餐具**丰富了用餐体验。

035 day『日子；白天』

midday ['mɪd'deɪ] *n.* 中午，正午	极速理解：**mid**（中间）+ **day**（白天） • The temperature is highest at **midday**. **中午**气温最高。
all-day *adj.* 全天的，终日的	极速理解：**all**（全部）+ **day**（日子） • The **all-day** seminar was very tiring but informative. **整天的**研讨会非常累人但我们很有收获。
payday ['peɪˌdeɪ] *n.* 发薪日，支付日	极速理解：**pay**（支付）+ **day**（日子） • I always look forward to **payday** so I can pay my bills. 我总是盼着**发薪日**来支付我的账单。
nowadays ['naʊəˌdeɪz] *adv.* 如今，现今	极速理解：**now**（现在）+ **a** + **days**（日子） • **Nowadays**, it's easier than ever to travel the world. **如今**，环游世界比以往任何时候都更容易。
daybreak ['deɪˌbreɪk] *n.* 黎明，拂晓	极速理解：**day**（白天）+ **break**（打破） • The joggers started their run at **daybreak**. 慢跑者在**拂晓**时开始跑步。
day off 放假日，休息日	极速理解：**day**（日子）+ **off**（离开） • I plan to go to the beach on my **day off**. 我打算在**放假日**去海滩。

036 do『做，干』

undo [ʌn'duː] *v.* 撤销，取消；解开	**极速理解：un**（否定）+ **do**（做，干）
	• It's too late to **undo** what you've done. 现在**撤销**你所做的事已经太晚了。
undone [ʌn'dʌn] *adj.* 未完成的，未解决的	**极速理解：un**（否定）+ **done**（**do** 的过去分词）
	• The project is still **undone** because we lack funding. 由于我们缺乏资金，这个项目仍**未完成**。
well-done *adj.* 全熟的，煮熟的	**极速理解：well**（完全）+ **done**（**do** 的过去分词）
	• I like my steak **well-done** with no pink in the middle. 我想要**全熟的**牛排，中间没有粉红色的肉。
overdo [ˌəʊvə'duː] *v.* 过度，做过头	**极速理解：over**（过度，超过）+ **do**（做，干）
	• Don't **overdo** it with the spicy seasoning. 不要加**太多**辣香料。
doer ['duːə] *n.* 实施者，行动者	**极速理解：do**（做，干）+ **er**（人）
	• He is a **doer**, always taking action to make things happen. 他是一个**行动派**，总是采取行动让事情得以实现。
evildoer ['ivəlˌduːə] *n.* 恶人，罪犯	**极速理解：evil**（邪恶的，坏的）+ **doer**（实施者）
	• The police are searching for the **evildoer** who broke into the store last night. 警方正在搜寻昨晚闯入商店的**罪犯**。

037 dog『狗』

doggie ['dɒgi] *n.* 小狗	极速理解：**dog**（狗）+ **g** + **ie**（小） • Look at that cute little **doggie** over there! 看看那边可爱的**小狗**！
a dog's dinner 一团糟，狼藉	极速理解：无 • I thought I could fix the cabinet myself, but now it's **a dog's dinner**. 我本以为自己能修复这个橱柜，但现在它变成了**一团糟**。
watchdog ['wɒtʃˌdɒg] *n.* 看守人，监察者	极速理解：**watch**（观察，注视）+ **dog**（狗） • We must elect officials who will be good **watchdogs** for our community. 我们必须选举那些对我们社区有利的**看守者**。
doglike ['dɒglaɪk] *adj.* 像狗的	极速理解：**dog**（狗）+ **like**（像……的） • His loyalty to his owner is very **doglike**. 他**像狗一样**对主人非常忠诚。
doghouse ['dɒgˌhaʊs] *n.* 狗舍，狗窝；惹人生气的地方	极速理解：**dog**（狗）+ **house**（房屋） • The puppy loves to sleep in his **doghouse**. 小狗喜欢睡在它的**狗窝**里。
dogged ['dɒgɪd] *adj.* 顽强的，坚定的	极速理解：**dog**（狗）+ **g** + **ed**（形容词后缀） • The athlete's **dogged** persistence made her a champion. 运动员的**顽强**持久让她成为冠军。

038 door『门』

indoor ['ɪnˌdɔː] *adj.* 室内的	**极速理解：in（里面）+ door（门）** • The **indoor** pool is open year-round. 室内游泳池全年开放。
outdoor ['aʊt'dɔː] *adj.* 户外的	**极速理解：out（外面）+ door（门）** • She set up an **outdoor** dining area in her backyard. 她在后院设立了一个户外用餐区。
doormat ['dɔːˌmæt] *n.* 门垫；软弱的人	**极速理解：door（门）+ mat（垫子）** • I don't want to be a **doormat** for anyone to walk all over me. 我不想成为任何人都能践踏的软弱之人。
backdoor [ˌbæk'dɔː] *n.* 后门 *adj.* 私下的	**极速理解：back（后面）+ door（门）** • The deliverymen use the **backdoor** to enter the kitchen. 送货员们通过后门进入厨房。
doorway ['dɔːˌweɪ] *n.* 门口，门道，出入口	**极速理解：door（门）+ way（路，通道）** • I could see a dim shape in the **doorway**. 我看见门口有个模糊的人影。
doorkeeper ['dɔːˌkiːpə] *n.* 看门人，门卫	**极速理解：door（门）+ keeper（看守人）** • The **doorkeeper** asked to see our tickets before letting us enter the theater. 门卫要求我们出示门票才能进入剧院。

039 dry『干燥的』

hairdryer ['heəˌdraɪə] *n.* 吹风机	**极速理解：hair**（头发）+ **dry**（干燥的）+ **er**（工具） • She always uses a **hairdryer** to dry her hair quickly after showering. 她总是在洗完澡后用**吹风机**快速吹干头发。
dry-clean *v.* 干洗	**极速理解：dry**（干燥的）+ **clean**（清洗） • I always **dry-clean** my suits to keep them looking new. 我总是**干洗**我的西装，让它们看起来是崭新的。
dry up 干涸，枯竭，减少	**极速理解：dry**（干燥的）+ **up**（向上，增加） • The river has **dried up**, and now there's no water for the crops. 河流已经**干涸**了，现在没有水灌溉农作物了。
dry out 晾干；戒酒	**极速理解：dry**（干燥的）+ **out**（完全） • He decided to **dry out** and give up drinking. 他决定**戒酒**。
dried [draɪd] *adj.* 干的，干燥的，制干的	**极速理解：dry**（干燥的）+ **ed**（形容词后缀） • I prefer to eat **dried** fruits as a healthy snack. 我喜欢吃**干**果作为健康的零食。
sundried ['sʌndraɪd] *adj.* 晒干的	**极速理解：sun**（太阳）+ **dried**（干的，干燥的） • We always buy **sundried** raisins for baking. 我们总是买**晒干的**葡萄干来烘焙。

040 ear『耳朵』

earphone
['ɪəfəʊn]
n. 耳机，耳塞

极速理解：**ear**（耳朵）+ **phone**（电话）

- She wears **earphones** to block out the noise when she studies.
  她学习时戴**耳机**来隔绝噪音。

earache
['ɪərˌeɪk]
n. 耳痛

极速理解：**ear**（耳朵）+ **ache**（疼痛）

- My daughter has been complaining of **earache** all day.
  我女儿整天都在抱怨**耳朵痛**。

earplug
['ɪəˌplʌg]
n. 耳塞

极速理解：**ear**（耳朵）+ **plug**（塞子）

- He wears **earplugs** to protect his hearing when he mows the lawn.
  他在修剪草坪时戴上**耳塞**以保护听力。

earful
['ɪəfʊl]
n. 训斥，责备

极速理解：**ear**（耳朵）+ **ful**（充满……的）

- I gave her an **earful** over the phone.
  我在电话里**指责**她了。

dog-ear
n./v. 折页

极速理解：**dog**（狗）+ **ear**（耳朵）

- I hate it when people **dog-ear** the pages of my books.
  我讨厌别人把我的书本角**折**成狗耳朵形状。

earring
['ɪəˌrɪŋ]
n. 耳环

极速理解：**ear**（耳朵）+ **ring**（圆环）

- She wore a beautiful pair of diamond **earrings** to the party.
  她戴了一对漂亮的钻石**耳环**参加聚会。

041 ease『容易；舒适』

uneease [ʌn'iːz] *n.* 不安，焦虑	极速理解：**un**（否定）+ **ease**（舒适） • She felt an **unease** about the meeting. 她对这个会议感到**不安**。
uneasy [ʌn'izi] *adj.* 不安的，焦虑的	极速理解：**un**（否定）+ **easy**（容易的） • He felt **uneasy** about the situation. 他对这种情况感到**不安**。
disease [dɪ'ziːz] *n.* 疾病，病害	极速理解：**dis**（否定）+ **ease**（舒适） • The **disease** spread quickly throughout the region, causing panic. **疾病**在该地区快速传播开来，引发了恐慌。
easily ['iːzɪli] *adv.* 容易地，轻易地	极速理解：**easi**（容易的）+ **ly**（副词后缀） • He was **easily** able to lift the heavy box. 他很**容易地**抬起了那个重箱子。
easy-going *adj.* 随和的，悠闲自在的	极速理解：**easy**（容易的）+ **going**（行进，进行） • My boss is an **easy-going** person. 我的老板是一个**随和的**人。
easeful ['iːzfʊl] *adj.* 舒适的，安逸的	极速理解：**ease**（舒适）+ **ful**（充满……的） • It feels so **easeful** to relax on the couch. 在沙发上放松真的**很舒服**。

042 eat『吃』

eat up 吃光，消耗完	极速理解：**eat**（吃）+ **up**（完全） • I told my kids to **eat up** their dinner. 我告诉孩子们要好好把晚餐**吃完**。
eating ['iːtɪŋ] *n.* 进食，饮食	极速理解：**eat**（吃）+ **ing**（名词后缀） • She went without **eating** for three days. 她三天没**吃**东西。
eatery ['iːtərɪ] *n.* 餐馆，小吃店	极速理解：**eat**（吃）+ **ery**（名词后缀） • The **eatery** on the corner is famous for its delicious burgers. 这个角落里的**小吃店**因其美味的汉堡而闻名。
overeat [ˌəʊvər'iːt] *v.* 暴饮暴食，吃得过多	极速理解：**over**（过度，过多）+ **eat**（吃） • He tends to **overeat** when he's feeling stressed or anxious. 他在感到压力或焦虑的时候，往往会**暴饮暴食**。
fire-eater *n.* 吞火表演者	极速理解：**fire**（火）+ **eat**（吃）+ **er**（人） • **Fire-eaters** were once used as entertainment during medieval times. **吞火表演者**在中世纪时期曾被用作娱乐活动。
worm-eaten *adj.* 有虫蛀的，被虫蛀的	极速理解：**worm**（蠕虫）+ **eat**（吃）+ **en**（形容词后缀） • The wooden furniture was so **worm-eaten** that it had to be thrown away. 这些木质家具被**虫蛀**得太厉害，不得不扔掉。

043 egg『蛋』

eggshell ['egˌʃel] *n.* 蛋壳	极速理解：**egg**（蛋）+ **shell**（壳） • The **eggshell** was so thin that it broke easily in my hand. **鸡蛋壳**很薄，我只是轻轻一碰它就碎了。
egg white 蛋清	极速理解：**egg**（蛋）+ **white**（白色） • I always separate the **egg white** from the yolk when I'm making a cake. 做蛋糕时我总是把**蛋清**和蛋黄分开。
eggbeater ['egˌbiːtə] *n.* 打蛋器	极速理解：**egg**（蛋）+ **beat**（敲打）+ **er**（工具） • Without an **eggbeater**, it's hard to make meringue by hand. 没有**打蛋器**，手工制作蛋白霜很难。
egghead ['egˌhed] *n.* 书呆子，学究	极速理解：**egg**（蛋）+ **head**（头） • Some people called him an **egghead**. 有些人称他为**书呆子**。
eggplant ['egˌplɑːnt] *n.* 茄子	极速理解：**egg**（蛋）+ **plant**（植物） • Put the **eggplants** side by side in a serving dish. 将**茄子**码齐放在上菜用的盘子里。
egg-shaped *adj.* 卵形的	极速理解：**egg**（蛋）+ **shaped**（形状的） • The sculpture had an **egg-shaped** head that made it look quirky and unique. 雕塑有一个**卵形**头部，使它看起来很独特和古怪。

044 eye『眼睛』

eyebrow ['aɪˌbraʊ] *n.* 眉毛	**极速理解：eye**（眼睛）+ **brow**（额头） • She always uses a pair of tweezers to pluck her **eyebrows**. 她总是用一副镊子拔**眉毛**。
eyeliner ['aɪˌlaɪnə] *n.* 眼线笔，眼线液	**极速理解：eye**（眼睛）+ **liner**（画线的工具） • She applied a thin black **eyeliner** on her upper lash line. 她在上睫毛根部画了一条细黑色**眼线**。
round-eyed *adj.* 瞪大眼睛的，惊恐的	**极速理解：round**（圆形的）+ **ey(e)**（眼睛）+ **ed**（形容词后缀） • She was **round-eyed** with shock. 她吓得**瞪大了眼睛**。
green-eyed *adj.* 嫉妒的，吃醋的	**极速理解：green**（绿色的）+ **ey(e)**（眼睛）+ **ed**（形容词后缀） • He was **green-eyed** of my success. 他**妒忌**我的成功。
sharp-eyed *adj.* 目光敏锐的，眼力好的	**极速理解：sharp**（锐利的，敏锐的）+ **ey(e)**（眼睛）+ **ed**（形容词后缀） • She was **sharp-eyed** enough to notice the tiny scratch on the phone screen. 她的**眼力很好**，注意到了手机屏幕上的微小刮痕。
shut-eye *n.* 瞌睡，小憩，闭眼睡觉	**极速理解：shut**（关上，闭上）+ **eye**（眼睛） • The baby finally got some **shut-eye** on the long car ride. 在长途车程中，婴儿终于**睡了**会儿。

045 face『脸，面孔；面』

surface ['sɜːfɪs] *n.* 表面　*v.* 浮出水面	**极速理解：sur（上面）+ face（面）**
	• Teeth have a hard **surface** layer called enamel. 牙齿有一层叫作釉质的坚硬**表层**。
face-to-face *adv.* 面对面地 *adj.* 面对面的	**极速理解：无**
	• The company held a **face-to-face** meeting to discuss the new project. 公司举行了**面对面的**会议讨论新项目。
facial ['feɪʃəl] *adj.* 脸部的，面部的　*n.* 脸部护理	**极速理解：fac(e)（脸，面孔）+ ial（……的）**
	• Her **facial** expression showed that she was upset. 她的**面部**表情表明她很不开心。
superficial [ˌsuːpəˈfɪʃəl] *adj.* 表面的，肤浅的	**极速理解：super（在……之上，超过）+ fic（面）+ ial（……的）**
	• Don't judge someone based on their appearance; it's **superficial**. 不要根据外表评判一个人，这是**肤浅的**。
facet ['fæsɪt] *n.* 方面，层面	**极速理解：fac(e)（面）+ et（名词后缀）**
	• He doesn't understand the many **facets** of the issue. 他对这件事的诸多**方面**不是很理解。
barefaced ['beəˌfeɪst] *adj.* 厚颜无耻的，公然的	**极速理解：bare（裸露的，赤裸的）+ fac(e)（脸）+ ed（形容词后缀）**
	• She made a **barefaced** attempt to steal credit for someone else's idea. 她试图**公然**窃取别人的创意。

046 fall『倒塌；落下』

fallen ['fɔːlən] *adj.* 倒塌的，陷落的；堕落的	极速理解：**fall**（倒塌）+ **en**（形容词后缀） • The **fallen** tree blocked the road. **倒下的**树阻挡了道路。
nightfall ['naɪtˌfɔːl] *n.* 黑夜降临，傍晚	极速理解：**night**（夜晚）+ **fall**（落下） • The stars began to twinkle at **nightfall**. **夜幕降临**之时星星开始闪烁。
downfall ['daʊnˌfɔːl] *n.* 垮台，衰亡，失败	极速理解：**down**（向下）+ **fall**（倒塌） • The company's **downfall** was caused by poor management. 公司的**垮台**是由于糟糕的管理。
waterfall ['wɔːtəˌfɔːl] *n.* 瀑布	极速理解：**water**（水）+ **fall**（落下） • The **waterfall** was a popular tourist attraction in the national park. **瀑布**是国家公园中备受欢迎的旅游景点。
landfall ['lændˌfɔːl] *n.* 着陆	极速理解：**land**（陆地）+ **fall**（落下） • They made **landfall** on the coast of Ireland. 他们**登上**了爱尔兰的海岸。
snowfall ['snəʊˌfɔːl] *n.* 降雪量；降雪	极速理解：**snow**（雪）+ **fall**（落下） • The **snowfall** was heavier than expected. **降雪量**比预期的更大。

047 far『远』

faraway ['fɑːrəˌweɪ] *adj.* 遥远的，久远的	**极速理解：far（远）+ away（离开）** • The ship disappeared into the **faraway** horizon. 船消失在**远处的**地平线上。
far-sighted *adj.* 有远见的，深谋远虑的	**极速理解：far（远）+ sight（视力，看见）+ ed（形容词后缀）** • The business leader's **far-sighted** vision led to the company's success. 企业领袖的**远见**卓识使公司获得了成功。
far-seeing *adj.* 有远见的，明辨事理的	**极速理解：far（远）+ see（看，观察）+ ing（形容词后缀）** • The philosopher was known for his **far-seeing** insights into the human condition. 这位哲学家以其对人类状况的**深刻见解**而闻名。
far-reaching *adj.* 影响深远的，广泛的	**极速理解：far（远）+ reach（达到）+ ing（形容词后缀）** • The new policy will have **far-reaching** consequences for the economy. 新政策将对经济产生**深远的**影响。
afar [ə'fɑː] *adv.* 在远处，遥远地	**极速理解：a（到……之上）+ far（远）** • The sound of the church bells carried **afar** on the wind. 教堂钟声随风传到了**遥远的**地方。
far gone 深入某种状态或行为，无药可救	**极速理解：far（远）+ gone（离开）** • The company was **far gone** into debt. 该公司负债**累累**。

048 finger『手指』

forefinger [ˈfɔːˌfɪŋgə] *n.* 食指	**极速理解：fore**（前面的）+ **finger**（手指） • She pointed at the map with her **forefinger**. 她用**食指**指着地图。
fingertip [ˈfɪŋgəˌtɪp] *n.* 指尖	**极速理解：finger**（手指）+ **tip**（尖端） • The pianist touched the keys with his **fingertips**. 钢琴家用**指尖**轻触琴键。
fingerprint [ˈfɪŋgəˌprɪnt] *n.* 指纹	**极速理解：finger**（手指）+ **print**（印刷，印迹） • The detective found a **fingerprint** on the doorknob. 侦探在门把手上找到了**指纹**。
fingernail [ˈfɪŋgəˌneɪl] *n.* 指甲	**极速理解：finger**（手指）+ **nail**（指甲） • She painted her **fingernails** red for the party. 她为聚会涂了红色**指甲**油。
fingerpost [ˈfɪŋgəˌpəʊst] *n.* 路标	**极速理解：finger**（手指）+ **post**（标志杆） • The **fingerpost** showed the way to the nearest town. **路标**指示了通往最近城镇的方向。
light-fingered *adj.* 爱拿东西的，偷东西的	**极速理解：light**（轻）+ **finger**（手指）+ **ed**（形容词后缀） • The police arrested the **light-fingered** thief. 警察将**小偷**逮捕。

049 fire『火；火灾』

wildfire ['waɪldˌfaɪə] *n.* 野火	**极速理解：wild（野的）+ fire（火）** • The forest was threatened by the spreading **wildfire**. 森林正面临着**野火**蔓延的威胁。
fireproof ['faɪəˌpru:f] *adj.* 耐火的，防火的	**极速理解：fire（火）+ proof（阻挡）** • The coffer was **fireproof**. 保险箱是**防火的**。
firewood ['faɪəwʊd] *n.* 木柴	**极速理解：fire（火）+ wood（木材，树林）** • He gathered some **firewood** for the campfire. 他为篝火收集了一些**木柴**。
fireman ['faɪəmən] *n.* 消防员	**极速理解：fire（火灾）+ man（人）** • The brave **fireman** was honored for his heroic actions. 这位勇敢的**消防员**因英勇行动而受到了褒奖。
fireplace ['faɪəˌpleɪs] *n.* 壁炉	**极速理解：fire（火）+ place（地方，场所）** • The old house had a large **fireplace**. 这座老房子有一个大**壁炉**。
firecracker ['faɪəˌkrækə] *n.* 鞭炮	**极速理解：fire（火）+ crack（断裂）+ er（工具）** • The children set off **firecrackers** to celebrate the New Year. 孩子们点燃**鞭炮**庆祝新年。

050 fish『鱼』

fishing ['fɪʃɪŋ] *n.* 钓鱼	**极速理解：fish**（鱼）+ **ing**（名词后缀） • He went **fishing** by the river and caught a big fish. 他去河边**钓鱼**，钓到了一条大鱼。
fishy ['fɪʃi] *adj.* 有腥味的；可疑的	**极速理解：fish**（鱼）+ **y**（形容词后缀） • What's that **fishy** smell? 那是什么**腥味**？
goldfish ['gəʊldˌfɪʃ] *n.* 金鱼	**极速理解：gold**（金色）+ **fish**（鱼） • She bought some **goldfish** to put in her new fish tank. 她买了一些**金鱼**放进她的新鱼缸里。
fisherman ['fɪʃəmən] *n.* 渔民，垂钓者	**极速理解：fish**（鱼）+ **er**（人或物）+ **man**（人） • Some way from them, the **fisherman** cast his line. 在离他们稍远的地方，**渔夫**下了钩。
fishery ['fɪʃəri] *n.* 渔业，渔场	**极速理解：fish**（鱼）+ **ery**（行业，地方） • The **fishery** in this lake is famous for its trout. 这个湖的**渔场**以鳟鱼而闻名。
shellfish ['ʃelˌfɪʃ] *n.* 贝类	**极速理解：shell**（贝壳）+ **fish**（鱼） • The beach is famous for its abundance of **shellfish**. 这个海滩以**贝类**的丰富而著名。

051 fist『拳头』

fistful ['fɪstfʊl] *n.* 一把，一拳，一握	**极速理解：fist**（拳头）+ **ful**（含有……的，拥有……的） • He grabbed a **fistful** of sand and threw it at his friend. 他抓了**一把**沙子扔向他的朋友。
fistic ['fɪstɪk] *adj.* 用拳头的，拳击的	**极速理解：fist**（拳头）+ **ic**（形容词后缀） • He was known for his **fistic** prowess. 他以出色的**拳击**技巧著称。
fisted *adj.* 握紧拳头的，攥紧的	**极速理解：fist**（拳头）+ **ed**（形容词后缀） • He left the room with **fisted** hands in anger. 他双手**握拳**，怒气冲冲地离开了房间。
iron-fisted *adj.* 铁腕的，霸道的	**极速理解：iron**（铁）+ **fisted**（握紧拳头的） • The dictator ruled the country with an **iron-fisted** grip. 这位独裁者用**铁腕的**手段统治国家。
tight-fisted *adj.* 吝啬的，小气的	**极速理解：tight**（紧的）+ **fisted**（握紧拳头的） • She is so **tight-fisted** that she refuses to spend money on anything. 她太**小气**了，什么都不愿意买。
close-fisted *adj.* 吝啬的，小气的	**极速理解：close**（关闭）+ **fisted**（握紧拳头的） • Despite being wealthy, the old man was extremely **close-fisted**. 尽管富裕，老人却极度**吝啬**。

052 fit『适合；合适的』

fitting ['fɪtɪŋ] *adj.* 合适的 *n.* 小配件；试衣	**极速理解：fit（适合）+ t + ing（名词后缀）** • The **fittings** for this particular valve are hard to come by. 这个特定阀门的**配件**很难找。
close-fitting *adj.* 紧身的，紧贴的	**极速理解：close（紧密的）+ fitting（合适的）** • She prefers to wear **close-fitting** clothes to show her figure. 她喜欢穿**紧身的**衣服来展示自己的身材。
fitted ['fɪtɪd] *adj.* 适合的，合身的	**极速理解：fit（合适的）+ t + ed（形容词后缀）** • The dress was expertly **fitted** to her measurements. 这件裙子根据她的尺寸**专业定做**。
fitting room 试衣间	**极速理解：fitting（试衣）+ room（房间）** • She went to the **fitting room** to try on several dresses for the party. 她去了**试衣间**，试穿了几件派对服装。
unfit [ʌn'fɪt] *adj.* 不适合的，不健康的	**极速理解：un（否定）+ fit（合适的）** • The old shoes were **unfit** for the long hike. 这双旧鞋**不适合**长途徒步旅行。
fitness ['fɪtnɪs] *n.* 适合，健康	**极速理解：fit（合适的）+ ness（状态或品质）** • He goes to the gym regularly to work on his **fitness**. 他定期去健身房**锻炼身体**。

053 flower『花朵』

flowerpot ['flaʊəˌpɒt] *n.* 花盆	**极速理解：flower（花朵）+ pot（锅，罐）** • The balcony was filled with colorful **flowerpots** in the summer. 夏天，阳台上摆满了彩色**花盆**。
sunflower ['sʌnˌflaʊə] *n.* 向日葵	**极速理解：sun（太阳）+ flower（花朵）** • The fields were dotted with rows of **sunflowers**. 田野里点缀着一排排**向日葵**。
flowery ['flaʊəri] *adj.* 花哨的，华丽的	**极速理解：flower（花朵）+ y（形容词后缀）** • The poet's language is known for being overly **flowery** and ornate. 这位诗人的语言以过分**华丽**著称。
flowering ['flaʊərɪŋ] *n.* 开花，盛开	**极速理解：flower（花朵）+ ing（名词后缀）** • The trees in the park were in full **flowering**. 公园里的树正在**开花**。
flowered ['flaʊəd] *adj.* 有花纹的，印有花朵的	**极速理解：flower（花朵）+ ed（形容词后缀）** • She wore a **flowered** summer dress to the picnic. 她穿着一件**印有花朵图案的**夏日连衣裙去野餐。
flowerless ['flaʊəlɪs] *adj.* 无花的，没有花朵的	**极速理解：flower（花朵）+ less（无）** • The vase was empty, **flowerless** and devoid of all life. 花瓶是空的，**没有花朵**，没有生命。

054 fly『飞，飞行』

flyer ['flaɪə] *n.* 传单；飞行员	**极速理解：fly（飞行）+ er（人）** • The **flyer** for the concert featured a bold design and catchy slogans. 演唱会的**传单**采用了大胆的设计和引人注目的口号。
highflyer [haɪf'laɪər] *n.* 成功者，精英	**极速理解：high（高的）+ flyer（飞行员）** • He was a **highflyer** in the world of finance. 他是金融界的**精英**。
flying ['flaɪɪŋ] *adj.* 飞行的，空运的；迅速的	**极速理解：fly（飞行）+ ing（形容词后缀）** • The **flying** time from New York to London is approximately 7 hours. 从纽约到伦敦的**飞行**时间大约是 7 个小时。
high-flying *adj.* 高飞的，成功的	**极速理解：high（高的）+ flying（飞的）** • The **high-flying** acrobat amazed the audience with his daring stunts. **高空飞行**演员用他的惊险表演令观众惊叹。
flyaway ['flaɪəˌweɪ] *adj.* 轻浮的，飘逸的	**极速理解：fly（飞）+ away（离开）** • Her **flyaway** hair is very soft and fine. 她的头发柔软**飘逸**。
flyover ['flaɪˌəʊvə] *n.* 立交桥	**极速理解：fly（飞）+ over（向上）** • The city built a new **flyover** to ease traffic congestion. 该市修建了一条新的**立交桥**，以缓解交通拥堵。

055 foot『脚』

footprint ['fʊtˌprɪnt] *n.* 脚印，足迹；占地面积；环境影响	**极速理解：foot（脚）+ print（印迹）** • The muddy **footprints** on the floor led us to the culprit of the crime. 地板上的泥泞**脚印**带领我们找到了罪犯。
footrace ['fʊtˌreɪs] *n.* 赛跑，竞走	**极速理解：foot（脚）+ race（竞赛）** • The school organized a **footrace** to raise money for charity. 学校组织了一场**竞走**活动，为慈善筹款。
underfoot [ˌʌndə'fʊt] *adv.* 在脚下	**极速理解：under（在……之下）+ foot（脚）** • Walking was difficult because there was ice **underfoot**. **路面上**有冰，所以步行很困难。
barefoot ['beəˌfʊt] *adj.* 赤脚的，光脚的	**极速理解：bare（裸露的）+ foot（脚）** • The children like to run around **barefoot** in summer. 孩子们喜欢在夏天**赤脚**跑来跑去。
sure-footed *adj.* 脚下稳的，走路不摇晃的	**极速理解：sure（有把握，可靠的）+ foot（脚）+ ed（形容词后缀）** • The new boots have great grip, helping you feel more **sure-footed** in slippery conditions. 这双新靴子有很好的抓地力，在路滑的情况下帮助你**走得更稳**。
light-footed *adj.* 步履轻盈的	**极速理解：light（轻的）+ foot（脚）+ ed（形容词后缀）** • The ballerina danced across the stage, **light-footed** and graceful as a swan. 芭蕾舞者穿过舞台，**步履轻盈**，优雅如天鹅。

056 forest『森林』

forester
['fɒrɪstə]
n. 林务员

极速理解：**forest**（森林）+ **er**（人）

- The **forester** conducted a survey of the wildlife in the forest.
  林务员对森林中的野生动物进行了一次调查。

reforest
[ˌriːˈfɒrɪst]
v. 重新造林，重新植树

极速理解：**re**（再，重新）+ **forest**（森林）

- The company donates a portion of their profits to **reforest** and preserve the rainforest.
  这家公司将部分利润捐献出来用以**重新植树**和保护热带雨林。

forestry
['fɒrɪstri]
n. 林业，森林经营

极速理解：**forest**（森林）+ **ry**（行业，工作）

- **Forestry** is an important industry in many countries.
  林业是许多国家的重要产业。

deforest
[diːˈfɒrɪst]
v. 砍伐森林，滥伐森林

极速理解：**de**（去除）+ **forest**（森林）

- The company was fined for **deforesting** protected land without permission.
  该公司未经许可在受保护土地上**滥伐**，因此被罚款。

forestation
[ˌfɒrɪˈsteɪʃən]
n. 造林

极速理解：**forest**（森林）+ **ation**（动作或过程）

- The **forestation** project aims to increase the amount of forest coverage in the region.
  造林项目旨在增加该地区的森林覆盖率。

forest fire
森林火灾

极速理解：**forest**（森林）+ **fire**（火）

- The firefighters worked tirelessly to put out the **forest fire** that had been raging for days.
  消防员不知疲倦地工作，扑灭了蔓延了几天的**森林火灾**。

057 friend『朋友』

friendly ['frendli] *adj.* 友好的，和蔼可亲的	极速理解：**friend**（朋友）+ **ly**（副词后缀） • The new neighbors were very **friendly** and helped us move in. 新邻居非常**友好**，帮助我们搬进新家。
unfriendly [ʌn'frendli] *adj.* 不友好的，冷淡的	极速理解：**un**（否定）+ **friendly**（友好的） • The store clerk was **unfriendly** and refused to help customers with their questions. 店员**不友好**，不愿意帮助顾客解答问题。
friendship ['frendˌʃɪp] *n.* 友谊，友情	极速理解：**friend**（朋友）+ **ship**（名词后缀） • Our **friendship** began in childhood and has lasted for over 30 years. 我们的**友谊**始于童年，已经持续了 30 多年。
befriend [bɪ'frend] *v.* 成为朋友，交朋友	极速理解：**be**（成为）+ **friend**（朋友） • We should always be willing to **befriend** others even if they are different from us. 我们应该始终愿意**交朋友**，即使对方与我们不同。
penfriend ['penfrend] *n.* 笔友	极速理解：**pen**（笔）+ **friend**（朋友） • Helen wants to find a **penfriend**. 海伦想要找一个**笔友**。
friendless ['frendləs] *adj.* 孤独无助的	极速理解：**friend**（朋友）+ **less**（无） • The new student felt **friendless** and isolated in a new school. 新生感到**没有朋友**，孤立无援。

058 fruit『水果』

fruiter ['fru:tə] *n.* 水果商	极速理解：**fruit**（水果）+ **er**（人） • The **fruiter** was well-known for his high-quality. 这位**水果商**以质优而闻名。
fruity ['fru:ti] *adj.* 水果味的，果香浓郁的	极速理解：**fruit**（水果）+ **y**（形容词后缀） • The wine had a **fruity** aroma of berries and cherries. 这款红酒有浓郁的浆果和樱桃的**水果香气**。
fruitful ['fru:tfʊl] *adj.* 丰富的，富有成果的	极速理解：**fruit**（果实）+ **ful**（充满……的） • The meeting was very productive and resulted in many **fruitful** discussions. 这次会议成果丰硕，引发了许多**富有成果的**讨论。
fruitless ['fru:tlɪs] *adj.* 不结果实的；徒劳的	极速理解：**fruit**（水果）+ **less**（无） • Despite their efforts, the search for the missing hiker proved **fruitless**. 尽管他们付出了努力，但还是**没有找到**失踪的徒步旅行者。
fruited [f'ru:tɪd] *adj.* 结果的，结果实的	极速理解：**fruit**（水果）+ **ed**（形容词后缀） • The apple tree in the garden was **fruited**, and it produced a bountiful harvest. 花园里的苹果树**结出了果实**，收获颇丰。
dried fruit 干果	极速理解：**dried**（干的）+ **fruit**（水果） • **Dried fruit** is a healthy snack and a great addition to oatmeal or yogurt. **干果**是一种健康的零食，还可以加入燕麦或酸奶中。

059 full『完全的；满的』

fully ['fʊli] *adv.* 完全地，充分地	极速理解：**ful(l)**（完全的）+ **ly**（副词后缀） • I **fully** support your decision to pursue your dreams. 我**完全**支持你去追求自己的梦想。
fullness ['fʊlnəs] *n.* 完整；丰满；（声音）圆浑	极速理解：**full**（完全的）+ **ness**（名词后缀） • The **fullness** of her voice filled the concert hall with its beautiful sound. 她**圆浑**美丽的嗓音充满了音乐厅。
full-hearted *adj.* 全心全意的，诚挚的	极速理解：**full**（完全的）+ **heart**（心）+ **ed**（形容词后缀） • He gives his **full-hearted** support to his friends no matter what. 他无论如何都会给予他的朋友**充分的**支持。
full-time *adj.* 全职的，全日制的	极速理解：**full**（完全的）+ **time**（时间） • She works a **full-time** job and takes care of her family in her free time. 她在**全职**工作的同时，还利用空闲时间照顾家庭。
full-length *adj.* 全长的，全尺寸的	极速理解：**full**（完全的）+ **length**（长度） • She wore a stunning **full-length** gown to the award ceremony. 她在颁奖典礼上穿着一条绝美的**全长**礼服。
full-dress *adj.* 礼服的；隆重的	极速理解：**full**（满的）+ **dress**（衣服） • The event is a **full-dress** affair, and formal attire is required. 这是一场**隆重的**活动，要求穿正装。

060 gas『气体』

gasp [gɑːsp] *v.* 喘气，喘息	极速理解：gas（气体）的变体 • She **gasped** for breath after running up the stairs. 她跑上楼梯后**气喘吁吁**。
gasify [ˈgæsɪˌfaɪ] *v.* 使气化，使成气态	极速理解：gas（气体）+ ify（动词后缀） • The heat source was used to **gasify** the liquid to create energy. 热源被用来**气化**液体，以产生能量。
degas [diːˈgæs] *v.* 除去气体	极速理解：de（去除）+ gas（气体） • The machine was used to **degas** the liquid before packaging. 那台机器用于在包装之前**去除**液体中的**气体**。
natural gas 天然气	极速理解：natural（自然的）+ gas（气体） • **Natural gas** is a cleaner source of energy than fossil fuels. **天然气**是比化石燃料更干净的能源。
gasoline [ˈgæsəˌliːn] *n.* 汽油	极速理解：gas（气体）+ oline（化学物质的后缀） • The car needs **gasoline** to run its engine. 汽车需要**汽油**来运转发动机。
greenhouse gas 温室气体	极速理解：greenhouse（温室）+ gas（气体） • Carbon dioxide is one of the most common **greenhouse gases**. 二氧化碳是最常见的**温室气体**之一。

061 girl『女孩』

schoolgirl ['skuːlˌgɜːl] *n.* 女学生	极速理解：**school**（学校）+ **girl**（女孩） • The **schoolgirl** was excited to start the new school year. 这位**女学生**对开始新的学年感到很激动。
salesgirl ['seɪlzˌgɜːl] *n.* 女售货员	极速理解：**sales**（销售）+ **girl**（女孩） • The **salesgirl** was very helpful in assisting me with my purchase. 这位**女售货员**在帮助我购买时非常热心。
girlish ['gɜːlɪʃ] *adj.* 少女般的，少女的	极速理解：**girl**（女孩）+ **ish**（形容词后缀） • She had a **girlish** charm that made her seem younger than her years. 她有一种**少女般的**魅力，让她看上去比实际年龄年轻。
girlhood ['gɜːlˌhʊd] *n.* 少女时期	极速理解：**girl**（女孩）+ **hood**（名词后缀） • In her **girlhood**, she dreamed of becoming a famous singer. 在她的**少女时期**，她曾梦想成为一名著名歌手。
girlfriend ['gɜːlˌfrend] *n.* 女朋友	极速理解：**girl**（女孩）+ **friend**（朋友） • She introduced her new **girlfriend** to her family at dinner last night. 昨晚她在家庭晚餐上向家人介绍了她的新**女友**。
girl-next-door *n.* 邻家女孩	极速理解：**girl**（女孩）+ **next door**（隔壁的） • She was known as the **girl-next-door**, with her friendly smile and easygoing personality. 她以友好的微笑和随和的个性而闻名，被称为**邻家女孩**。

062 give『给，给予』

giver ['gɪvə(r)] *n.* 给予者，赠送者	极速理解：**giv(e)**（给予）+ **er**（人） • The company recognized its top **givers** with an award ceremony. 公司用颁奖典礼表彰了它的顶尖**捐助者**。
giveaway ['gɪvəˌweɪ] *n.* 免费样品；使真相暴露的事物	极速理解：**give**（给予）+ **away**（离开） • The password was a **giveaway**, as it was the name of the company's founder. 密码**显而易见**，因为它是公司创始人的名字。
given ['gɪvən] *adj.* 特定的，规定的 *prep.* 考虑到	极速理解：**giv(e)**（给）+ **en**（形容词 / 动词后缀） • **Given** the circumstances, it was the best decision he could make. **考虑到**情况，这是他能做出的最好的决定。
self-giving *adj.* 奉献的，无私的	极速理解：**self**（自己）+ **giving**（给予） • Her **self-giving** spirit inspired others to work harder. 她**无私奉献的**精神激励他人更加努力工作。
thanksgiving ['θæŋksˌgɪvɪŋ] *n.* 感恩节 *adj.* 感恩的	极速理解：**thanks**（感谢）+ **giving**（给予） • She wrote a **thanksgiving** letter to her family to express her gratitude for their support. 她写了一封**感恩**信给家人，表达她对他们支持的感激之情。
give up 放弃，放手	极速理解：**give**（给）+ **up**（全部） • Don't **give up** on your dreams, even if they seem impossible. 不要**放弃**你的梦想，即使它们看起来不可能成真。

063 go『去；进行』

film goer 电影观众	极速理解：**film**（电影）+ **go**（去）+ **er**（人） • The **film goers** gave the movie a standing ovation at the end of the screening. **电影观众**在放映结束时起立鼓掌。
go-a-good-way 有一定作用，能够产生积极影响	极速理解：无 • Her hard work will **go-a-good-way** in achieving her career goals. 她的努力付出将**有助于**她实现自己的职业目标。
undergo [ˌʌndəˈgəʊ] *v.* 经历	极速理解：**under**（下面）+ **go**（进行） • The patient is currently **undergoing** treatment for her illness. 患者目前正在**接受**治疗。
go-between *n.* 中间人，调停人	极速理解：**go**（去）+ **between**（两者之间） • The **go-between** helped negotiate a peace agreement between the two warring countries. **调停人**帮助协商了两个交战国之间的和平协议。
ongoing [ˈɒnˌgəʊɪŋ] *adj.* 不断发展的，持续存在的	极速理解：**on**（进行）+ **go**（进行）+ **ing**（形容词后缀） • The police investigation is **ongoing**. 警方的调查在**持续**进行中。
outgoing [ˈaʊtˌgəʊɪŋ] *adj.* 外向的，开朗的	极速理解：**out**（向外）+ **go**（去）+ **ing**（形容词后缀） • Her **outgoing** personality made her popular. 她**外向的**个性让她在人群中很受欢迎。

064 good『好的』

good-looking *adj.* 好看的，英俊的	极速理解：**good**（好的）+ **looking**（外观） • She was known for her **good-looking** appearance and elegant fashion sense. 她因为**好看的**外表和优雅的时尚感而闻名。
goods [gʊdz] *n.* 商品，货物	极速理解：无 • The shipment of **goods** was delayed due to bad weather conditions. **商品**运输因天气不好而延迟。
goodness [ˈgʊdnɪs] *n.* 善良，优良品质	极速理解：**good**（好的）+ **ness**（名词后缀） • Her acts of kindness and generosity showed her **goodness** as a person. 她的善良和慷慨表明了她作为一个人的**优良品质**。
good-hearted *adj.* 善良的，心地好的	极速理解：**good**（好的）+ **hearted**（有……心的） • The **good-hearted** doctor volunteered his time to help those in need. **善良的**医生志愿抽出时间帮助那些需要帮助的人。
good-natured *adj.* 性情温和的，和善的	极速理解：**good**（好的）+ **natured**（有……性情的） • She remained **good-natured** and optimistic. 她仍然保持着**温和的性情**和乐观的态度。
goodly [ˈgʊdli] *adj.* 相当大的，相当多的 *adv.* 相当地	极速理解：**good**（好的）+ **ly**（形容词 / 副词后缀） • The team worked **goodly** hard to prepare for the championship game. 这个团队**非常**努力地为冠军赛做准备。

065 gun『枪，炮』

gunner ['gʌnə] *n.* 炮手，枪手	极速理解：**gun**（枪，炮）+ **n** + **er**（人） • The **gunner** fired the cannon at the enemy ship. **炮手**开炮射向敌舰。
gunman ['gʌnmən] *n.* 持枪歹徒，持枪匪徒	极速理解：**gun**（枪，炮）+ **man**（人） • The store was robbed by a **gunman**. 商店被**持枪歹徒**打劫。
handgun ['hændˌgʌn] *n.* 手枪	极速理解：**hand**（手）+ **gun**（枪，炮） • The police officer drew his **handgun** and ordered the suspect to surrender. 警察拔出**手枪**命令嫌疑人投降。
gunshot ['gʌnˌʃɒt] *n.* 枪弹射击	极速理解：**gun**（枪，炮）+ **shot**（射击） • The sudden **gunshot** startled everyone in the quiet neighborhood. 突然的**枪声**惊动了安静社区中的每一个人。
gunfight ['gʌnˌfaɪt] *n.* 枪战，火拼	极速理解：**gun**（枪，炮）+ **fight**（战斗） • The two gangs engaged in a violent **gunfight** over control of the drug trade. 两个帮派因控制毒品交易而发生了暴力**枪战**。
gunpowder ['gʌnˌpaʊdə] *n.* 火药	极速理解：**gun**（枪，炮）+ **powder**（粉末） • The **gunpowder** storehouse was protected by armed guards. **火药**仓库受到武装警卫的保护。

066 hair『毛发，头发』

hairy ['heəri] *adj.* 带毛的，多毛的；（形容情况）充满困难或危险的	极速理解：**hair**（毛发）+ **y**（形容词后缀） • The caterpillar was covered in a **hairy** coat of fur. 毛毛虫身上**毛茸茸的**。
hairline ['heəˌlaɪn] *n.* 发际线 *adj.* 极细的，细微的	极速理解：**hair**（毛发）+ **line**（线） • The barber trimmed his **hairline** to give him a neater and more professional look. 理发师修剪了他的**发际线**，使他看起来更整洁、更专业。
haircut ['heəˌkʌt] *n.* 理发	极速理解：**hair**（头发）+ **cut**（切，割） • He needed to get a **haircut** before his job interview the next day. 他需要在第二天面试前**理发**。
hairstyle ['heəˌstaɪl] *n.* 发型，发式	极速理解：**hair**（头发）+ **style**（风格） • She loves experimenting with different **hairstyles**. 她喜欢尝试不同的**发型**。
hairless ['heəlɪs] *adj.* 无毛的，光秃的	极速理解：**hair**（毛发）+ **less**（无） • The sphynx cat is known for its **hairless** body and wrinkled skin. 无毛猫因其**光秃的**身体和皱巴巴的皮肤而闻名。
hairband ['heə(r)ˌbænd] *n.* 发带，头带	极速理解：**hair**（头发）+ **band**（带子） • She tied her hair back with a **hairband** to keep it out of her face. 她用**头带**把头发绑起来，避免它妨碍她的面部活动。

067 hand『手』

handshake ['hænd,ʃeɪk] *n.* 握手	极速理解：**hand**（手）+ **shake**（握手） • He greeted me with a firm **handshake**. 他用有力的**握手**向我问好。
handrail ['hænd,reɪl] *n.* 扶手	极速理解：**hand**（手）+ **rail**（栏杆） • This staircase needs a **handrail** to ensure safety. 这个楼梯需要**扶手**以保证安全。
handy ['hændi] *adj.* 便利的	极速理解：**hand**（手）+ **y**（形容词后缀） • This tool is very **handy** for repairing small items. 这个工具对于修理小物品非常**方便**。
handout ['hændaʊt] *n.* 散发的单张资料；施舍	极速理解：**hand**（手）+ **out**（外面） • She gave out **handouts** to all the attendees at the conference. 她给所有参会者发了**单张资料**。
first-hand *adj.* 直接的；第一手的	极速理解：**first**（最初的）+ **hand**（手） • She got **first-hand** experience of the dangers of mountain climbing. 她**亲身**体验了登山的危险情况。
handkerchief ['hæŋkətʃɪf] *n.* 手帕	极速理解：**hand**（手）+ **kerchief**（方围巾） • She wiped her tears with her **handkerchief**. 她用**手帕**擦去了眼泪。

068 head『头』

headline ['hedˌlaɪn] *n.* 头条新闻，标题 *v.* 给……加标题	极速理解：**head**（头）+ **line**（线） • The newspaper **headline** announced the breaking news of the earthquake. 报纸**头条**报道了地震的最新消息。
headmaster [ˌhed'mɑːstə] *n.* 校长	极速理解：**head**（头）+ **master**（主人，管理员） • The **headmaster** was proud of his students' hard work and achievements. **校长**为学生的努力和成就感到自豪。
headwork ['hedˌwɜːk] *n.* 头脑工作，智力劳动，思维工作	极速理解：**head**（头）+ **work**（工作） • Writing a novel requires a lot of **headwork**. 写小说需要大量的**脑力劳动**。
forehead ['fɒˌhed] *n.* 额头	极速理解：**fore**（前面）+ **head**（头） • He had a small bruise on his **forehead**. 他的**额头**上有一个小伤痕。
headache ['hedˌeɪk] *n.* 头痛 *adj.* 棘手的，令人头痛的	极速理解：**head**（头）+ **ache**（疼痛） • She took some painkillers to relieve her **headache**. 她服用一些止痛药来缓解**头痛**。
heady ['hedi] *adj.* 充满激情的；使人忘乎所以的	极速理解：**head**（头）+ **y**（形容词后缀） • She felt **heady** with success. 成功使她**得意忘形**。

069 hear『听』

hearer ['hɪərə(r)] *n.* 听众，倾听者	**极速理解：hear（听）+ er（人）** • The speaker asked the **hearers** if they had any questions. 演讲者询问**听众**是否有问题。
hearing ['hɪərɪŋ] *n.* 听力，听觉；听证会	**极速理解：hear（听）+ ing（名词后缀）** • The court **hearing** was adjourned until next week. 法庭**听证会**被推迟到下周。
hear a case 立案审理案件	**极速理解：hear（听）+ a（不定冠词）+ case（案件）** • The judge will **hear the case**. 法官将**审理此案**。
overhear [ˌəʊvə'hɪə] *v.* 偶然听到	**极速理解：over（上面）+ hear（听）** • I **overheard** their conversation. 我**偶然听到**了他们的谈话。
hear about 听到，听说；获悉	**极速理解：hear（听）+ about（关于）** • Have you **heard about** the new restaurant on Main Street? 你**听说**过中心街上的那家新餐厅吗？
hear from 收到……的来信 / 来电；听到……的消息	**极速理解：hear（听）+ from（从……）** • Did you **hear from** the university about your application? You should receive a decision soon. **你收到**大学的有关申请的**消息**了吗？你应该很快收到结果。

070 hill『小山』

hilltop ['hɪlˌtɒp] *n.* 山顶	极速理解：**hill**（小山）+ **top**（顶部） • We reached the **hilltop** in time to see the sunrise. 我们及时到达**山顶**，看到了日出。
hilly ['hɪli] *adj.* 多山的，起伏的	极速理解：**hill**（小山）+ **y**（形容词后缀） • She loved to go for walks in **hilly** countryside. 她喜欢去**多山的**乡村散步。
hillside ['hɪlˌsaɪd] *n.* 山坡，山腰	极速理解：**hill**（小山）+ **side**（一边） • The sheep grazed on the sunny **hillside**. 绵羊在阳光普照的**山坡**上吃草。
a hill of beans 一点点；不重要的东西	极速理解：无 • It was just **a hill of beans**. 这不过是**一点小事**。
uphill ['ʌp'hɪl] *adj.* 上坡的 *adv.* 向山上	极速理解：**up**（向上）+ **hill**（小山） • The bike ride was mostly **uphill**, which made it quite challenging. 此次单车之旅大多是**上坡**路，这让它充满了挑战。
downhill ['daʊn'hɪl] *adj.* 下坡的 *adv.* 向山下	极速理解：**down**（向下）+ **hill**（小山） • The skiers raced **downhill** at high speeds. 滑雪者以高速进行**下坡**比赛。

071 home『家』

homeland ['həʊmˌlænd] *n.* 故乡，祖国	极速理解：**home**（家）+ **land**（土地） • She left her **homeland** to pursue her dreams in the big city. 她离开了**故乡**去追求梦想，踏上了大城市的征程。
homely ['həʊmli] *adj.* 朴素的，家常的；相貌平凡的	极速理解：**home**（家）+ **ly**（形容词后缀） • She baked a **homely** apple pie for dessert. 她做了一份**朴素的**苹果派作为餐后甜点。
homemade ['həʊm'meɪd] *adj.* 自制的，家里做的	极速理解：**home**（家）+ **made**（制造） • His grandmother always made **homemade** bread. 他奶奶总是**自制**面包。
homesick ['həʊmˌsɪk] *adj.* 思家的，想家的	极速理解：**home**（家）+ **sick**（生病的） • He felt **homesick** for his hometown. 他开始**想念**他的家乡。
hometown ['həʊmtaʊn] *n.* 家乡，故乡	极速理解：**home**（家）+ **town**（城镇） • She took her children to visit her **hometown**. 她带着孩子回**家乡**。
homeless ['həʊmlɪs] *adj.* 无家可归的，无家可宿的	极速理解：**home**（家）+ **less**（无） • The city's **homeless** population has increased. 这座城市**无家可归的**人口增加了。

072 horse『马』

horseman ['hɔːsmən] *n.* 骑马手	极速理解：**horse**（马）+ **man**（人） • He can ride a horse like a **horseman**. 他马骑得和**骑手**一样好。
beat a dead horse （习语）白费口舌，徒劳无益	极速理解：无 • I've tried to tell him to stop smoking, but it's like **beating a dead horse**. 我试图让他戒烟，但就像**白费口舌**。
horseplay ['hɔːsˌpleɪ] *n.* 嬉戏打闹，恶作剧	极速理解：**horse**（马）+ **play**（游戏） • The teacher had to intervene when the **horseplay** got out of hand. 当**嬉闹**变得失控时，老师必须介入。
horse race 赛马	极速理解：**horse**（马）+ **race**（赛跑） • The annual **horse race** is a major event in the town. 每年举行的**赛马**是该镇的一个重要活动。
horse around 嬉闹，打闹	极速理解：**horse**（马）+ **around**（在周围） • The children were **horsing around** in the park. 孩子们在公园里**嬉闹打闹**。
rocking horse 摇摇马，木马玩具	极速理解：**rocking**（摇动的）+ **horse**（马） • The child enjoyed playing on the **rocking horse** in the playroom. 孩子喜欢在游戏室里玩**摇摇马**。

073 house『房屋，家』

housework ['haʊsˌwɜːk] *n.* 家务活，家政	**极速理解：house（家）+ work（工作）** • He helps with the **housework** when he has free time on the weekends. 他在周末有空的时候帮着做**家务**。
housewife ['haʊsˌwaɪf] *n.* 家庭主妇	**极速理解：house（家）+ wife（妻子）** • She left her job to become a full-time **housewife**. 她放弃了工作，成为全职的**家庭主妇**。
houseful ['haʊsfʊl] *n.* 座无虚席的状态，满座	**极速理解：house（家）+ ful（充满……的）** • There was a **houseful** of guests. 宾朋**满座**。
household ['haʊsˌhəʊld] *n.* 家庭，户	**极速理解：house（家）+ hold（持有）** • The survey collected data on **household** income and spending habits. 该调查收集了有关**家庭**收入和消费习惯的数据。
lighthouse ['laɪtˌhaʊs] *n.* 灯塔	**极速理解：light（光）+ house（房屋）** • The **lighthouse** stands on a rocky peninsula. **灯塔**矗立在一个多岩的半岛上。
teahouse ['tiːˌhaʊs] *n.* 茶馆，茶楼	**极速理解：tea（茶）+ house（房屋）** • We stopped at a **teahouse** for a break. 我们在一家**茶馆**停歇。

074 ice『冰』

icebox ['aɪsˌbɒks] *n.* 冰箱，冰柜	极速理解：**ice**（冰）+ **box**（盒子） • She stored the leftover pizza in the **icebox**. 她把剩下的比萨放进**冰箱**里。
iceberg ['aɪsbɜːg] *n.* 冰山	极速理解：**ice**（冰）+ **berg**（山） • Polar bears are known to hunt seals on **icebergs** in the Arctic. 北极熊以在北极**冰山**上猎杀海豹而出名。
ice cream 冰淇淋	极速理解：**ice**（冰）+ **cream**（奶油） • The children enjoyed eating **ice cream**. 孩子们喜欢吃**冰淇淋**。
on ice 冰冻的，冻住的，被搁置的	极速理解：**on**（上面）+ **ice**（冰） • The project has been put **on ice** until further notice. 该项目将被**搁置**，直到有进一步通知。
ice cube 冰块	极速理解：**ice**（冰）+ **cube**（立方体） • She froze some grape juice into **ice cubes**. 她把一些葡萄汁冷冻成**冰块**。
Iceland ['aɪslənd] *n.* 冰岛	极速理解：**ice**（冰）+ **land**（土地） • She traveled to **Iceland** to experience the country's unique culture and outdoor activities. 她前往**冰岛**，体验该国独特的文化和户外活动。

075 in『在里面；进入』

in-flight meal 航空餐	**极速理解：in（在里面）+ flight（航班）+ meal（餐食）** • The airline serves a hot **in-flight meal**. 该航空公司提供**航空餐**。
inner ['ɪnə] *adj.* 内部的，内侧的	**极速理解：in（在里面）+ n + er（形容词后缀）** • The **inner** workings of the company are not visible to the public. 公司的**内部**运转对公众不可见。
innermost ['ɪnəˌməʊst] *adj.* 最里面的，内心深处的	**极速理解：inner（里面的）+ most（最）** • She revealed her **innermost** thoughts and feelings. 她透露了她**内心深处的**思想和感受。
in-service *adj.* 在使用中，处于服务状态的	**极速理解：in（进入）+ service（服务）** • The technician is responsible for repairing and maintaining all **in-service** equipment. 技术人员负责修理和维护所有**处于使用状态的**设备。
in-depth *adj.* 深入的，全面的	**极速理解：in（进入）+ depth（深度）** • The reporter conducted an **in-depth** investigation. 记者进行了**深入**调查。
in-person *adj./adv.* 亲自的（地），当面的（地）	**极速理解：in（在里面）+ person（人）** • The job interview will be conducted **in-person**. 面试将会是**当面的**形式。

076 job『工作』

jobless ['dʒɒblɪs] *adj.* 失业的	**极速理解：job（工作）+ less（无）** • The **jobless** rate has increased due to the economic recession. 经济衰退导致**失业**率上升。
on-the-job *adj.* 在职场上的，在工作中的	**极速理解：on（在上面）+ the + job（工作）** • The supervisor provides **on-the-job** training to new employees. 主管为新员工提供**在职**训练。
off-the-job *adj.* 非工作时间的，在职场之外的	**极速理解：off（远离）+ the + job（工作）** • The company offers **off-the-job** activities for its employees. 公司为员工提供**职场之外**的活动。
job-hopping *n.* 频繁跳槽	**极速理解：job（工作）+ hopping（跳槽）** • His résumé shows a pattern of **job-hopping** every year or two. 他的简历显示他每年或每两年**跳槽**一次。
job-hopper *n.* 频繁跳槽的人	**极速理解：job（工作）+ hopper（跳槽者）** • He had a reputation as a **job-hopper**. 他**频繁跳槽**的名声在外。
job-hunting *n.* 求职	**极速理解：job（工作）+ hunting（寻找）** • **Job-hunting** can be a frustrating and time-consuming process. **找工作**可能是一个令人沮丧和耗时的过程。

077 just『公正的，正义的』

justice ['dʒʌstɪs] *n.* 公正，正义	极速理解：**just**（公正的，正义的）+ **ice**（名词后缀） • The judge was known for his commitment to **justice** and fairness in the courtroom. 这位法官以在法庭上致力于**公正**和公平而闻名。
injustice [ɪn'dʒʌstɪs] *n.* 不公正，不公平	极速理解：**in**（否定）+ **justice**（公正，正义） • The verdict was an **injustice**. 判决是**不公正**的。
justify ['dʒʌstɪˌfaɪ] *v.* 辩解，证明……是正当的	极速理解：**just**（公正的，正义的）+ **ify**（动词后缀） • The manager was not able to **justify** his decision to terminate the employee's contract. 经理无法**证明**他终止员工合同的决定是合法的。
justification [ˌdʒʌstɪfɪ'keɪʃən] *n.* 正当理由，辩解	极速理解：**just**（公正的，正义的）+ **ification**（名词后缀） • He was getting angry—and with some **justification**. 他生气了——而且不是没有**道理**的。
justified ['dʒʌstɪfaɪd] *adj.* 正当的，有理由的	极速理解：**just**（公正的，正义的）+ **ified**（形容词后缀） • The company's decision to cancel the event was **justified**. 该公司取消活动的决定是**合理的**。
justifiable ['dʒʌstɪˌfaɪəbəl] *adj.* 可以证明正当的，有理由的	极速理解：**just**（公正的，正义的）+ **ifiable**（形容词后缀） • The discussion is **justifiable**. 这次讨论是**合理的**。

078 know『知道』

knowledge ['nɒlɪdʒ] *n.* 知识，学问	极速理解：无 • The pursuit of **knowledge** is a lifelong journey. 追求**知识**是一生的旅程。
self-knowledge *n.* 自我认识；自知之明	极速理解：**self**（自己）+ **knowledge**（知识） • She gained **self-knowledge** through therapy and reflection. 她通过治疗和反思获得了**自我认识**。
knowledgeable ['nɒlɪdʒəbəl] *adj.* 博学的，有知识的	极速理解：**knowledge**（知识）+ **able**（能够的） • The professor is very **knowledgeable** about the history of art. 这位教授对艺术史非常**了解**。
know-how *n.* 专业技能，技术知识	极速理解：**know**（知道）+ **how**（方式） • You need **know-how** to start a successful business. 要开创一种成功的业务，你需要**专业技能**。
well-known *adj.* 著名的，众所周知的	极速理解：**well**（良好的）+ **known**（已知的） • The actor is **well-known** for his performance in award-winning films. 这位演员因在获奖影片中的表现而**著名**。
unknown [ʌn'nəʊn] *adj.* 未知的，不为人知的	极速理解：**un**（否定）+ **known**（已知的） • The cause of the problem is still **unknown**. 问题的原因仍**未知**。

079 lady『女士』

ladylike
['leɪdɪˌlaɪk]
adj. 像淑女的，文雅的

极速理解：lady（女丄）+ like（像）

• Her language was not very **ladylike**.
她的语言不怎么**文雅**。

ladybro
['leɪdibrəʊ]
n. 闺蜜

极速理解：lady（女士）+ bro（男孩，兄弟）

• A **ladybro** may be your true friend and may be not.
闺蜜可能是你真正的朋友，但也可能不是。

ladybug
['leɪdɪbʌg]
n. 瓢虫

极速理解：lady（女士）+ bug（小虫）

• **Ladybugs** are known for their ability to control pests in gardens.
瓢虫以它们在花园中控制害虫的能力而闻名。

first lady
第一夫人

极速理解：first（第一）+ lady（女士）

• The **first lady** of the United States often takes on public causes and initiatives.
美国的**第一夫人**经常推动公众事业和计划。

dinner lady
（英国的）学校餐厅工作人员

极速理解：dinner（晚餐）+ lady（女士）

• The school was looking to hire a new **dinner lady**.
学校正在寻找一名新的**学校餐厅女招待**。

cleaning lady
清洁女工，打扫工

极速理解：cleaning（清洁）+ lady（女士）

• The hotel employs several **cleaning ladies**.
酒店雇用了几位**清洁女工**。

080 large『大的』

largely ['lɑːdʒli] 主要地，大体上	极速理解：**large**（大的）+ **ly**（副词后缀） • The success of the company is **largely** due to its innovative approach. 公司的成功**很大程度上**归功于其创新的方法。
largish ['lɑːdʒɪʃ] *adj.* 相当大的，颇大的	极速理解：**larg(e)**（大的）+ **ish**（略微的） • The painting has a **largish** frame. 这幅画有一个**颇大的**框架。
enlarge [ɪn'lɑːdʒ] *v.* 扩大，放大，增大	极速理解：**en**（使）+ **large**（大的） • He asked the printer to **enlarge** the font size on the document. 他要求打印机**放大**文档中的字体。
larger-than-life *adj.* 超凡脱俗的，活力四射的	极速理解：**large**（大的）+ **than**（比……更）+ **life**（生命） • The actor's **larger-than-life** personality made him a legend in Hollywood. 这位演员**超凡脱俗的**个性使他成为好莱坞的传奇人物。
large-scale *adj.* 大规模的	极速理解：**large**（大的）+ **scale**（规模） • The construction project is a **large-scale** undertaking. 这个建筑项目是一个**大规模的**工程。
large-minded *adj.* 宽宏大量的，心胸开阔的	极速理解：**large**（大的）+ **minded**（有……思想的） • The **large-minded** leader was able to forgive his subordinate's mistake. **宽容的**领导人能够原谅下属的错误。

081 laugh『笑』

laughter ['lɑ:ftə] *n.* 笑声，笑	**极速理解：laugh（笑）+ ter（名词后缀）** • The sound of children's **laughter** filled the playground. 孩子们的**笑声**充满了游乐场。
laughing ['lɑ:fɪŋ] *adj.* 愉快的，可笑的	**极速理解：laugh（笑）+ ing（形容词后缀）** • She had a **laughing** expression on her face all day long. 她整天的表情都是**愉快的**。
laughing stock 笑柄，让人嘲笑的对象	**极速理解：laughing（可笑的）+ stock（储备）** • His inability made him a **laughing stock** among his colleagues. 他的无能使他成为同事们**嘲笑的对象**。
laughable ['lɑ:fəbəl] *adj.* 可笑的	**极速理解：laugh（笑）+ able（能够）** • His suggestion to solve the problem with a joke was **laughable** at best. 他用笑话解决问题的建议最多也就是**可笑的**。
laugh at 嘲笑，取笑	**极速理解：laugh（笑）+ at（在，向）** • It's not kind to **laugh at** someone else's misfortune. **嘲笑**别人的不幸并不友善。
horse laugh 大笑声	**极速理解：horse（马）+ laugh（笑）** • His **horse laugh** made everyone in the room join in on the fun. 他的**大笑声**让房间里每个人都融入了这个有趣的氛围。

082 leg『腿』

leggy ['legi] *adj.* 腿长的	**极速理解：leg（腿）+ g + y（形容词后缀）** • The supermodel had a **leggy** look. 这位超模有一双**长腿**。
legroom ['leg͵rʊm] *n.*（公共场所或交通工具上的）腿部座位空间	**极速理解：leg（腿）+ room（房间，空间）** • The theater with the most **legroom** is always my first choice. 有最宽敞的**座位空间**的剧院总是我的首选。
leg-warmer *n.* 护腿袜，腿套	**极速理解：leg（腿）+ warm（保暖的）+ er（工具）** • **Leg-warmers** were a popular fashion accessory in the 1980s. 在 20 世纪 80 年代，**腿套**成了流行的时尚配件。
legwork ['leg͵wɜːk] *n.* 跑腿的工作	**极速理解：leg（腿）+ work（工作）** • What I do is a kind of **legwork**. 我干的是**跑腿儿的活**。
cross-legged *adv.* 盘腿 *adj.* 盘着腿的	**极速理解：cross（交叉）+ leg（腿）+ g + ed（形容词后缀）** • The yoga instructor demonstrated how to sit **cross-legged**. 瑜伽教练演示了如何**盘腿**坐。
leg-up *n.* 帮助，促进，推动	**极速理解：leg（腿）+ up（向上）** • The internship gave her the necessary **leg-up** in her career. 实习为她的职业生涯提供了必要的**帮助**。

083 lie『躺』

lie-down *n.* 躺着休息	**极速理解：lic（躺）+ down（向下）** • He always took a quick **lie-down** after lunch. 他总是在午饭后不久**躺下休息**。
lie-in *n.* 睡懒觉	**极速理解：lie（躺）+ in（在里面）** • She had a productive day after a much-needed **lie-in**. 她在**彻底休息**过后，度过了充实的一天。
overlie [ˌəʊvəˈlaɪ] *v.* 覆盖在……上	**极速理解：over（上面）+ lie（躺）** • The blanket **overlay** the bed, but not the pillows. 毯子**覆盖**在床上，但没有覆盖枕头。
low-lying *adj.* 低洼的，低平的	**极速理解：low（低）+ ly（lie 的现在分词）+ ing（形容词后缀）** • The area is characterized by its **low-lying** landscape. 这个地区以**低平的**地貌而闻名。
lie down 躺下，放下	**极速理解：lie（躺）+ down（向下）** • He felt dizzy and had to **lie down** for a few minutes. 他感到头晕，不得不**躺下**几分钟。
underlying [ˌʌndəˈlaɪɪŋ] *adj.* 潜在的，基本的	**极速理解：under（下面）+ lying（躺着的）** • The **underlying** cause of the problem was a lack of communication. 问题的**潜在**原因是缺乏沟通。

084 line『线』

linear ['lɪnɪə] *adj.* 线性的，线状的	极速理解：**line**（线）+ **ar**（形容词后缀） • The artist's work often features clean, **linear** designs. 这位艺术家的作品经常呈现出整洁、**线性的**设计。
outline ['aʊtˌlaɪn] *n.* 大纲；轮廓	极速理解：**out**（向外）+ **line**（线） • She had to submit an **outline** of her research project. 她必须提交一个研究项目的**大纲**。
underline [ˌʌndə'laɪn] *v.* 强调；画线于……下面	极速理解：**under**（在下面）+ **line**（线） • The teacher asked us to **underline** the most important information in the text. 老师要求我们**画下**文中最重要的信息。
clothesline ['kləʊðzˌlaɪn] *n.* 晒衣绳	极速理解：**clothes**（衣服）+ **line**（线） • The **clothesline** snapped in the strong wind. 在大风中**晒衣绳**断了。
in line with 与……一致，遵循	极速理解：**in**（在里面）+ **line**（线）+ **with**（和） • The plan for the project is **in line with** the client's wishes. 项目的计划**符合**客户的愿望。
airliner ['eəˌlaɪnə] *n.* 客机，班机	极速理解：**air**（空气）+ **lin(e)**（线）+ **er**（人或物） • The **airliner** was delayed due to bad weather. 由于天气不好，**班机**延误了。

085 live『生活』

alive [ə'laɪv] *adj.* 活着的，有生命的	**极速理解：a（加强语气）+ live（生活）** • The patient was unconscious but still **alive**. 病人失去意识，但仍然**活着**。
relive [riː'lɪv] *v.* 重温，再体验	**极速理解：re（重新）+ live（生活）** • The reunion was a chance for the old classmates to **relive** their college days. 聚会是老同学们**重温**大学时光的机会。
lively ['laɪvlɪ] *adj.* 活泼的，充满生机的	**极速理解：live（生活）+ ly（后缀）** • The restaurant had a **lively** atmosphere with music and laughter. 这家餐厅气氛**热闹**，有音乐和笑声。
living ['lɪvɪŋ] *adj.* 活着的	**极速理解：liv(e)（生活）+ ing（形容词后缀）** • **Living organisms** need certain nutrients to survive. **生物体**需要某些营养物质才能生存。
long-lived *adj.* 长寿的，长命的	**极速理解：long（长的）+ liv(e)（生活）+ ed（形容词后缀）** • The tortoise is known for being a **long-lived** species. 乌龟以**长寿**而著名。
short-lived *adj.* 短暂的，短命的	**极速理解：short（短的）+ liv(e)（生活）+ ed（形容词后缀）** • The flowers were beautiful but **short-lived**. 这些花很漂亮，但**寿命短暂**。

086 lock『锁』

locker ['lɒkə] *n.* 储物柜，更衣箱	**极速理解：lock（锁）+ er（人或物）** • The gym **locker** room was crowded after the basketball game. 篮球比赛后，健身房**更衣室**很拥挤。
lock up 锁起来，关起来	**极速理解：lock（锁）+ up（向上）** • Don't forget to **lock up** when you leave the house. 离开房子时不要忘记**锁门**。
unlock [ʌn'lɒk] *v.* 开锁，解锁	**极速理解：un（否定）+ lock（锁）** • She **unlocked** the door and let her friend in. 她**打开**门，让她的朋友进来。
locked [lɒkt] *adj.* 上锁的，被锁住的	**极速理解：lock（锁）+ ed（形容词后缀）** • The car was **locked** and the keys were inside. 车被**锁住**了，钥匙在里面。
lockstep ['lɒkˌstep] *n.* 步调一致，一致行动	**极速理解：lock（锁）+ step（步伐）** • The dancers moved in **lockstep** with the music. 舞者们与音乐**步调一致**。
locker room 更衣室，休息室	**极速理解：locker（储物柜）+ room（房间）** • The office has a **locker room** where employees can store their personal items. 办公室有一个**休息室**，员工可以在那里存放个人物品。

087 look『看』

overlook [ˌəʊvəˈlʊk] *v.* 忽略；俯瞰	**极速理解：over（在……上）+ look（看）** • The teacher **overlooked** several mistakes in the student's essay. 老师**忽略**了学生文章中的几个错误。
onlooker [ˈɒnˌlʊkə] *n.* 旁观者，观众	**极速理解：on（在上面）+ look（看）+ er（人）** • The **onlookers** cheered as the parade passed by. 游行队伍经过时，**旁观者**欢呼起来。
lookout [ˈlʊkˌaʊt] *n.* 侦察，警戒	**极速理解：look（看）+ out（向外）** • The hiker kept a **lookout** for any signs of danger on the trail. 徒步旅行者在小道上保持**警惕**，谨防任何危险的迹象。
outlook [ˈaʊtˌlʊk] *n.* 观点，前景	**极速理解：out（向外）+ look（看）** • His **outlook** on life changed after he traveled to a new country. 他去了一个新的国家之后，人生**观**发生了变化。
good-looking *adj.* 好看的，英俊的，美丽的	**极速理解：good（好的）+ look（看）+ ing（形容词后缀）** • He was a **good-looking** man with bright blue eyes. 他是一个**英俊的**男人，长着明亮的蓝眼睛。
forward-looking *adj.* 向前看的，有前瞻性的	**极速理解：forward（向前）+ look（看）+ ing（形容词后缀）** • The company had a **forward-looking** approach to innovation and technology. 公司在创新和技术上有着**前瞻性的**方法。

088 love『爱』

lovable ['lʌvəbəl] *adj.* 可爱的，讨人喜欢的	极速理解：**lov(e)**（爱）+ **able**（能够） • Her kindness made her very **lovable** to everyone. 她的善良让每个人都很**喜欢**她。
lovely ['lʌvli] *adj.* 可爱的，美好的	极速理解：**love**（爱）+ **ly**（形容词后缀） • The flowers in the garden looked so **lovely** in the sunlight. 花园里的花在阳光下看起来非常**美好**。
beloved [bɪ'lʌvɪd] *adj.* 深爱的，心爱的	极速理解：**be**（状态）+ **lov(e)**（爱）+ **ed**（形容词后缀） • The old book was his **beloved** possession and he treasured it greatly. 这本旧书是他**深爱的**物品，他非常珍重它。
love me, love my dog （习语）爱屋及乌	极速理解：无 • If you want to be with me, you have to accept my whole family. **Love me, love my dog**. 如果你想和我在一起，就必须接受我的整个家庭。**爱屋及乌**。
lovelorn ['lʌvˌlɔːn] *adj.* 失恋的，因爱而痛苦的	极速理解：**love**（爱）+ **lorn**（寂寞的） • The **lovelorn** girl spent hours crying after her breakup with her boyfriend. **失恋的**女孩与男朋友分手后哭了好几个小时。
peace-loving *adj.* 爱好和平的，反战的	极速理解：**peace**（和平）+ **lov(e)**（爱）+ **ing**（形容词后缀） • He was known for his **peace-loving** attitude. 他以他**爱好和平的**态度而闻名。

089 low『低的』

lower ['ləʊə] *v.* 降低，下降	**极速理解：low**（低的）+ **cr**（形容词/动词后缀） • The company decided to **lower** the prices of their products to attract more customers. 公司决定**降低**产品价格以吸引更多顾客。
low-level *adj.* 低水平的，基层的，初级的	**极速理解：low**（低的）+ **level**（水平） • The **low-level** employees were not given much authority. **基层**员工没有得到太多权力。
low-paid *adj.* 低薪的，收入低的	**极速理解：low**（低的）+ **paid**（支付的） • The workers at the factory are **low-paid** and are demanding a raise. 工厂工人的**薪水很低**，正在要求涨工资。
low season 淡季，旅游淡季	**极速理解：low**（低的）+ **season**（季节） • The hotel offers discounted rates in the **low season** to try to attract more tourists. 旅店在**淡季**提供折扣价格，以吸引更多的游客。
low-spirited *adj.* 情绪低落的，沮丧的	**极速理解：low**（低的）+ **spirited**（精神的） • After losing the game, the team was **low-spirited** and disappointed. 比赛输了之后，球队**情绪低落**，感到失望。
low-key *adj.* 低调的，不张扬的	**极速理解：low**（低的）+ **key**（键） • They decided to have a **low-key** wedding with just family and close friends. 他们决定举办一场**低调的**婚礼，只邀请家人和亲密的朋友参加。

090 man『男人；人类』

manly ['mænli] *adj.* 男子气概的，刚毅的，果断的	**极速理解：man（男人）+ ly（形容词后缀）** • His **manly** appearance and confident demeanor gave him an authoritative air. 他**阳刚的**外貌和自信的态度给人以权威感。
mankind [ˌmæn'kaɪnd] *n.* 人类	**极速理解：man（人类）+ kind（表种类的后缀）** • The scientific study provided new insights into evolution of **mankind**. 这项科学研究提供了对**人类**进化的新见解。
manned [mænd] *adj.* 有人驾驶（或操作、控制、指挥）的	**极速理解：man（人类）+ n + ed（形容词后缀）** • The spaceship was **manned** by experienced astronauts. 宇宙飞船由经验丰富的宇航员**驾驶**。
unmanned [ʌn'mænd] *adj.* 无人驾驶的，自动化的	**极速理解：un（否定）+ manned（有人控制的）** • The military is developing more **unmanned** aerial vehicles for reconnaissance and surveillance purposes. 军方正在开发更多**无人**机进行侦察和监视。
man-made *adj.* 人造的，人工的	**极速理解：man（人）+ made（制造）** • The jewelry designer used **man-made** diamonds to create a necklace. 珠宝设计师使用**人造**钻石制作了一条项链。
manhood ['mænhʊd] *n.* 男子汉，成年男子；男子气概	**极速理解：man（人）+ hood（状态或性质）** • The initiation ceremony was a rite of passage for young men transitioning into **manhood**. 入门仪式是年轻男性从青年走向**成年**的磨炼之路。

091 moon『月亮』

moonlight [ˈmuːnˌlaɪt] *n.* 月光	**极速理解：moon**（月亮）+ **light**（光） • They walked along the beach in the **moonlight**. 他们在**月光**下沿着海滩散步。
mooncake [ˈmuːnkeɪk] *n.* 月饼	**极速理解：moon**（月亮）+ **cake**（蛋糕） • This year I tried a new flavor of **mooncake**. 今年我尝试了一个新口味的**月饼**。
many moons ago 多年前	**极速理解：many**（许多）+ **moon**（月亮）+ **ago**（以前） • I used to come to this park **many moons ago**. 我**许多年前**来过这个公园。
honeymoon [ˈhʌnɪˌmuːn] *n.* 蜜月期	**极速理解：honey**（蜂蜜）+ **moon**（月亮） • They went on a **honeymoon** to Hawaii. 他们去夏威夷度**蜜月**。
over the moon 非常高兴	**极速理解：over**（超过）+ **the** + **moon**（月亮） • She's **over the moon** about her new baby. 她因生了一个小宝宝而**乐极了**。
full moon 满月	**极速理解：full**（满的）+ **moon**（月亮） • The **full moon** was bright in the sky last night. 昨晚的**满月**在天空中很明亮。

092 mother『母亲』

mothering ['mʌðərɪŋ] *n.* 母性，母爱	极速理解：**mother**（母亲）+ **ing**（名词后缀） • He often misses his mother's loving **mothering**. 他经常会怀念母亲的**关怀照料**。
motherly ['mʌðəli] *adj.* 母亲的；像母亲的	极速理解：**mother**（母亲）+ **ly**（形容词后缀） • She had a **motherly** smile that put everyone at ease. 她**母亲般的**微笑使每个人都感到放心。
at my mother's knee 在母亲膝下，童年时光	极速理解：无 • **At my mother's knee**, I learned to read and write. **在母亲膝下**，我学会了阅读和写作。
mother-in-law *n.* 岳母；婆婆	极速理解：**mother**（母亲）+ **in-law**（姻亲） • He gets along well with his **mother-in-law**. 他和**岳母**相处得很好。
motherland ['mʌðəˌlænd] *n.* 祖国	极速理解：**mother**（母亲）+ **land**（土地） • He fought bravely to defend his **motherland**. 他英勇地保卫自己的**祖国**。
mother tongue 母语	极速理解：**mother**（母亲）+ **tongue**（语言） • She grew up speaking English as her **mother tongue**. 她的**母语**是英语。

093 motor『发动机』

motorbike
['məʊtəˌbaɪk]
n. 摩托车

极速理解：**motor**（发动机）+ **bike**（自行车）

• He rides his **motorbike** to work every day.
他每天骑**摩托车**去上班。

motorcycle
['məʊtəˌsaɪkəl]
n. 摩托车

极速理解：**motor**（发动机）+ **cycle**（轮车）

• She prefers a **motorcycle** to a car.
她喜欢**摩托车**胜过汽车。

motorway
['məʊtəˌweɪ]
n. 高速公路

极速理解：**motor**（发动机）+ **way**（道路）

• The **motorway** was closed due to an accident.
由于事故，**高速公路**封闭了。

motorist
['məʊtərɪst]
n. 驾车者

极速理解：**motor**（发动机）+ **ist**（从事某事的人）

• He is a professional **motorist**.
他是一名职业**赛车手**。

motor vehicles
机动车辆；汽车

极速理解：**motor**（发动机）+ **vehicles**（车辆）

• You need to have a license to drive a **motor vehicle**.
驾驶**机动车辆**需要有驾照。

motor insurance
机动车辆保险

极速理解：**motor**（发动机）+ **insurance**（保险）

• You should consider getting **motor insurance** for your car.
你应该考虑为你的汽车购买**机动车辆保险**。

094 move『移动』

movement [ˈmuːvmənt] *n.* 运动；变化	极速理解：**move**（移动）+ **ment**（名词后缀） • There has been no **movement** in oil prices. 石油价格没有**变化**。
moving [ˈmuːvɪŋ] *adj.* 感人的；引起共鸣的	极速理解：**mov(e)**（移动）+ **ing**（表进行或状态的形容词后缀） • The movie's ending was so **moving** that I couldn't stop crying. 电影结尾太**感人**，我止不住哭泣。
remove [rɪˈmuːv] *v.* 移走；清除	极速理解：**re**（向后）+ **move**（移动） • Please **remove** your bags from the aisle. 请把你的行李从过道里**移开**。
removable [rɪˈmuːvəb(ə)l] *adj.* 可拆卸的；可移动的	极速理解：**re**（向后）+ **mov(e)**（移动）+ **able**（能够） • The cushions on the sofa are **removable** for easy cleaning. 沙发上的靠垫**可拆卸**，方便清洁。
move on 继续前进；忘记过去	极速理解：**move**（移动）+ **on**（向前） • It's time to **move on** from this failed relationship. 是时候摆脱这段失败的关系，**继续前进**了。
unmoved [ʌnˈmuːvd] *adj.* 未被感动的；无动于衷的	极速理解：**un**（否定）+ **mov(e)**（移动）+ **ed**（形容词后缀） • The CEO's speech left the investors **unmoved**. CEO 的讲话**未能感动**投资者。

095 name『名字』

nickname [ˈnɪkˌneɪm] *n.* 昵称；绰号	极速理解：无 • His **nickname** is "Big Mike" because he's so tall. 他的**绰号**是"大迈克"，因为他个子很高。
in the name of 以……的名义	极速理解：无 • Let me thank you **in the name of** us all. 让我**代表**我们全体感谢你。
familiar name 常用名；熟知的名字	极速理解：**familiar**（熟悉的）+ **name**（名字） • The author is better known by her **familiar name**, J.K. Rowling. 这位作者更**为人所知的名字**是 J.K. 罗琳。
surname [ˈsɜːˌneɪm] *n.* 姓氏	极速理解：**sur**（上面）+ **name**（名字） • In some cultures, the husband and wife have the same **surname**. 在一些文化中，夫妻有相同的**姓氏**。
full name 全名	极速理解：**full**（全的）+ **name**（名字） • Please write your **full name** on the registration form. 请在注册表上写下你的**全名**。
big name 有名人士	极速理解：**big**（重要的）+ **name**（名字） • He's a **big name** in music, with several hit songs under his belt. 他是音乐界的**大牌**，创作了几首热门歌曲。

096 new『新的』

newspaper ['nju:zˌpeɪpə] *n.* 报纸	极速理解：**news**（新闻）+ **paper**（纸张） • He works for a local **newspaper** as a journalist. 他在一家本地**报纸**担任记者。
newspaper stand 报摊	极速理解：**newspaper**（报纸）+ **stand**（摊位） • The **newspaper stand** on the corner sells the latest edition of the paper. 街角的**报摊**出售最新版的报纸。
renew [rɪ'nju:] *v.* 重新开始；续订	极速理解：**re**（再，重新）+ **new**（新的） • Don't forget to **renew** your library books before they are due! 别忘了在到期之前**续借**你的图书馆书籍！
good as new 状态像新的；情况良好	极速理解：无 • She was sick for a few days, but now she's feeling **good as new**. 她生病了几天，但现在她已经康复了，**情况良好**。
economic renewal 经济复苏	极速理解：**economic**（经济的）+ **renew**（重新开始）+ **al**（名词后缀） • The government is focusing on **economic renewal** policies. 政府正在专注于**经济复苏**政策。
brand-new *adj.* 崭新的；全新的	极速理解：**brand**（品牌，类型）+ **new**（新的） • She just bought a **brand-new** car with all the latest features. 她刚刚买了一辆**新**车，带有所有最新的功能。

097 night『夜晚』

nightly ['naɪtli] *adj.* 每晚的；夜间的	**极速理解：night**（夜晚）+ **ly**（形容词后缀） • The **nightly** news program airs at 11pm. 这档新闻节目**每晚** 11 点播出。
overnight [ˌəʊvə'naɪt] *adv.* 在夜间；突然	**极速理解：over**（表强调）+ **night**（夜晚） • The package will be delivered **overnight** and arrive tomorrow morning. 包裹将在**夜间**配送，明天早上到达。
nightmare ['naɪtˌmeə] *n.* 噩梦	**极速理解: night**(夜晚)+ **mare**(母马，妖魔) • She had a **nightmare** last night and woke up in a cold sweat. 她昨晚做了个**噩梦**，在冷汗中惊醒。
night owl 夜猫子；熬夜的人	**极速理解：night**（夜晚）+ **owl**（猫头鹰） • She's always been a **night owl** and prefers to work late into the night. 她一直都是个**夜猫子**，喜欢在深夜工作。
at night-time 在晚上	**极速理解：at**（在）+ **night**（夜晚）+ **time**（时间） • The park closes **at night-time**, so you have to leave before dark. 公园**在晚上**关门，所以你必须在天黑之前离开。
midnight ['mɪdˌnaɪt] *n.* 午夜	**极速理解：mid**（中间）+ **night**（夜晚） • The party lasted until **midnight**. 派对一直持续到**午夜**。

098 off『离开』

take-off *n.* 起飞	**极速理解：take（拿）+ off（离开）** • The plane's **take-off** was delayed due to bad weather. 由于恶劣的天气，飞机的**起飞**被推迟了。
well-off *adj.* 富裕的，经济宽裕的	**极速理解：well（好的）+ off（离开）** • My grandparents were quite **well-off**. 我的祖父母**很富有**。
far-off *adj.* 遥远的；久远的	**极速理解：far（远的）+ off（离开）** • The castle in the hills looked like a **far-off** fairy tale land. 山丘上的城堡看起来像是一个**遥远的**童话国。
off-limits *adj.* 禁区的；禁止进入的	**极速理解：off（离开）+ limits（界限）** • The basement is **off-limits** because it's unsafe. 地下室是**禁区**，因为它不安全。
off-season *n.* 淡季；非赛季时期	**极速理解：off（离开）+ season（季节）** • Many tourist attractions are closed during the **off-season**. 很多旅游景点在**淡季**期间关闭。
offshore [ˌɒfˈʃɔː] *adj.* 近海的；离岸的	**极速理解：off（离开）+ shore（海岸）** • Many **offshore** oil rigs were damaged during the hurricane. 许多**近海**石油钻井平台在飓风中受损。

099 old『旧的；过去的；老的』

in old times 在古时候	极速理解：无 • **In old times**, there were no computers or smartphones. **很早以前**，没有计算机或智能手机。
oldish ['əʊldɪʃ] *adj.* 有点老的；略显陈旧的	极速理解：**old**（旧的）+ **ish**（略微的） • He has an **oldish** computer that still works fine for his needs. 他有一台**有点旧的**计算机，但仍能满足他的需求。
olded days 过去的日子；往昔	极速理解：**old**（过去的）+ **ed** + **days**（日子） • In the **olded days**, people used to make their own clothes by hand. **在过去**，人们会手工制作自己的衣服。
oldster ['əʊldstə] *n.* 老年人；老手	极速理解：**old**（老的）+ **ster**（人） • The club is popular among **oldsters** who come to dance and socialize. **老年人**喜欢来这个俱乐部跳舞和社交。
oldhand ['əʊldhænd] *n.* 老手；行家	极速理解：**old**（老的）+ **hand**（劳动者） • He's an **oldhand** at fixing cars and can repair almost any problem. 他是个修车**老手**，几乎可以修复任何问题。
old-fashioned *adj.* 过时的；老派的	极速理解：**old**（旧的）+ **fashion**（式样）+ **ed**（形容词后缀） • She wears **old-fashioned** clothes that were popular in the 1950s. 她穿着 20 世纪 50 年代流行的**老式**衣服。

100 one『一个人；一个』

oneself [wʌn'self] *pron.* 自己；本人	**极速理解：无** • Sometimes it's good to spend time alone and be with **oneself**. 有时候独自一人，与**自己**相处是有好处的。
someone ['sʌmˌwʌn] *pron.* 某人；有人	**极速理解：some（某些）+ one（一个人）** • She was at the park playing soccer when **someone** asked if they could join in. 她在公园踢足球时，**有人**问可不可以加入。
one-size-fits-all *adj.* 一刀切的；适用于所有人群的；一般适用的	**极速理解：无** • The **one-size-fits-all** approach to education doesn't work for every student. **一刀切的**教育方法并不适用于每位学生。
one-way street 单行道；单向马路	**极速理解：one（一个）+ way（路线）+ street（街道）** • Be careful when crossing the road, it's a **one-way street**. 过马路的时候要小心，这是条**单行道**。
one-off *adj.* 一次性的；非经常的	**极速理解：one（一个）+ off（关了；断了）** • This concert is a **one-off** event that won't be repeated anywhere else. 这场音乐会是**独一无二的**，不会在别处重演。
one-sided *adj.* 片面的；偏袒的	**极速理解：one（一个）+ side（一边）+ ed（形容词后缀）** • The press were accused of showing a very **one-sided** picture of the issue. 新闻界被指责对这件事的报道非常**片面**。

101 open『打开；开放』

opener ['əʊpənə] *n.* 开始者；开场白；开瓶器	**极速理解：open（打开）+ er（人或物）** • Can you pass me the bottle **opener**? 你能把**开瓶器**递给我吗？
open-air *adj.* 户外的；露天的	**极速理解：open（开放）+ air（空气）** • The concert was held in an **open-air** venue. 这场音乐会在**露天**场地举行。
open-door *adj.* 开门的；开放的	**极速理解：open（开放）+ door（门）** • The museum has an **open-door** policy that encourages visitors to explore every exhibit. 博物馆有一个**开放的**政策，鼓励游客探索每一件展品。
open-ended *adj.* 开放式的；不确定的；没有结论的	**极速理解：open（开放）+ ended（结束的）** • The discussion was left **open-ended** to allow for more input from the participants. 讨论**没有结束**，以便让与会者提供更多意见。
reopen [riː'əʊpən] *v.* 重新开放；再度启用	**极速理解：re（再，重新）+ open（开放）** • The restaurant will **reopen** under new management next month. 这家餐厅将于下个月在新团队的管理下**重新开张**。
open-minded *adj.* 开放的；心胸开阔的	**极速理解：open（开放）+ minded（有思想的）** • She has an **open-minded** attitude toward new ideas. 她对新思想持**开明**态度。

102 out『出去；分离』

out-of-date *adj.* 过时的；落伍的	**极速理解：out of（在……之外）+ date（日期）** • Her fashion sense is **out-of-date**. 她的时尚感已经**落伍**了
out-going *adj.* 友好的；外向的	**极速理解：out（出去）+ going（行动）** • His **out-going** personality helped him in his career in sales. 他的**外向**性格帮助他在销售职业中取得了成功。
breakout ['breɪkˌaʊt] *n.* 爆发；越狱；突围	**极速理解：break（打破；中断）+ out（出来）** • The prisoners organized a **breakout** and fled the prison. 犯人组织了**越狱**行动并逃离了监狱。
outcome ['aʊtˌkʌm] *n.* 结果；成果；效果	**极速理解：out（在外）+ come（来）** • The **outcome** of the election was unexpected. 选举**结果**出人意料。
outdoors [ˌaʊt'dɔːz] *adv.* 在户外；在野外	**极速理解：out（出来）+ doors（门）** • It's nice to eat meals **outdoors** during the summer. 夏天**在户外**用餐很惬意。
outstanding [ˌaʊt'stændɪŋ] *adj.* 杰出的；优秀的；未解决的	**极速理解：out（出来）+ stand（立，站）+ ing（形容词后缀）** • The case is still **outstanding**. 案件仍**未得到解决**。

103 pain『痛苦』

painless ['peɪnlɪs] *adj.* 无痛苦的；不费力的	**极速理解：pain**（痛苦）+ **less**（无） • The dentist promised that the procedure would be **painless**. 牙医保证这个过程会是**无痛的**。
a pained look 痛苦的表情	**极速理解：a** + **pained**（痛苦的）+ **look**（表情） • He had **a pained look** on his face. 他脸上露出了**痛苦的表情**。
painful ['peɪnfʊl] *adj.* 疼痛的；痛苦的；困难的	**极速理解：pain**（痛苦）+ **ful**（充满……的） • The breakup was **painful**, but he learned to move on. 分手虽然很**痛苦**，但他学会了继续前行。
take pains to 努力做某事； 费力做某事	**极速理解：take**（花费）+ **pains**（痛苦）+ **to**（为了） • She **took pains to** make sure that her presentation was flawless. 她**努力**保证她的介绍是完美的。
painstaking ['peɪnzˌteɪkɪŋ] *adj.* 需细心的；辛苦的	**极速理解：pains**（痛苦）+ **take**（花费）+ **ing**（形容词后缀） • Editing a book can be a **painstaking** process. 编辑一本书可能是一个**艰苦的**过程。
painkiller ['peɪnˌkɪlə] *n.* 止痛药；镇痛剂	**极速理解：pain**（痛苦）+ **killer**（杀手） • He took a **painkiller** to alleviate his headache. 他服用了一颗**止痛药**缓解头痛。

104 paper『纸；论文；报纸』

paperless ['peɪpəlɪs] *adj.* 无纸化的	极速理解：**paper**（纸）+ **less**（无） • The company moved to a **paperless** system to reduce waste and improve efficiency. 公司改用**无纸化**系统以减少浪费和提高效率。
papers ['peɪpəz] *n.* 文件；试卷；报纸	极速理解：无 • I need to organize my **papers** before the meeting tomorrow. 明天开会前我需要整理我的**文件**。
notepaper ['nəʊtˌpeɪpə] *n.* 便条纸	极速理解：**note**（便条）+ **paper**（纸） • Can you grab a piece of **notepaper** for me? 你能给我拿一张**便条**吗？
papermaking ['peɪpəˌmeɪkɪŋ] *n.* 造纸术；纸张生产	极速理解：**paper**（纸）+ **making**（制作） • The factory specializes in **papermaking**. 该工厂专门从事**纸张生产**。
publish a paper 发表论文；发行报纸	极速理解：**publish**（出版；发行）+ **a** + **paper**（论文；报纸） • The newspaper company decided to **publish a paper** in a new format. 报社决定以新的格式**发行一份报纸**。
wrapping paper 礼品包装纸	极速理解：**wrapping**（包装）+ **paper**（纸） • I need to buy some **wrapping paper** for the gift I'm giving. 我需要买些**礼品包装纸**来包装我要送的礼物。

105 path『道路；路线』

pathfinder [ˈpɑːθˌfaɪndə] *n.* 开拓者；领路人	极速理解：**path**（道路）+ **finder**（发现者；搜索者） • The **pathfinder** led the group through the dense jungle. **领路人**带领团队穿过茂密的丛林。
cross your path 遇到某人	极速理解：**cross**（穿过；经过）+ **your**（你的）+ **path**（道路） • Have you seen John lately? He didn't **cross my path** at all today. 你最近见过约翰吗？我今天没有**遇见**他。
pathway [ˈpɑːθˌweɪ] *n.* 小路；通路；途径	极速理解：**path**（道路）+ **way**（道路） • Education is a **pathway** to success and a better life. 教育是通往成功和美好生活的**途径**。
the path to success 成功的路；成功之道	极速理解：**the** + **path**（道路）+ **to**（通往）+ **success**（成功） • There is no one clear **path to success**; everyone's journey is different. **成功**没有明确的**路径**；每个人的经历都是不同的。
flight path 飞行轨迹；航线	极速理解：**flight**（飞行）+ **path**（路线） • The airplane's **flight path** took it directly over our house. **飞机的航线**直接经过我们家。
path-breaking *adj.* 开拓性的；开创性的	极速理解：**path**（道路）+ **breaking**（打破） • His research in the field of medicine was **path-breaking**. 他在医学领域的研究是**开创性的**。

106 place『放置，安置；地方』

placement ['pleɪsmənt] *n.* 安置；放置；工作安排	极速理解：**place**（放置，安置）+ **ment**（名词后缀） • The **placement** of furniture in a room can greatly affect its appearance and function. 房间中家具的**摆放位置**会极大地影响其外观和功能。
placement test 分班测试；定位考试	极速理解：**placement**（安置，放置）+ **test**（测试） • The **placement test** showed that she had a strong foundation in math. **分班测试**显示她在数学方面有很好的基础。
places of interest 景点；名胜古迹	极速理解：无 • The town is known for its historic **places of interest**. 这个城镇以其历史**名胜古迹**而闻名。
replace [rɪ'pleɪs] *v.* 替换；代替	极速理解：**re**（再次）+ **place**（放置，安置） • The mechanic **replaced** the old engine with a new one. 机械师用新的引擎**替换了**旧的引擎。
replacement [rɪ'pleɪsmənt] *n.* 替换；代替品	极速理解：**replace**（替换；代替）+ **ment**（名词后缀） • The mechanic recommended getting a **replacement** part. 机械师建议用**替代**零件。
displace [dɪs'pleɪs] *v.* 移动；转移；撤职	极速理解：**dis**（否定）+ **place**（放置，安置） • The flood **displaced** thousands of people from their homes. 洪水迫使数千人**离开**他们的家园。

107 plan『计划』

plan on (doing) 打算（做某事）	极速理解：**plan**（计划）+ **on**（关于）+ **doing**（做） • I **plan on visiting** my grandparents over the weekend. 我**计划**在周末去拜访我的祖父母。
planner ['plænə] *n.* 计划者；规划者	极速理解：**plan**（计划）+ **n** + **er**（人或物） • As the lead **planner** for the project, it's his responsibility to make sure everything stays on track. 作为项目的主要**计划者**，他负责确保一切按计划进行。
unplanned [ʌn'plænd] *adj.* 没有计划的；不安排的	极速理解：**un**（否定）+ **plan**（计划）+ **n** + **ed**（形容词后缀） • The rainstorm was an **unplanned** event that interrupted our picnic. 突如其来的暴雨**打乱了**我们的野餐**计划**。
go as planned 按计划进行	极速理解：无 • The school's fundraiser did not **go as planned**. 学校的募款活动没有**按计划进行**。
draw up a plan 制订计划	极速理解：**draw up**（起草）+ **a** + **plan**（计划） • The team met to **draw up a plan** for the next six months. 小组会面**制订了**未来六个月的**计划**。
planet ['plænɪt] *n.* 星球；行星	极速理解：无 • Mars is a **planet** in our solar system. 火星是我们太阳系中的一颗**行星**。

108 play『玩；演奏；比赛』

player ['pleɪə] *n.* 玩家；参赛者；演员	极速理解：**play**（玩；演奏；比赛）+ **er**（人或物） • He's a really good soccer **player** and has won several awards. 他是一名非常出色的足球**运动员**，并赢得了多个奖项。
play-off *n.* 季后赛；淘汰赛	极速理解：**play**（比赛）+ **off**（向下；分离） • The **play-offs** are always intense and full of excitement. **季后赛**总是紧张刺激的。
play-by-play *n.*（广播、电视的）实况转播；详细报道	极速理解：无 • The commentator gave a very descriptive **play-by-play** of the game. 解说员对这场比赛的**报道**非常**详尽**。
playground ['pleɪˌɡraʊnd] *n.* 操场；游乐场	极速理解：**play**（玩）+ **ground**（地面） • The new **playground** at the park is very popular with children. 公园里的新**游乐场**非常受孩子们的欢迎。
play the piano 弹钢琴	极速理解：**play**（演奏）+ **the** + **piano**（钢琴） • He enjoys **playing the piano** as a way to relax. 他喜欢**弹钢琴**来放松自己。
all work and no play makes Jack a dull boy 只会工作而不玩耍，聪明的孩子也变傻	极速理解：无 • It's important to remember that **all work and no play makes Jack a dull boy**. 要记住**只会工作而不玩耍，聪明的孩子也变傻**。

109 press『按，压；印刷』

pressure ['preʃə] *n.* 压力；压强；压迫	**极速理解：press（按，压）+ ure（名词后缀）** • She feels a lot of **pressure** to succeed in her career. 她感觉到要在职业生涯中取得成功**压力**很大。
the matter is pressing 事情紧急	**极速理解：the matter（事情）is + press（按，压）+ ing（形容词后缀）** • **The matter is pressing** and we need to solve it immediately. **事情紧急**，我们需要立即解决它。
depress [dɪ'pres] *v.* 使沮丧；使消沉；按下	**极速理解：de（向下）+ press（按，压）** • The loss of her pet dog **depressed** her for weeks. 失去宠物狗使她**沮丧**了几个星期。
depression [dɪ'preʃən] *n.* 忧郁症；抑郁症；萧条；低洼地区	**极速理解：de（向下）+ press（按，压）+ ion（名词后缀）** • **Depression** is a serious mental health condition. **抑郁症**是一个严重的心理健康问题。
depressed [dɪ'prest] *adj.* 沮丧的；抑郁的	**极速理解：de（向下）+ press（按，压）+ ed（形容词后缀）** • She has been feeling very **depressed** since her breakup. 自从分手以来，她一直感到非常**沮丧**。
pressman ['presmən] *n.* 印刷工；新闻工作者	**极速理解：press（印刷）+ man（人）** • The **pressman** interviewed the mayor. **新闻工作者**采访了市长。

第2部分　中阶词

110 back『后面的；背部；回来』

background ['bækˌgraʊnd] *n.* 背景，后台；经历，背景资料	极速理解：**back**（后面的）+ **ground**（地面） • She has a **background** in finance. 她拥有财务方面的**经历**。
backward ['bækwəd] *adv.* 向后	极速理解：**back**（后面的）+ **ward**（向……的） • The car slowly moved **backward**. 车子慢慢地**向后**倒退。
backrest ['bækrest] *n.* 靠背，后靠	极速理解：**back**（背部）+ **rest**（休息） • The chair has a comfortable **backrest**. 这把椅子有一个舒适的**靠背**。
backyard ['bæk'jɑrd] *n.* 后院，后庭	极速理解：**back**（后面的）+ **yard**（院子） • I often relax in my **backyard** on weekends. 我周末经常在**后院**放松。
comeback ['kʌmˌbæk] *n.* 复出；回答，反驳；振作	极速理解：**come**（来）+ **back**（回来） • She had a quick **comeback** to his rude comment. 在他粗鲁的评论下，她马上做出了**回应**。
backer ['bækə] *n.* 支持者；赞助人	极速理解：**back**（后面的）+ **er**（人） • She's one of the main **backers** of the project. 她是这个项目的主要**赞助人**之一。

111 body『身体』

nobody ['nəʊbədi] *pron.* 没有人；不重要的人	极速理解：**no**（无）+ **body**（身体） • **Nobody** showed up at the party. 聚会**没有人**参加。
homebody ['həʊmˌbɒdi] *n.* 恋家的人；宅男（女）	极速理解：**home**（家）+ **body**（身体） • She's a bit of a **homebody** and prefers to stay in on weekends. 她有点**宅**，周末更愿意待在家里。
busybody ['bɪzɪˌbɒdi] *n.* 爱管闲事的人，好事者	极速理解：**busy**（忙碌的）+ **body**（身体） • I don't like it when people act like **busybodies** and interfere in my personal life. 我不喜欢别人当**好事者**，干涉我的个人生活。
bodily ['bɒdɪli] *adj.* 身体的，身体上的 *adv.* 完全地，彻底地	极速理解：**bodi**（身体）+ **ly**（形容词 / 副词后缀） • She was **bodily** dragged out of the room. 她被**彻底地**从房间中拖了出去。
bodyguard ['bɒdɪˌgɑːd] *n.* 保镖，卫士	极速理解：**body**（身体）+ **guard**（守卫） • The celebrity was surrounded by **bodyguards**. 那个名人被**保镖们**围住了。
embody [ɪm'bɒdi] *v.* 体现；包括	极速理解：**em**（在……里面）+ **body**（身体） • This model **embodies** many new features. 这种型号**具有**许多新特点。

112 boil『煮沸』

boiler ['bɒɪlə] *n.* 锅炉	极速理解：**boil**（煮沸）+ **er**（工具） • The **boiler** is used to heat water for the radiators. 锅炉用于为暖气片加热水。
boiling ['bɒɪlɪŋ] *adj.* 炙热的	极速理解：**boil**（煮沸）+ **ing**（形容词后缀） • It's **boiling** hot today! 今天太热了！
boiled [bɒɪld] *adj.* 煮沸的，烧开的	极速理解：**boil**（煮沸）+ **ed**（过去分词后缀） • I like my eggs **boiled** for exactly three minutes. 我喜欢把鸡蛋煮沸三分钟。
hard-boiled *adj.* 煮熟的；铁石心肠的	极速理解：**hard**（硬的）+ **boil**（煮沸）+ **ed**（形容词后缀） • She likes her eggs **hard-boiled** with a runny yolk. 她喜欢煮熟的鸡蛋，但蛋黄要带点流心。
soft-boiled *adj.* 半熟的，流心的	极速理解：**soft**（软的）+ **boil**（煮沸）+ **ed**（形容词后缀） • He likes his eggs **soft-boiled** with a toast to dip in. 他喜欢溏心儿蛋，可以配面包蘸着吃。
boil down 概括，简化；煮浓	极速理解：**boil**（煮沸）+ **down**（向下） • Can you **boil down** that long article to a few key points? 你能把那篇长文章精简到几个要点吗？

113 born『出生』

newborn ['nju:ˌbɔ:n] *adj.* 刚出生的，新生的　*n.* 新生儿	**极速理解：new（新的）+ born（出生）** • The **newborn** baby is sleeping in the cradle. **新生儿**睡在婴儿床里。
well-born *adj.* 出身名门的，名门的，上流社会的	**极速理解：well（好的）+ born（出生）** • The novel's protagonist is a **well-born** gentleman. 小说主角是一个**出身名门的**绅士。
reborn [ri:'bɔ:n] *adj.* 再生的，重生的　*n.* 新生的人，重生者	**极速理解：re（再，重新）+ born（出生）** • This country was being **reborn** as a great power. 这个国家经过**重生**成为强国。
unborn [ʌn'bɔ:n] *adj.* 未出生的	**极速理解：un（否定）+ born（出生）** • The new law aims to protect the rights of the **unborn** baby. 新法旨在保护**未出生**婴儿的权利。
lowborn [ˌləʊ'bɔ:n] *adj.* 出身卑微的，出身贫穷的	**极速理解：low（低下的）+ born（出生）** • The princess fell in love with a **lowborn** stable boy. 公主爱上了一位**出身贫穷的**马夫。
firstborn *adj.* 长子（女）的　*n.* 长子（女）	**极速理解：first（第一）+ born（出生）** • He's the **firstborn** son and heir to the family business. 他是**长子**，也是家族企业的继承人。

114 brain『大脑』

brainwork ['breɪnwɜːk] *n.* 脑力劳动，智力工作	**极速理解：brain（大脑）+ work（工作）** • Writing this essay requires a lot of **brainwork**. 写这篇文章需要大量**脑力劳动**。
brainy ['breɪni] *adj.* 聪明的，有才华的	**极速理解：brain（大脑）+ y（形容词后缀）** • The student is very **brainy** and always gets top grades. 这个学生非常**聪明**，总是获得最高分数。
brainless ['breɪnlɪs] *adj.* 愚蠢的	**极速理解：brain（大脑）+ less（无）** • Don't be so **brainless** and think before you speak. 不要如此**愚蠢**，说话前先考虑一下。
brainwash ['breɪnˌwɒʃ] *v.* 洗脑，强行说服	**极速理解：brain（大脑）+ wash（洗）** • They **brainwash** people into giving up all their money. 他们向人们**强行**灌输放弃所有钱财的思想。
brainpower ['breɪnˌpaʊə] *n.* 智力，脑力	**极速理解：brain（大脑）+ power（力）** • The company values employees with both **brainpower** and emotional intelligence. 公司重视既有**智商**又有情商的员工。
mad-brained *adj.* 发疯一样的，急躁不安的	**极速理解：mad（疯狂的）+ brain（大脑）+ ed（形容词后缀）** • The **mad-brained** driver weaved recklessly through traffic. **疯狂的**司机在交通拥堵的道路上胡乱穿行。

115 break『破坏；打破』

breakable
['breɪkəbəl]
adj. 易破碎的，易损坏的

极速理解：**break**（破坏）+ **able**（能够）

- The vase is very **breakable**, so be careful when you move it.
  花瓶非常**易碎**，移动时要小心。

break-in
n./v.（非法）闯入，侵入

极速理解：**break**（打破）+ **in**（进入）

- The police are investigating a **break-in** at the jewelry store last night.
  警方正在调查昨晚珠宝店的**非法入侵**事件。

breakdown
['breɪkˌdaʊn]
n. 崩溃；故障

极速理解：**break**（破坏）+ **down**（向下）

- The car's engine suffered a **breakdown** in the middle of the highway and had to be towed away.
  汽车在高速公路上**故障**了，必须被拖走。

outbreak
['aʊtˌbreɪk]
n. 爆发，发作，突然发生

极速理解：**out**（向外）+ **break**（破坏）

- The sudden **outbreak** of violence in the city surprised everyone.
  城市**突发的**暴力事件让所有人都感到震惊。

heartbreak
['hɑrtˌbreɪk]
n. 心碎，悲伤

极速理解：**heart**（心脏）+ **break**（破坏）

- She experienced **heartbreak** after her mother's death.
  母亲去世后，她**伤透了心**。

breakthrough
['breɪkˌθruː]
n. 突破，突破性进展，重大发现

极速理解：**break**（破坏）+ **through**（穿过）

- The medical **breakthrough** in cancer research has given hope to millions of patients.
  癌症研究的医学**突破**为数百万患者带来了希望。

116 breed『繁殖；培育』

crossbred ['krɒsˌbred] *adj.* 杂交的，混血的	极速理解：**cross**（交叉）+ **bred**（培育） • The **crossbred** dog has both the characteristics of its parents. **杂交**犬具有其父母双方的特点。
breeding ['briːdɪŋ] *n.* 繁殖，滋生	极速理解：**breed**（繁殖）+ **ing**（名词后缀） • This farm specializes in the **breeding** of race horses. 这个农场专门从事赛马的**繁殖**。
breeder ['briːdə] *n.* 饲养员，繁殖者，种植者	极速理解：**breed**（繁殖）+ **er**（人） • The dog **breeder** is looking for a new home for her puppies. 繁殖犬的**饲养员**正在为她的小狗寻找新家。
well-bred *adj.* 有教养的；品种好的	极速理解：**well**（好的）+ **bred**（培育） • The **well-bred** children have impeccable manners and etiquette. **受过良好教育的**孩子们有无可挑剔的礼仪和礼节。
ill-bred *adj.* 没有教养的；品种次的	极速理解：**ill**（坏的）+ **bred**（培育） • His **ill-bred** behavior and rude attitude offended everyone at the party. 他**没教养的**行为和粗鲁的态度使聚会上的每个人都感到不悦。
pure-bred *adj.*（动物）纯种的，纯血统的	极速理解：**pure**（纯粹的）+ **bred**（繁殖） • The champion race horse is a **pure-bred** Arabian. 冠军赛马是一匹**纯种**阿拉伯马。

117 bridge『桥』

overbridge ['əʊvəˌbrɪdʒ] *n.* 天桥，过街天桥	极速理解：**over**（在……之上）+ **bridge**（桥） • The railway station is equipped with an **overbridge** for passengers to cross the tracks. 火车站配备了**天桥**，供旅客穿过铁轨。
footbridge ['fʊtˌbrɪdʒ] *n.* 人行桥，步行桥	极速理解：**foot**（脚）+ **bridge**（桥） • The **footbridge** across the river is in need of repair. 河上的**人行桥**需要修缮。
bridge [brɪdʒ] *v.* 架起桥梁；弥合（两者之间的差异）	极速理解：无 • The new bridge will **bridge** the river and connect the two towns. 新桥将**架设**在河流之上，连接两个城镇。
drawbridge ['drɔːˌbrɪdʒ] *n.* 吊桥；开合桥	极速理解：**draw**（拉）+ **bridge**（桥） • The military base installed a new **drawbridge** for security reasons. 出于安全考虑，军事基地安装了一座新的**开合桥**。
bridgehead ['brɪdʒhed] *n.* 桥头堡；据点	极速理解：**bridge**（桥）+ **head**（头） • The army established a **bridgehead** on the other side of the river. 军队在河对面建立了一个**桥头堡**。
bridging ['brɪdʒɪŋ] *n.* 连接；桥梁作用；中介作用	极速理解：**bridg(e)**（桥）+ **ing**（名词后缀） • She played a role as a **bridging** between boss and the staff. 她在老板和员工之间起到了**桥梁的作用**。

118 build『建造』

building ['bɪldɪŋ] *n.* 建筑物，大楼	**极速理解：build（建造）+ ing（名词后缀）** • The new **building** on campus is the library. 校园里的新**建筑**是图书馆。
builder ['bɪldə] *n.* 建筑工人；建筑者	**极速理解：build（建造）+ er（人）** • The architect was the **builder** of this beautiful house. 这位建筑师是这座漂亮房子的**创建者**。
self-build *v.* 自建	**极速理解：self（自己）+ build（建造）** • He decided to **self-build** his own house in the countryside. 他决定在乡村**自建**自己的房子。
shipbuilding ['ʃɪpˌbɪldɪŋ] *n.* 造船业，造船术	**极速理解：ship（船）+ build（建造）+ ing（名词后缀）** • This city has a long history of **shipbuilding** and maritime trade. 这座城市有着悠久的**造船**和海上贸易历史。
rebuild [riː'bɪld] *v.* 重建，改建	**极速理解：re（再，重新）+ build（建造）** • The old factory was **rebuilt** into a shopping centre. 旧工厂被**改建**成购物中心。
build-up *n.* 积累；增强	**极速理解：build（建造）+ up（向上，增加）** • The company's **build-up** of valuable assets took decades of hard work and dedication. 公司大量资产的**积累**需要数十年的艰苦努力和奉献。

119 chain『链』

food chain 食物链	极速理解：**food**（食物）+ **chain**（链） • The **food chain** in the ocean includes small fish, big fish, and sharks. 海洋的**食物链**包括小鱼、大鱼和鲨鱼。
chains [tʃeɪns] *n.* 镣铐，铁链	极速理解：无 • The criminal was put in **chains** and led to the prison. 罪犯被戴上**镣铐**，送往监狱。
chain-smoke *v.* 一根接一根不断地吸烟	极速理解：**chain**（链）+ **smoke**（烟） • He **chain-smoked** throughout the night. 他一晚上都在**不断地吸烟**。
enchain [ɪn'tʃeɪn] *v.* 束缚，固定，上锁	极速理解：**en**（加强）+ **chain**（链） • He was **enchained** and dragged away by the police. 他被镣铐**锁住**后被警察拖走了。
chainless ['tʃeɪnlɪs] *adj.* 无链的，无缚无束的	极速理解：**chain**（链）+ **less**（无） • The new bike design features a **chainless** drive system. 新自行车的设计采用了**无链**传动系统。
chain reaction *n.* 连锁反应	极速理解：**chain**（链）+ **reaction**（反应） • It set off a **chain reaction** in the international money markets. 这一事件在国际金融市场上引起了**连锁反应**。

120 change『改变』

changeable
['tʃeɪndʒəbəl]
adj. 易变的，变化无常的

极速理解：**change**（改变）+ **able**（能够）

- The weather in the mountains is very **changeable.**

山区的天气非常**易变**。

unchangeable
[ʌn'tʃeɪndʒəbəl]
adj. 不可改变的，不变的

极速理解：**un**（否定）+ **changeable**（变化无常的）

- The laws of nature are **unchangeable** and constant.

自然法则是**不可改变**和恒定的。

exchange
[ɪks'tʃeɪndʒ]
v./n. 交换，交流

极速理解：**ex**（向外）+ **change**（改变）

- The two friends **exchanged** gifts on their birthdays.

两位朋友在生日时互相**交换**礼物。

changeless
['tʃeɪndʒləs]
adj. 不变的，永恒的

极速理解：**change**（改变）+ **less**（无）

- Nothing is **changeless.**

没有一成**不变的**东西。

interchange
[ˌɪntə'tʃeɪndʒ]
v./n. 交换，互换

极速理解：**inter**（相互）+ **change**（改变）

- There was an **interchange** of blows between the two boxers.

两位拳击手**来回过招**。

changeover
['tʃeɪndʒˌəʊvə]
n. 转变，过渡

极速理解：**change**（改变）+ **over**（完成）

- The factory implemented a **changeover** from manual production to automation.

工厂实现了从手工生产到自动化生产的**转变**。

121 cheer『欢呼，庆祝』

cheery ['tʃɪərɪ] *adj.* 愉快的，高兴的	**极速理解：cheer**（欢呼，庆祝）+ **y**（形容词后缀） • She always has a **cheery** smile on her face. 她总是面带笑容，让人感觉非常**愉快**。
cheerful ['tʃɪəfʊl] *adj.* 快乐的，愉快的	**极速理解：cheer**（欢呼，庆祝）+ **ful**（充满……的） • The children's **cheerful** laughter filled the house with joy. 孩子们**欢快的**笑声让整栋房子充满了欢乐的气氛。
cheerleader ['tʃɪəˌliːdə] *n.* 啦啦队长；呐喊者	**极速理解：cheer**（欢呼）+ **leader**（领导者） • The company CEO acted as a **cheerleader**. 公司 CEO 充当了**啦啦队长**的角色。
cheerless ['tʃɪəlɪs] *adj.* 阴冷的；沉闷的	**极速理解：cheer**（欢呼，庆祝）+ **less**（无） • The **cheerless** room lacked warmth and vitality. **阴冷的**房间缺乏温暖和活力。
cheeriness *n.* 愉快，欢乐	**极速理解：cheer**（欢呼，庆祝）+ **i** + **ness**（……的状态） • The **cheeriness** of her voice lifted his mood. 她**欢快**的声音振奋了他的情绪。
cheers [tʃɪəz] *n.* 干杯	**极速理解：**无 • **Cheers** to a long and happy life! 为美好长久的生活**干杯**！

122 class『班级；等级；种类；典雅』

classmate ['klɑːsˌmeɪt] *n.* 同班同学	极速理解：**class**（班级）+ **mate**（同伴） • They were **classmates** in high school. 他们是高中的**同班同学**。
classics ['klæsɪks] *n.* 古典作品，经典作品	极速理解：**class**（典雅）+ **ics**（名词后缀） • He studied **classics** in college. 他在大学里学习了**古典作品**。
classify ['klæsɪˌfaɪ] *v.* 分类，归类	极速理解：**class**（种类）+ **ify**（变成） • The librarian had to **classify** all the new books by subject. 图书管理员必须按学科对所有新书进行**分类**。
upper-class *adj.* 上层阶级的 *n.* 上层阶级	极速理解：**upper**（上层的）+ **class**（等级） • He mimicked her **upper-class** accent. 他模仿她那**上流社会的**腔调。
first-class *adj.* 一流的，最高级的	极速理解：**first**（第一）+ **class**（等级） • The hotel offers **first-class** service to its customers. 酒店为客户提供**一流的**服务。
world-class *adj.* 世界级的，一流的	极速理解：**world**（世界）+ **class**（等级） • The athlete is **world-class**, having won numerous gold medals. 这位运动员全球**一流**，获得了众多金牌。

123 clean『清洁』

cleaner ['kliːnə] *n.* 清洁工；洗涤剂	**极速理解：clean（清洁）+ er（人或物）** • I hired a **cleaner** to keep my house clean. 我雇了一名**清洁工**来保持我的房子干净。
dry clean 干洗	**极速理解：dry（干燥的）+ clean（清洁）** • I prefer to have my suits **dry cleaned** instead of washing them with water. 我更喜欢**干洗**西装，而不是用水洗。
unclean [ʌn'kliːn] *adj.* 肮脏的，不洁的	**极速理解：un（否定）+ clean（清洁）** • The bathroom was **unclean** and smelled bad. 浴室**很脏**，味道难闻。
cleanliness ['klenlinəs] *n.* 清洁，卫生	**极速理解：clean（清洁）+ liness（名词后缀）** • The hotel prides itself on its **cleanliness** and attention to detail. 这家酒店以其**清洁**程度和注重细节而自豪。
clean-cut *adj.*（形象、外表）清爽的，整洁的	**极速理解：clean（清洁）+ cut（修剪）** • He has a **clean-cut** appearance and always dresses well. 他的形象**整洁**，穿着得体。
clean-fingered 廉洁的	**极速理解：clean（清洁）+ finger（手）+ ed（形容词后缀）** • We are committed to building a **clean-fingered** government 我们致力于建设一个**廉洁的**政府。

124 cloud『云』

cloudy ['klaʊdi] *adj.* 多云的，阴天的	极速理解：**cloud**（云）+ **y**（形容词后缀） • The **cloudy** sky made the view of the city less impressive. **云层密布的**天空让城市的景色变得不那么令人印象深刻。
cloudless ['klaʊdləs] *adj.* 无云的，晴朗的	极速理解：**cloud**（云）+ **less**（无） • The sky was completely **cloudless**, and the sun was shining brightly. 天空完全**没有云**，阳光明媚。
cloudscape ['klaʊdskeɪp] *n.* 云景，云景画	极速理解：**cloud**（云）+ **scape**（景象） • The photographer captured a beautiful **cloudscape** at sunset. 摄影师在日落时拍摄了一幅美丽的**云景**。
clouded ['klaʊdɪd] *adj.* 变得模糊的；阴暗的	极速理解：**cloud**（云）+ **ed**（形容词后缀） • His judgment is **clouded** by his emotions, and he can't think clearly. 他的判断力被情绪所**干扰**，他无法清晰地思考。
unclouded [ʌn'klaʊdɪd] *adj.* 晴朗的，清晰的	极速理解：**un**（否定）+ **cloud**（云）+ **ed**（形容词后缀） • Her mind was **unclouded** and she made a rational decision. 她的头脑**清晰**，做了一个理性的决定。
cloudburst ['klaʊdˌbɜːst] *n.* 暴雨，倾盆大雨	极速理解：**cloud**（云）+ **burst**（突然破裂） • The sudden **cloudburst** caused flooding in the streets. 突然的**倾盆大雨**导致街道上出现了洪水。

125 connect『连接』

disconnect [ˌdɪskəˈnekt] *v.* 分离，断开	**极速理解：dis**（否定）+ **connect**（连接） • I need to **disconnect** the internet to reset the router. 我需要**断开**互联网，以重置路由器。
interconnect [ˌɪntəkəˈnekt] *v.* 相互联系，使互相连接	**极速理解：inter**（相互）+ **connect**（连接） • All major cities in the country are **interconnected** by high-speed rail. 高速铁路**连接**了该国所有主要城市。
connection [kənekʃən] *n.* 联系，连接	**极速理解：connect**（连接）+ **ion**（状态或行为） • The **connection** between smoking and cancer is well documented. 吸烟与癌症之间的**联系**已有充分证据。
connected [kəˈnektɪd] *adj.* 连接的，有联系的	**极速理解：connect**（连接）+ **ed**（形容词后缀） • Her phone is **connected** to the Bluetooth speaker. 她的手机已经**连接**到了蓝牙音响上。
connective [kəˈnektɪv] *adj.* 连接的，联合的　*n.* 连词	**极速理解：connect**（连接）+ **ive**（形容词后缀） • Some common **connectives** in English include “and” “but”. 一些英语中的常见**连词**包括“and”“but”。
unconnected [ˌʌnkəˈnektɪd] *adj.* 没有联系的，不相关的	**极速理解：un**（否定）+ **connect**（连接）+ **ed**（形容词后缀） • My resignation was totally **unconnected** with recent events. 我的辞职与最近的事件**毫不相干**。

126 continue『连续』

continuity
[ˌkɒntɪˈnjuːɪti]
n. 连续性，一贯性

极速理解：continu(e)（连续）+ ity（名词后缀）

• The **continuity** of our friendship has lasted for many years.
我们的友谊延续多年，保持了**连续性**。

continued
[kənˈtɪnjuːd]
adj. 连续的，持续的

极速理解：continu(e)（连续）+ ed（形容词后缀）

• Despite the difficulties, she **continued** to work hard and make progress.
尽管面临困难，她仍然**继续**努力并取得了进步。

continuously
[kənˈtɪnjʊəslɪ]
adv. 连续地，不断地

极速理解：continu(e)（连续）+ ous（多……的）+ ly（副词后缀）

• The rain fell **continuously** for three days and caused flooding in the streets.
雨**连续**下了三天，导致街道上出现洪水。

discontinue
[ˌdɪskənˈtɪnjuː]
v. 终止，中止

极速理解：dis（否定）+ continue（连续）

• The school is considering **discontinuing** the use of textbooks and moving to online learning.
学校正在考虑**停用**教科书，转向在线学习。

discontinuous
[ˌdɪskənˈtɪnjʊəs]
adj. 不连续的，间断的

极速理解：dis（否定）+ continu(e)（连续）+ ous（多……的）

• The plot of the novel jumps around in a very **discontinuous** way.
这本小说的情节跳跃**不连贯**。

discontinuity
[dɪsˌkɒntɪˈnjuːɪti]
n. 不连续性，中断

极速理解：dis（否定）+ continuity（连续性）

• The movie had several **discontinuities** that confused the audience.
这部电影有几个**不连贯**的地方，让观众感到很困惑。

127 cool『冷却；冷静』

cooler ['kuːlə] *n.* 冰箱，冷藏箱	**极速理解：cool（冷却）+ er（工具）** • They took a **cooler** full of drinks to the beach. 他们把**冷藏箱**装满饮料带到了海滩。
coolness ['kuːlnəs] *n.* 冷静，镇定；冷淡	**极速理解：cool（冷静）+ ness（名词后缀）** • I noticed a certain **coolness** between them. 我觉察到他们之间有些**冷淡**。
cool down 冷却，消退，平静下来	**极速理解：cool（冷静）+ down（向下）** • His anger began to **cool down**. 他的怒气开始**消退**。
cooling ['kuːlɪŋ] *adj.* 冷却的，使人冷静的	**极速理解：cool（冷却；冷静）+ ing（形容词后缀）** • The **cooling** system in the car wasn't working properly. 车上的**冷却**系统没有正常工作。
water-cooled *adj.* 水冷的	**极速理解：water（水）+ cool（冷却）+ ed（形容词后缀）** • This gaming computer is designed to be **water-cooled** for optimal performance. 这台游戏电脑设计为**水冷式的**，以获得最佳性能。
cool-headed *adj.* 冷静的，头脑清醒的	**极速理解：cool（冷静）+ head（头）+ ed（形容词后缀）** • John remained **cool-headed** and focused on his goals. 约翰仍然保持**头脑清醒**，专注于自己的目标。

128 copy『抄写，复制』

copyist ['kɒpɪɪst] *n.* 抄写员，抄书匠	极速理解：**copy**（抄写）+ **ist**（人） • The ancient library had a team of **copyists** who kept records of the collection. 古代图书馆有一支**抄写员**团队，负责记录馆藏。
copycat ['kɒpɪˌkæt] *n.* 跟风者，模仿者	极速理解：**copy**（复制）+ **cat**（猫） • The company accused its competitor of being a **copycat**. 公司指责其竞争对手是个**模仿者**。
copyright ['kɒpɪˌraɪt] *n.* 版权	极速理解：**copy**（复制）+ **right**（权利） • The author owns the **copyright** to the book. 作者拥有该书的**版权**。
copying ['kɒpɪɪŋ] *n.* 复制，抄袭	极速理解：**copy**（复制）+ **ing**（名词后缀） • The company has a strict policy against **copying** competitors' products. 公司有严格的政策禁止**抄袭**竞争对手的产品。
photocopy ['fəʊtəʊˌkɒpi] *v.* 复印，照相复制 *n.* 影印件	极速理解：**photo**（照片）+ **copy**（复制） • Can I get a **photocopy** of your passport for our records? 我能为了我们的记录**复印**一份你的护照吗？
copybook ['kɒpɪˌbʊk] *n.* 书写本，习字簿	极速理解：**copy**（抄写）+ **book**（书本） • We had to write in **copybooks** to practice our penmanship. 我们必须在**练习本**上写来锻炼我们的笔法。

129 correct『正确的；改正』

correctly [kə'rektlɪ] *adv.* 正确地，准确地	极速理解：**correct**（正确的）+ **ly**（副词后缀） • He answered all the questions on the exam **correctly**. 他**正确地**回答了考试中的所有问题。
correction [kə'rekʃən] *n.* 修改，纠正	极速理解：**correct**（改正）+ **ion**（名词后缀） • The company had to issue a **correction** to their press release. 公司不得不发布一份新闻稿的**更正**声明。
incorrect [ˌɪnkə'rekt] *adj.* 不正确的，错误的	极速理解：**in**（否定）+ **correct**（正确的） • She had been using an **incorrect** pronunciation of a word. 她一直使用一种**错误的**单词发音。
uncorrected [ˌʌnkə'rektɪd] *adj.* 未经改正的，未纠正的	极速理解：**un**（否定）+ **correct**（改正）+ **ed**（形容词后缀） • The original manuscript contained several **uncorrected** errors. 原稿中包含了几个**未经改正的**错误。
correctitude [kə'rektɪˌtjuːd] *n.* 正确性；端正	极速理解：**correct**（正确的）+ **itude**（名词后缀） • The politician's **correctitude** in his statements was praised by the public. 政治家**得体**的言辞得到了公众的赞扬。
correctness [kə'rektnəs] *n.* 正确性，准确性	极速理解：**correct**（正确的）+ **ness**（名词后缀） • The **correctness** of his math equations was confirmed by the teacher. 他的数学公式的**正确性**得到了老师的证实。

130 dark『黑暗』

darkness ['dɑːknɪs] *n.* 黑暗，漆黑	**极速理解：dark（黑暗）+ ness（名词后缀）** • The **darkness** of the room frightened the little girl. 房间的**黑暗**吓坏了小女孩。
darken ['dɑːkən] *v.* 变暗，变黑	**极速理解：dark（黑暗）+ en（动词后缀）** • The sky began to **darken** as the storm approached. 风暴接近时，天空开始**变暗**。
darking ['dɑːkɪŋ] *n.* 黄昏，暮色	**极速理解：dark（黑暗）+ ing（名词化后缀）** • The bridge was illuminated by the last light of the day as the **darking** began. 当**暮色**降临时，桥上被最后的日光照亮。
darkroom ['dɑːkˌruːm] *n.* 暗房，显影室	**极速理解：dark（黑暗）+ room（房间）** • Photographers used to develop pictures in a **darkroom** by hand. 摄影师过去在**暗房**里手工冲洗照片。
dark horse 黑马（指在比赛、竞选等中意外取胜的人或事物）	**极速理解：dark（黑暗）+ horse（马）** • The underdog became the **dark horse** of the competition. 处于劣势的选手成为比赛中的**黑马**。
darker *adj.* 更暗的，更黑的	**极速理解：dark（黑暗）+ er（比较级后缀）** • The room became **darker** as the sun set. 当太阳落山时，房间变得**更暗**。

131 date『日期』

单词	解析与例句
update [ʌp'deɪt] *v.* 更新；使现代化	极速理解：**up**（向上）+ **date**（日期） • I need to **update** my phone software to the latest version. 我需要**更新**我的手机软件至最新版本。
outdated [ˌaʊt'deɪtɪd] *adj.* 过时的，过期的	极速理解：**out**（过时）+ **dat(e)**（日期）+ **ed**（形容词后缀） • The fashion trend of the 80s is now **outdated**. 80 年代的时尚潮流现在已经**过时**了。
backdate [ˌbæk'deɪt] *v.* 回溯日期	极速理解：**back**（回到）+ **date**（日期） • The contract had to be **backdated** to the original agreement date. 合同必须回溯到最初的**协议日期**。
undated [ʌn'deɪtɪd] *adj.* 无日期的，未注明日期的	极速理解：**un**（否定）+ **dat(e)**（日期）+ **ed**（形容词后缀） • The letter was **undated**. 这封信上**没有日期**。
misdate [mɪs'deɪt] *v.* 误写日期	极速理解：**mis**（错误的）+ **date**（日期） • The check was **misdated** and had to be rewritten. 支票的**日期写错了**，必须重写。
dateless ['deɪtlɪs] *adj.* 无日期的，年代不详的	极速理解：**date**（日期）+ **less**（无） • The document was found in the archives, but it was **dateless**. 档案中发现了这份文件，但上面**没有日期**。

132 dead『死；死的』

deadly ['dedli] *adj.* 致命的，危险的	**极速理解：dead**（死的）+ **ly**（形容词后缀） • The snake's venom is **deadly**. 这条蛇的毒液是**致命的**。
deadlock ['dedˌlɒk] *n.* 僵局，僵持局面	**极速理解：dead**（死的）+ **lock**（锁） • The negotiation reached a **deadlock**. 谈判陷入了**僵局**。
deadline ['dedˌlaɪn] *n.* 截止日期，最后期限	**极速理解：dead**（死的）+ **line**（线） • I always work better under a tight **deadline**. 我总是在紧迫的**期限**下工作得更好。
do-or-die *adj.* 生死攸关的，非死即伤的	**极速理解：do**（做）+ **or**（或者）+ **die**（死） • This is a **do-or-die** situation. 这是一个**孤注一掷的**情况。
diehard ['daɪˌhɑː(r)d] *adj.* 顽固的 *n.* 顽固分子	**极速理解：die**（死）+ **hard**（难，坚硬） • He is a **diehard** traditionalist who refuses to embrace any modern technology. 他是个**顽固的**传统主义者，拒绝接受任何现代技术。
dying ['daɪɪŋ] *adj.* 垂死的，临终的	**极速理解：dy**（**die** 的现在分词）+ **ing**（形容词后缀） • The flowers were **dying** from lack of water and sunlight. 这些花因为缺水和阳光而**快死**了。

133 death『死亡』

deathful ['deθfʊl] *adj.* 致死的	极速理解：**death**（死亡）+ **ful**（充满……的） • The patient was given a **deathful** overdose of medication. 患者服用了过量的**致死**药物。
death penalty 死刑	极速理解：**death**（死亡）+ **penalty**（惩罚） • The country abolished the **death penalty** several years ago. 这个国家几年前废除了**死刑**。
death toll 死亡人数，死亡数量	极速理解：**death**（死亡）+ **toll**（数字） • The **death toll** from the earthquake has risen to over 10,000. 地震的**死亡人数**已经上升到了超过 1 万人。
death rate 死亡率	极速理解：**death**（死亡）+ **rate**（比率） • The **death rate** for COVID-19 is much higher among the elderly population. COVID-19 的**死亡率**在老年人群体中要高得多。
deathtrap ['deθˌtræp] *n.* 死亡陷阱，险恶的地方	极速理解：**death**（死亡）+ **trap**（陷阱） • The dangerous cliff was a **deathtrap** for hikers. 这个危险的悬崖对于徒步旅行者来说是个**死亡陷阱**。
deathblow ['deθˌbləʊ] *n.* 致命打击	极速理解：**death**（死亡）+ **blow**（打击） • The company's bankruptcy was a **deathblow** to his career. 公司的破产是他职业生涯中的**致命打击**。

134 decide『决定』

decision [dɪ'sɪʒən] *n.* 决定，决策	极速理解：**decis**（决定）+ **ion**（名词后缀） • I have made the **decision** to study abroad next semester. 我已经**决定**下学期去国外留学了。
decider [dɪ'saɪdə] *n.* 决定性因素；决定者	极速理解：**decid(e)**（决定）+ **er**（人） • He was the **decider** in the company. 他是公司的**决策者**。
decisive [dɪ'saɪsɪv] *adj.* 决定性的，果断的	极速理解：**decis**（决定）+ **ive**（形容词后缀） • Her **decisive** actions saved the company from bankruptcy. 她**果断的**行动使公司避免了破产。
decisively [dɪ'saɪsɪvlɪ] *adv.* 果断地，坚定地	极速理解：**decisive**（决定性的，果断的）+ **ly**（副词后缀） • She spoke **decisively**, putting an end to the debate. 她**果断地**讲话，结束了辩论。
decided [dɪ'saɪdɪd] *adj.* 决定的，明确的	极速理解：**decid(e)**（决定）+ **ed**（形容词后缀） • The jury was unable to reach a **decided** verdict. 陪审团未能达成**定论**。
undecided [ˌʌndɪ'saɪdɪd] *adj.* 未决定的，未定的	极速理解：**un**（否定）+ **decided**（决定的） • I'm still **undecided** about which restaurant to go to tonight. 我还**没决定**今晚去哪家餐厅。

135 deep『深的』

deepen ['diːpən] *v.* 使变深，加深	**极速理解：deep**（深的）+ **en**（动词后缀） • The company's financial difficulties **deepened**. 公司的经济困境**变得更加严重**。
deeply ['diːpli] *adv.* 深深地；非常，极其	**极速理解：deep**（深的）+ **ly**（副词后缀） • The loss of his father affected him **deeply**. 他父亲的离世对他产生了**深刻**的影响。
depth [depθ] *n.* 深度，深处	**极速理解：**与词根同源。 • The **depth** of the lake is unknown. 湖的**深度**未知。
in-depth *adv.* 深入地，彻底地	**极速理解：in**（进入）+ **depth**（深度） • The scientist conducted **in-depth** research on the effects of climate change. 这位科学家对气候变化的影响进行了**深入**研究。
skin-deep *adj.* 肤浅的，只是表面的	**极速理解：skin**（皮肤）+ **deep**（深的） • Her interest in politics was only **skin-deep**. 她对政治的兴趣**只是表面上的**。
deep-rooted *adj.* 根深蒂固的，深刻的	**极速理解：deep**（深的）+ **root**（根）+ **ed**（形容词后缀） • The problem with our education system is **deep-rooted**. 我们的教育系统存在**根深蒂固的**问题。

136 depend『依赖』

dependence [dɪ'pendəns] *n.* 依赖，依存	**极速理解：depend（依赖）+ ence（名词后缀）** • His **dependence** on drugs had a devastating effect on his life. 他对毒品的**依赖**对他的生活造成了毁灭性的影响。
independence [ˌɪndɪ'pendəns] *n.* 独立，自主	**极速理解：in（否定）+ depend（依赖）+ ence（名词后缀）** • She yearned for **independence** from her parents. 她渴望脱离父母的**独立**。
dependent [dɪ'pendənt] *adj.* 依赖的，依存的 *n.* 受扶养者	**极速理解：depend（依赖）+ ent（形容词后缀）** • He was still **dependent** on his parents for financial support. 他仍然**依靠**父母的财务支持。
independent [ˌɪndɪ'pendənt] *adj.* 独立的，自主的	**极速理解：in（否定）+ depend（依赖）+ ent（形容词后缀）** • The **independent** study program allows students to work at their own pace. **自主**学习计划允许学生按照自己的速度学习。
interdependent [ˌɪntədɪ'pendənt] *adj.* 相互依赖的，相互依存的	**极速理解：inter（相互）+ dependent（依赖的）** • All living things are **interdependent** in nature. 在自然界中，所有生物都是**相互依赖的**。
self-dependence *n.* 自立，自主	**极速理解：self（自己）+ dependence（依赖）** • He learned the importance of **self-dependence**. 他懂得了**自立**的重要性。

137 desert『沙漠；离弃』

deserted [dɪ'zɜː(r)tɪd] *adj.* 被遗弃的，荒芜的	**极速理解：desert**（沙漠）+ **ed**（形容词后缀） • The beach was **deserted** except for a few seagulls. 海滩上除了几只海鸥外**空无一人**。
deserter [dɪ'zɜːtə] *n.* 背叛者，逃兵	**极速理解：desert**（离弃）+ **er**（人） • The army takes a harsh stance against **deserters**. 军方对**逃兵**采取严厉的态度。
desertion [dɪ'zɜːʃən] *n.* 背叛，逃亡	**极速理解：desert**（离弃）+ **ion**（名词后缀） • He was charged with **desertion** after leaving his unit without permission. 他未经许可离开自己的部队后被指控为**叛逃**。
desertification [dɪˌzɜːtɪfɪ'keɪʃən] *n.* 沙漠化	**极速理解：desert**（沙漠）+ **ification**（名词后缀） • The region has undergone extensive **desertification**. 该地区经历了大规模的**沙漠化**。
desert boot 沙漠靴	**极速理解：desert**（沙漠）+ **boot**（靴子） • The hiker wore **desert boots** on his trek through the Sahara. 徒步穿越撒哈拉沙漠的远足者穿着**沙漠靴**。
desert island 荒岛，无人岛	**极速理解：desert**（沙漠）+ **island**（岛屿） • The sailorswere marooned on a **desert island**. 水手们被困在**无人荒岛**上。

138 drink『喝』

drinking ['drɪŋkɪŋ] *n.* 喝酒，饮酒	**极速理解：drink（喝）+ ing（名词后缀）** • He was arrested for **drinking** and driving. 他因**饮酒**后驾车被逮捕。
overdrink [ˌəʊvə'drɪŋk] *v.* 饮酒过量	**极速理解：over（过度）+ drink（喝）** • **Overdrinking** can lead to serious health problems. **饮酒过量**会导致严重的健康问题。
drunken ['drʌŋkən] *adj.* 喝醉的，醉的	**极速理解：drunk（drink 的过去分词）+ en（形容词后缀）** • The **drunken** man stumbled down the street. **醉**汉跌跌撞撞地走在街上。
drunkard ['drʌŋkəd] *n.* 酒鬼	**极速理解：drunk（drink 的过去分词）+ ard（名词后缀）** • He was a known **drunkard** who spent all his money on alcohol. 他是一个众所周知的**酒鬼**，把所有的钱都花在了酒上。
drinkable ['drɪŋkəb(ə)l] *adj.* 可饮用的；好喝的	**极速理解：drink（喝）+ able（能够）** • This is a very **drinkable** wine. 这是很**好喝的**葡萄酒。
drink-driving *n.* 酒后驾车	**极速理解：drink（喝）+ driving（驾驶）** • **Drink-driving** is a serious offense. **酒后驾车**是一项严重的罪行。

139 drop『落下；水滴』

dropout
['drɒpˌaʊt]
n. 退学者；离经叛道者

极速理解：drop（落下）+ out（出去）

• Many high school **dropouts** struggle to find stable jobs.

许多高中**辍学者**难以找到稳定的工作。

eardrop
['ɪəˌdrɒp]
n. 耳坠

极速理解：ear（耳朵）+ drop（水滴）

• She wore beautiful **eardrops** for her wedding day.

她在自己的婚礼上戴着美丽的**耳坠**。

teardrop
['tɪəˌdrɒp]
n. 泪珠

极速理解：tear（眼泪）+ drop（水滴）

• She wiped away the **teardrops** from her cheeks.

她擦掉了脸颊上的**泪珠**。

droplight
['drɒpˌlaɪt]
n. 吊灯

极速理解：drop（下降）+ light（光）

• The stage was set with **droplights** to create a dramatic atmosphere.

舞台上设置了**吊灯**，营造出戏剧性的氛围。

raindrop
['reɪndrɒp]
n. 雨滴

极速理解：rain（雨）+ drop（水滴）

• She felt a **raindrop** hit her nose.

她感到一滴**雨**打在鼻子上。

dewdrop
['djuːˌdrɒp]
n. 露珠

极速理解：dew（露水）+ drop（水滴）

• The flowers were covered in glistening **dewdrops** in the morning.

早晨，闪闪发光的**露珠**在花朵上。

140 dust『灰尘』

dusty ['dʌsti] *adj.* 灰尘飞扬的	极速理解：**dust**（灰尘）+ **y**（形容词后缀） • The old book was covered in layers of **dusty** cobwebs. 这本旧书上覆盖了几层**灰尘**和蜘蛛网。
duster ['dʌstə] *n.* 掸子；抹布	极速理解：**dust**（灰尘）+ **er**（人或物） • She used a **duster** to clean the bookshelf. 她用**抹布**擦拭书架。
dustbin ['dʌstˌbɪn] *n.* 垃圾箱，垃圾桶	极速理解：**dust**（灰尘）+ **bin**（垃圾桶） • Please put your rubbish in the **dustbin**. 请把垃圾扔进**垃圾箱**。
dustman ['dʌstmən] *n.* 清洁工人，垃圾工人	极速理解：**dust**（灰尘）+ **man**（人） • The **dustman** comes every Tuesday to collect the rubbish. **清洁工**每周二都来收集垃圾。
dustheap ['dʌstˌhiːp] *n.* 垃圾堆，废物堆	极速理解：**dust**（灰尘）+ **heap**（堆） • The old building was surrounded by a huge **dustheap**. 旧楼房周围堆满了**废物**。
dustless ['dʌstləs] *adj.* 无尘的，不起尘的	极速理解：**dust**（灰尘）+ **less**（无） • The new vacuum cleaner is completely **dustless**. 新的吸尘器完全**无尘**。

141 earth『地球；泥土』

earthquake
['ɜːθˌkweɪk]
n. 地震

极速理解：**earth**（地球）+ **quake**（震动）

• The **earthquake** caused enormous damage to many buildings.

地震对许多建筑物造成了巨大的破坏。

earth-shaking
adj. 影响巨大的；震撼人心的

极速理解：**earth**（地球）+ **shaking**（震撼的）

• The president announced an **earth-shaking** policy change.

总统宣布了一项**影响巨大的**政策变化。

earthenware
['ɜː(r)θ(ə)nˌweə(r)]
n. 陶器，土器

极速理解：**earth**（泥土）+ **en**（形容词后缀）+ **ware**（器皿）

• The potter specializes in making **earthenwares** with traditional methods.

这位陶工专门使用传统方法制作**陶器**。

unearth [ʌn'ɜːθ]
v. 发掘，挖出

极速理解：**un**（否定）+ **earth**（泥土）

• The workers **unearthed** an old box full of antique coins.

工人们**挖掘**出了一个满是古董硬币的旧盒子。

earth-shattering
adj. 震撼世界的，极其重要的

极速理解：**earth**（地球）+ **shattering**（摧毁的）

• The invention of the smartphone was an **earth-shattering** technological advancement.

智能手机的发明是**震撼世界的**科技进步。

earthworm
['ɜːθˌwɜːm]
n. 蚯蚓

极速理解：**earth**（泥土）+ **worm**（蠕虫）

• The fisherman used **earthworms** as bait to catch fish.

渔夫使用**蚯蚓**作为鱼饵来钓鱼。

142 east『东，东方』

northeast [ˌnɔːθ'iːst] *n.* 东北方 *adj.* 东北的	极速理解：**north**（北）+ **east**（东） • The family moved from California to the **northeast** of the United States. 这个家庭从加州搬到了美国的**东北部**。
southeast [ˌsaʊθ'iːst] *n.* 东南方 *adj.* 东南的	极速理解：**south**（南）+ **east**（东） • The storm is moving towards the **southeast** of the country. 暴风雨正在向这个国家的**东南**部移动。
mideast [ˌmɪd'iːst] *n.* 中东	极速理解：**mid**（中间）+ **east**（东） • He works for an oil company that has operations in the **mideast**. 他在一家在**中东**地区有业务的石油公司工作。
eastern ['iːstən] *adj.* 东部的，东方的	极速理解：**east**（东）+ **ern**（形容词后缀） • The rising sun flames the **eastern** sky. 朝阳映红了**东方的**天空。
eastwards ['iːstwədz] *adv.* 向东方，往东方的	极速理解：**east**（东）+ **wards**（向……） • The train was heading **eastwards** towards the capital city. 火车正**向东方**朝着首都行驶。
easternmost ['iːstənˌməʊst] *adj.* 最东的，最东端的	极速理解：**eastern**（东方的）+ **most**（最……的） • The island is the **easternmost** territory of the country. 这个岛屿是该国**最东端的**领土。

143 educate『教育』

education [ˌedjʊˈkeɪʃən] *n.* 教育	**极速理解：educat(e)（教育）+ ion（名词后缀）** • She received a good **education** from a prestigious university. 她在一所知名大学接受了良好的**教育**。
educational [ˌedjʊˈkeɪʃənəl] *adj.* 教育的，有教育意义的	**极速理解：education（教育）+ al（形容词后缀）** • He found the book both entertaining and **educational**. 他觉得这本书既有趣又**有教育意义**。
educator [ˈedjʊˌkeɪtə] *n.* 教育工作者；教师	**极速理解：educat(e)（教育）+ or（人）** • She was inspired to become an **educator**. 她受到启发，成为一名**教育工作者**。
reeducate [riˈedʒəˌkeɪt] *v.* 重新受教育，再教育	**极速理解：re（再，重新）+ educate（教育）** • The company provided training programs to **reeducate** employees on new technologies. 公司提供培训计划来**重新教授**员工新技术。
educated [ˈedjʊˌkeɪtɪd] *adj.* 受过教育的，有文化修养的	**极速理解：educat(e)（教育）+ ed（形容词后缀）** • He comes from an **educated** family. 他来自一个**有文化修养的**家庭。
undereducated [ˌʌndərˈedjʊˌkeɪtɪd] *adj.* 受教育不足的，文化程度低的	**极速理解：under（不足）+ educated（受过教育的）** • Many people in the rural areas are **undereducated**. 农村地区许多人**受教育不足**。

144 effect『效果，作用』

effective [ɪ'fektɪv] *adj.* 有效的，生效的	极速理解：**effect**（效果）+ **ive**（形容词后缀） • The new drug has been proven to be highly **effective**. 新药被证明非常**有效**。
ineffective [ˌɪnɪ'fektɪv] *adj.* 无效的，不生效的	极速理解：**in**（否定）+ **effective**（有效的） • The medication proved to be **ineffective** in treating his illness. 这种药物在治疗他的疾病方面被证明**无效**。
cost-effective *adj.* 划算的；有成本效益的	极速理解：**cost**（成本）+ **effective**（有效的） • Hiring a professional photographer proved to be more **cost-effective**. 聘请专业摄影师被证明更**划算**。
effectively [ɪ'fektɪvli] *adv.* 有效地，生效地	极速理解：**effective**（有效的）+ **ly**（副词后缀） • He communicated his ideas **effectively** to the team. 他把自己的想法**有效地**传达给团队。
effectual [ɪ'fektjʊəl] *adj.* 有效的，起作用的	极速理解：**effect**（效果）+ **ual**（形容词后缀） • His experience and skills made his leadership **effectual**. 他的经验和技能使他在危机时期**有效**发挥领导作用。
side effects 副作用	极速理解：**side**（副的）+ **effects**（作用） • The new cosmetic product claims to have no harmful **side effects** on the skin. 这个新的化妆品声称对皮肤没有有害的**副作用**。

145 elect『选举；选择』

election [ɪ'lekʃən] *n.* 选举	**极速理解：elect（选举）+ ion（名词后缀）** • She decided to run for **election**. 她决定参加**竞选**。
elective course 选修课	**极速理解：elect（选举）+ ive（形容词后缀）+ course（课程）** • I decided to take an **elective course** on creative writing. 我决定**选修**一门创意写作课程。
select [sɪ'lekt] *v.* 挑选，选择	**极速理解：se（分开）+ (e)lect（选择）** • The team manager had to **select** the best players for the upcoming game. 团队经理不得不为即将到来的比赛**选出**最好的球员。
selective [sɪ'lektɪv] *adj.* 挑剔的；有选择性的	**极速理解：select（选择）+ ive（形容词后缀）** • Sales still happen, but buyers are more **selective**. 销量仍在，但购买者更加**挑剔**。
selection [sɪ'lekʃən] *n.* 选择，挑选	**极速理解：select（选择）+ ion（名词后缀）** • The store has a wide **selection** of products. 商店有各种各样的产品供**选择**。
unselected [ˌʌnsɪ'lektɪd] *adj.* 未被挑选的，未被选拔的	**极速理解：un（否定）+ selected（挑选的）** • The **unselected** applicants were informed of their rejection via email. **未被选中的**申请人通过电子邮件知道了落选的消息。

146 emotion『情感』

emotional [ɪˈməʊʃənəl] *adj.* 情感的，感性的	**极速理解：emotion**（情感）+ **al**（形容词后缀） • The movie had a strong **emotional** impact on the audience. 这部电影对观众产生了强烈的**情感**影响。
unemotional [ˌʌnɪˈməʊʃənəl] *adj.* 不带感情的，冷漠的	**极速理解：un**（否定）+ **emotional**（情感的） • He provided a calm and **unemotional** response to the crisis. 他对危机做出了冷静且**不带感情的**回应。
emotionally [ɪˈməʊʃənəlɪ] *adv.* 情感地，感性地	**极速理解：emotional**（情感的）+ **ly**（副词后缀） • The song's lyrics resonated **emotionally** with the audience. 这首歌的歌词在**情感**上打动了观众。
emotionalize [ɪˈməʊʃənəˌlaɪz] *v.* 使充满情感，使感性化	**极速理解：emotional**（情感的）+ **ize**（动词后缀） • The director wanted to **emotionalize** the scene with a powerful soundtrack. 导演想要用强有力的音乐为场景赋予**情感**效果。
emotionless [ɪˈməʊʃənləs] *adj.* 无情感的，没有感情的	**极速理解：emotion**（情感）+ **less**（无） • The cold, **emotionless** voice on the phone frightened her. 电话那端冷酷**无情的**声音让她感到害怕。
emoticon [ɪˈməʊtɪˌkɒn] *n.* 表情符号	**极速理解：emot(ion)**（情感）+ **icon**（图标） • She sent a message with a smiley **emoticon**. 她发送了一个带笑脸的**表情符号**。

147 employ『雇用』

employment
[ɪm'plɒɪmənt]
n. 就业

极速理解：employ（雇用）+ ment（名词后缀）

- She found **employment** as a sales associate at a local department store.
  她在一家本地百货公司找到了销售助理的**工作**。

unemployed
[ˌʌnɪm'plɒɪd]
adj. 失业的

极速理解：un（否定）+ employ（雇用）+ ed（形容词后缀）

- He's been **unemployed** for several months.
  他**失业**已有几个月了。

unemployment
[ˌʌnɪm'plɒɪmənt]
n. 失业

极速理解：un（否定）+ employ（雇用）+ ment（名词后缀）

- She was worried about the prospect of facing long-term **unemployment**.
  她担心长期**失业**的前景。

employer
[ɪm'plɒɪə]
n. 雇主

极速理解：employ（雇用）+ er（人或物）

- Her **employer** provided comprehensive benefits.
  她的**雇主**提供全面的福利。

employee
[em'plɒɪiː]
n. 员工

极速理解：employ（雇用）+ ee（人）

- The company provides its **employees** with training opportunities to enhance their skills.
  公司为**员工**提供培训机会，以提升其技能。

under employed
adj. 未充分就业的

极速理解：under（不足）+ employed（就业的）

- The **under employed** population faces limited professional growth opportunities.
  未充分就业的人群面临着有限的专业成长机会。

148 end『结束；末端』

ending ['endɪŋ] *n.* 结局，结束	**极速理解：end（结束）+ ing（名词后缀）** • The **ending** of the novel was a surprise. 小说的**结局**出人意料。
end-all *n.* 终极目标，最终目标	**极速理解：end（末端）+ all（全部）** • For many, financial stability is the **end-all** goal. 对于许多人来说，财务稳定是**终极目标**。
endless ['endlɪs] *adj.* 无穷尽的，没有尽头的	**极速理解：end（结束）+ less（无）** • The hike through the **endless** wilderness was exhausting. 穿过**无尽**荒野**的**徒步旅行很累。
high-end *adj.* 高档的，高端的	**极速理解：high（高）+ end（末端）** • The restaurant specializes in **high-end** cuisine. 这家餐厅专注于**高档**菜肴。
low-end *adj.* 低价的，低端的	**极速理解：low（低）+ end（末端）** • The hotel offers both high-end and **low-end** accommodations. 酒店提供高档和**低档**住宿。
open-ended *adj.* 开放式的，不限制的	**极速理解：open（开放的）+ end（结束）+ ed（形容词后缀）** • The negotiations were left **open-ended** in order to allow for further discussion. 谈判被保留为**开放式的**，以便进行进一步讨论。

149 excite『刺激』

excited [ɪk'saɪtɪd] *adj.* 兴奋的，激动的	极速理解：**excit(e)**（刺激）+ **ed**（形容词后缀） • She was so **excited** to see her friend after so long. 她好久不见朋友，见到他很**兴奋**。
exciting [ɪk'saɪtɪŋ] *adj.* 令人兴奋的，刺激的	极速理解：**excit(e)**（刺激）+ **ing**（形容词后缀） • The rollercoaster was an **exciting** ride. 坐过山车是一次**令人兴奋的**旅程。
excitement [ɪk'saɪtmənt] *n.* 兴奋，激动	极速理解：**excite**（刺激）+ **ment**（名词后缀） • My heart was pumping with **excitement**. 我**激动**得心里怦怦直跳。
excitant [ɪk'saɪtənt] *n.* 刺激性物质	极速理解：**excit(e)**（刺激）+ **ant**（名词后缀） • The **excitant** in the energy drink can cause heart palpitations. 能量饮料中的**刺激物质**会导致心悸。
excitable [ɪk'saɪtəbəl] *adj.* 易激动的，易兴奋的	极速理解：**excit(e)**（刺激）+ **able**（易……的） • She's always been an **excitable** child, prone to tantrums. 她一直是个**易激动的**孩子，易发飙。
excitatory [ɪk'saɪtətərɪ] *adj.* 刺激性的，兴奋性的	极速理解：**excit(e)**（刺激）+ **atory**（形容词后缀） • Caffeine is an **excitatory** substance that can increase heart rate and alertness. 咖啡因是一种能够提高心率和警觉性的**刺激性**物质。

150 exist『存在』

existing [ɪgˈzɪstɪŋ] *adj.* 现有的，存在的	**极速理解：exist**（存在）+ **ing**（形容词后缀） • The report only considers **existing** data and doesn't take into account any new research. 报告只考虑了**现有的**数据，没有考虑到任何新的研究。
existence [ɪgˈzɪstəns] *n.* 存在，实在	**极速理解：exist**（存在）+ **ence**（名词后缀） • His paintings are a celebration of the beauty of human **existence**. 他的画作是对人类**存在**之美的赞颂。
existent [ɪgˈzɪstənt] *adj.* 存在的，实际的	**极速理解：exist**（存在）+ **ent**（形容词后缀） • The project aims to improve the **existent** transportation system in the city. 该项目旨在改善城市**现有的**交通系统。
coexist [ˌkəʊɪgˈzɪst] *v.* 共存，和平共处	**极速理解：co**（共同）+ **exist**（存在） • How man and nature can **coexist**? 人类与自然如何**共存**？
coexistence [ˌkəʊɪgˈzɪstəns] *n.* 共存，和平共处	**极速理解：co**（共同）+ **existence**（存在） • The **coexistence** of tradition and modernity is a hallmark of the city. 传统与现代的**共存**是这个城市的特色。
nonexistent [ˌnɒnɪgˈzɪstənt] *adj.* 不存在的	**极速理解：non**（否定）+ **existent**（存在的） • The evidence for his claims is **nonexistent**. 他的说法**没有**任何证据支持。

151 express『表达』

expression
[ɪk'spreʃn]
n. 表达，表情

极速理解：express（表达）+ ion（名词后缀）

- She used her facial **expression** to convey her disapproval of the proposal.
  她通过面部**表情**表达了对提案的反对意见。

expressive
[ɪk'spresɪv]
adj. 富有表现力的，富于表情的

极速理解：express（表达）+ ive（形容词后缀）

- The dancer's movements were incredibly **expressive**.
  舞者的动作非常**富有表现力**。

inexpressive
[ˌɪnɪk'spresɪv]
adj. 无表情的，不表达感情的

极速理解：in（否定）+ expressive（富有表现力的）

- Her **inexpressive** response to the news surprised everyone.
  她对这个消息**无表情的**反应让所有人都感到惊讶。

expressly
[ɪk'spresli]
adv. 明确地，特意地

极速理解：express（表达）+ ly（副词后缀）

- He **expressly** asked for no gifts at his birthday party.
  他**特意**要求生日派对上不收礼物。

inexpressible
[ˌɪnɪk'spresəbəl]
adj. 无法表达的，难以形容的

极速理解：in（否定）+ express（表达）+ ible（能，形容词后缀）

- The pain he felt was **inexpressible**.
  他感受到的痛苦是**无法表达的**。

expressivity
[ˌekspre'sɪvɪti]
n. 表现力

极速理解：expressiv(e)（富有表现力的）+ ity（名词后缀）

- The dancer's **expressivity** was praised for her ability to convey emotion through movement.
  这位舞者的**表现力**因能用动作传达情感而受到好评。

152 false『假的；错误的』

falseness [fɔːlsnɪs] *n.* 假，虚假	极速理解：**false**（假的）+ **ness**（名词后缀） • His smile had a hint of **falseness**. 他的微笑透着一丝**虚假**。
falsehood ['fɔːlsˌhʊd] *n.* 谎言，假话	极速理解：**false**（假的）+ **hood**（名词后缀） • The politician was caught in a web of lies and **falsehoods**. 这位政治家被**谎言**和虚假所包围。
falsely [fɔːlslɪ] *adv.* 错误地，虚伪地	极速理解：**false**（错误的）+ **ly**（副词后缀） • The witness testified **falsely**. 证人作了**虚假的**证言。
falsity ['fɔːlsɪti] *n.* 虚假，错误	极速理解：**fals(e)**（错误的）+ **ity**（名词后缀） • The **falsity** of his claims was quickly exposed. 他声明中的**虚假**很快被揭露。
falsify ['fɔːlsɪˌfaɪ] *v.* 篡改，假造，伪造	极速理解：**fals(e)**（错误的）+ **ify**（动词后缀） • The student was expelled for **falsifying** her grades on her transcript. 该学生因为**伪造**她的成绩单成绩而被开除。
falsification [ˌfɔːlsɪfɪ'keɪʃn] *n.* 篡改，伪造，歪曲	极速理解：**fals(e)**（错误的）+ **ification**（名词后缀） • Any **falsification** of evidence will be investigated under the law. 凡是**伪造**证据的，必须受法律追究。

153 feed『喂食』

overfeed [ˌəʊvəˈfiːd] *v.* 喂过量，过度饲养	极速理解：**over**（过度）+ **feed**（喂食） • You shouldn't **overfeed** your cat, it can cause health problems. 你不应该**过度喂养**你的猫，这会导致健康问题。
feedback [ˈfiːdˌbæk] *n.* 反馈，意见	极速理解：**feed**（喂食）+ **back**（回来） • The company values customer **feedback** to improve its products. 该公司重视顾客的**反馈**以改善产品。
well-fed *adj.* 营养充足的，喂养良好的	极速理解：**well**（好的）+ **fed**（**feed** 的过去分词） • The cat looks healthy and **well-fed**. 这只猫看起来很健康，**吃得很好**。
feed on 以……为食，依赖……	极速理解：**feed**（喂食）+ **on**（在……上） • The caterpillars **feed on** the leaves of trees. 毛毛虫**以**树叶**为食**。
off one's feed 不想吃；食欲不振	极速理解：无 • The dog was **off its feed** after getting sick. 狗生病后**没有食欲**。
feeding-bottle *n.* 奶瓶	极速理解：**feed**（喂食）+ **ing**（名词后缀）+ **bottle**（瓶子） • The mother sterilized the **feeding-bottle** before using it for the baby. 母亲在使用**奶瓶**之前进行了消毒。

154 feel『感觉；触摸』

feel [fiːl] *v.* 摸，触摸；感到，觉得	极速理解：无 • She **feels** the fabric to see if it's soft enough. 她**摸**一下织物，看看是否足够柔软。
feeling ['fiːlɪŋ] *n.* 感觉，感情	极速理解：**feel**（感觉）+ **ing**（名词后缀） • She had a **feeling** that something was wrong. 她**感觉**出了什么问题。
feelingly ['fiːlɪŋli] *adv.* 感性地；有同情心地	极速理解：**feeling**（感觉）+ **ly**（副词后缀） • The poet spoke **feelingly** about the beauty of nature. 诗人用**感性的**语言讲述了自然之美。
feeler ['fiːlə] *n.* 触角；感觉器官；试探者	极速理解：**feel**（感觉；触摸）+ **er**（人或物） • The moth's **feelers** helped it navigate in the dark. 飞蛾的**触角**帮助它在黑暗中导航。
unfelt [ʌn'felt] *adj.* 未被感受到的，无感觉的	极速理解：**un**（否定）+ **felt**（**feel** 的过去分词） • The earthquake was so small that it went **unfelt** by most people. 地震如此之小，大多数人都**没有感觉到**。
heartfelt ['hɑːtˌfelt] *adj.* 衷心的，由衷发出的	极速理解：**heart**（心）+ **felt**（**feel** 的过去分词） • The president made a **heartfelt** apology for the government's mistakes. 总统为政府的错误表示**衷心的**歉意。

155 field『场地』

airfield ['eəˌfiːld]
n. 飞机场

极速理解：**air**（航空）+ **field**（场地）

• The airplane landed safely on the **airfield**.
飞机安全降落在**飞机场**上。

battlefield ['bætəlˌfiːld]
n. 战场

极速理解：**battle**（战斗）+ **field**（场地）

• Many soldiers died on the **battlefield**.
许多士兵在**战场**上死了。

oilfield ['ɒɪlˌfiːld]
n. 油田

极速理解：**oil**（油）+ **field**（场地）

• The company wanted to drill for oil in the **oilfield**.
公司希望在**油田**里钻探石油。

coalfield ['kəʊlˌfiːld]
n. 煤田

极速理解：**coal**（煤）+ **field**（场地）

• The **coalfield** provided jobs for many people in the area.
煤田为该地区的许多人提供了就业机会。

snowfield ['snəʊˌfiːld]
n. 雪地

极速理解：**snow**（雪）+ **field**（场地）

• The hikers trekked across the **snowfield** to reach their destination.
徒步旅行者穿越**雪地**到达目的地。

field trip
实地考察，现场教学

极速理解：**field**（场地）+ **trip**（旅行）

• We went on a geology **field trip**.
我们去进行地质**野外考察**。

156 fight『战斗』

outfight [ˌaʊt'faɪt] *v.* 击败，战胜；竭尽全力	极速理解：**out**（出，超过）+ **fight**（战斗） • The underdog team managed to **outfight** the champion team. 黑马队成功地**打败**了冠军队。
keep fighting 继续战斗，坚持斗争	极速理解：**keep**（保持）+ **fight**（战斗）+ **ing**（名词后缀） • Despite the setbacks, she **kept fighting** for her dreams. 尽管遭受挫折，她仍然为自己的梦想而**奋斗**。
dogfight ['dɒgˌfaɪt] *n.* 空战；恶斗	极速理解：**dog**（狗）+ **fight**（战斗） • The pilots engaged in a fierce **dogfight** over the skies. 飞行员们在空中进行了激烈的**空中战斗**。
fighter ['faɪtə] *n.* 战士，斗士；战斗机	极速理解：**fight**（战斗）+ **er**（人或物） • The soldier was a skilled **fighter** in close combat. 这个士兵在近战中是一名技艺精湛的**斗士**。
firefighter ['faɪəˌfaɪtə] *n.* 消防员	极速理解：**fire**（火灾）+ **fighter**（战士） • The **firefighters** quickly extinguished the flames. **消防员**迅速扑灭了火势。
bullfighter ['bʊlfaɪtə(r)] *n.* 斗牛士	极速理解：**bull**（公牛）+ **fighter**（战士） • The tradition of **bullfighting** is controversial in some countries. **斗牛**的传统在一些国家引起了争议。

157 flow『流动』

airflow ['eəˌfləʊ] *n.* 气流	**极速理解：air（空气）+ flow（流动）** • The airplane's performance was affected by the **airflow** around it. 飞机的表现受到其周围**气流**的影响。
inflow ['ɪnˌfləʊ] *n.* 流入，涌入	**极速理解：in（进入）+ flow（流动）** • The **inflow** of capital helped the company expand its business. 资金的**流入**帮助公司扩大业务。
outflow ['aʊtˌfləʊ] *n.* 流出，流通	**极速理解：out（出来）+ flow（流动）** • The **outflow** of water from the dam was controlled to prevent flooding. 从水坝**流出**的水被控制在一定范围内，以防止洪水。
overflow [ˌəʊvə'fləʊ] *v./n.* 溢出，泛滥	**极速理解：over（过度）+ flow（流动）** • The heavy rain caused the river to **overflow** its banks. 暴雨导致河水**溢出**河岸。
fast-flowing *adj.* 快速流动的	**极速理解：fast（快速）+ flow（流动）+ ing（动词后缀）** • The swimmer struggled to keep pace with the **fast-flowing** current. 游泳者艰难地跟上**急流的**水流速度。
flowing ['fləʊɪŋ] *adj.* 流动的	**极速理解：flow（流动）+ ing（形容词后缀）** • The **flowing** water in the fountain was mesmerizing. 喷泉中**流动的**水流令人入迷。

158 force『力量』

forced [fɔːst] *adj.* 强制的；不自然的	极速理解：**forc(e)**（力量）+ **ed**（形容词后缀） • The suspect made a **forced** confession under duress. 嫌疑人在压力下**被迫**认罪。
unforced [ʌn'fɔːst] *adj.* 自然的；不勉强的	极速理解：**un**（否定）+ **forced**（强制的） • The athlete's **unforced** error cost him the match. 运动员因**不必要的**失误输掉了比赛。
forceful ['fɔːsfʊl] *adj.* 强有力的，有说服力的	极速理解：**force**（力量）+ **ful**（充满……的） • The politician's **forceful** speech won over many voters. 政治家**有说服力的**演讲赢得了许多选民的支持。
enforce [ɪn'fɔːs] *v.* 实施，执行	极速理解：**en**（使，加强）+ **force**（力量） • The government **enforced** new regulations on carbon emissions. 政府**实施**新的碳排放规定。
forcible ['fɔːsəbəl] *adj.* 强制的，暴力的	极速理解：**forc(e)**（力量）+ **ible**（形容词后缀） • The police used **forcible** tactics to control the crowd. 警察使用**强制**手段控制了人群。
workforce ['wɜːkˌfɔːs] *n.* 劳动人口，劳动力	极速理解：**work**（工作）+ **force**（力量） • The company's **workforce** is made up of a diverse group of people. 公司的**劳动力**由不同背景的人组成。

159 forget『忘记』

forgetful [fə'getfʊl] *adj.* 健忘的	**极速理解：forget（忘记）+ ful（有……倾向的）** • My grandma became more **forgetful** as she got older. 我奶奶随着年龄的增长变得更加**健忘**。
self-forgetful *adj.* 不自我关注的，不自私的	**极速理解：self（自我）+ forgetful（健忘的）** • Winning isn't everything; we should learn to be **self-forgetful** at times. 胜利不是一切；有时我们应该学会**不自私**。
forgettable [fə(r)'getəb(ə)l] *adj.* 容易被忘记的	**极速理解：forget（忘记）+ t + able（易……的）** • The movie was **forgettable**; I barely remember what happened. 这部电影**平凡**无奇，我几乎记不清楚剧情了。
unforgettable [ˌʌnfə'getəbəl] *adj.* 难忘的，令人难以忘怀的	**极速理解：un（否定）+ forgettable（容易被忘记的）** • The trip was **unforgettable**; we had so much fun. 旅行非常**难忘**，我们非常开心。
forgetfulness [fə'getflnəs] *n.* 健忘	**极速理解：forgetful（健忘的）+ ness（名词后缀）** • Old age sometimes brings about **forgetfulness**. 老年人有时会很**健忘**。
Forget it! （口语）没关系，算了	**极速理解：无** • A: I'm sorry, I broke your vase. B: **Forget it**, it's not a big deal. A：对不起，我打碎了你的花瓶。 B: **没关系**，不是什么大事。

160 form『形式』

format ['fɔːmæt] *n.* 格式，形式 *v.* 使格式化	极速理解：**form**（形式）+ **at**（动词或名词后缀） • Remember to **format** the USB drive before transferring your files. 在传输文件之前要记得将 USB 驱动器**格式化**。
transformation [ˌtrænsfəˈmeɪʃən] *n.* 转换；改革	极速理解：**trans**（转移，变换）+ **form**（形式）+ **ation**（名词后缀） • The company's **transformation** into a more eco-friendly business is admirable. 公司向更环保的企业**转变**是令人钦佩的。
reform [rɪ'fɔːm] *v.* 改革，改良 *n.* 改革，改良	极速理解：**re**（再，重新）+ **form**（形式） • The school's **reform** efforts have led to better academic performance among students. 学校的**改革**让学生的学术表现更好了。
conform [kən'fɔːm] *v.* 遵守，符合	极速理解：**con**（共同）+ **form**（形式） • All employees must **conform** to the company's dress code. 所有员工都必须**遵守**公司的着装要求。
unformed [ʌn'fɔːmd] *adj.* 形状不定的，未成形的	极速理解：**un**（否定）+ **form**（形式）+ **ed**（形容词后缀） • The artist's sketches were **unformed** ideas for his next project. 艺术家的素描是他下一个项目的**未成形的**想法。
malformed [ˌmæl'fɔː(r)md] *adj.* 畸形的	极速理解：**mal**（坏，恶劣）+ **form**（形式）+ **ed**（形容词后缀） • The cat's paw was **malformed** at birth. 这只猫出生时它的爪子就**畸形**了。

161 fortune『命运；财富』

fortunate ['fɔːtʃənɪt] *adj.* 幸运的	**极速理解：fortun(e)**（命运；财富）+ **ate**（形容词后缀） • Winning the lottery was a **fortunate** event for the couple. 中了彩票对那对夫妻来说是个**幸运的**事件。
unfortunate [ʌn'fɔːtʃənɪt] *adj.* 倒霉的，不幸的 *n.* 不幸的人，受害者	**极速理解：un**（否定）+ **fortunate**（幸运的） • The **unfortunate** man lost everything in the fire. 这位**倒霉的**人在火灾中失去了一切。
unfortunately [ʌn'fɔːtʃənɪtli] *adv.* 不幸地，倒霉地	**极速理解：unfortunate**（不幸的）+ **ly**（副词后缀） • **Unfortunately**, the airline lost my luggage. **不幸地**，航空公司把我的行李弄丢了。
misfortune [mɪs'fɔːtʃən] *n.* 厄运，不幸	**极速理解：mis**（错误的）+ **fortune**（命运；财富） • He has known great **misfortune** in his life. 他一生中经历过巨大的**不幸**。
fortune-teller *n.* 算命先生	**极速理解：fortune**（命运；财富）+ **teller**（说话者） • She consulted a **fortune-teller** before making an important decision. 她在做出重要决定前咨询了一位**算命先生**。
fortuity [fɔː'tjuːɪtɪ] *n.* 偶然性，意外	**极速理解：fortu(ne)**（命运；财富）+ **ity**（名词后缀） • It was due to an accident or **fortuity**. 这是由于事故或**意外**造成的。

162 found『创办，成立；以……为基础』

foundation [faʊn'deɪʃən] *n.* 基础，基石	极速理解：**found**（以……为基础）+ **ation**（名词后缀） • Education is the **foundation** for a successful career. 教育是成功职业的**基础**。
foundational [faʊn'deɪʃənəl] *adj.* 基础的，基本的	极速理解：**foundation**（基础）+ **al**（形容词后缀） • This research is of the most basic, **foundational** kind. 这项研究是最为**基础的**研究。
founder ['faʊndə] *n.* 创始人　*v.* 失败，崩溃	极速理解：**found**（创办）+ **er**（人） • Steve Jobs is the **founder** of Apple Inc. 史蒂夫·乔布斯是苹果公司的**创始人**。
co-founder *n.* 联合创始人	极速理解：**co**（共同）+ **founder**（创始人） • Bill Gates and Paul Allen were the **co-founders** of Microsoft. 比尔·盖茨和保罗·艾伦是微软公司的**联合创始人**。
unfounded [ʌn'faʊndɪd] *adj.* 没有根据的，没有事实根据的	极速理解：**un**（否定）+ **found**（以……为基础）+ **ed**（形容词后缀） • The accusations against him were **unfounded**. 针对他的指控是**没有根据的**。
ill-founded *adj.* 缺乏根据的，站不住脚的	极速理解：**ill**（不好的）+ **found**（以……为基础）+ **ed**（形容词后缀） • Her arguments were **ill-founded** and easily refuted. 她的论点**站不住脚**，很容易被驳斥。

163 free『自由』

freedom ['friːdəm] *n.* 自由，自主	极速理解：**free**（自由）+ **dom**（名词后缀） • The emancipation of slaves in the United States was a milestone for **freedom** and human rights. 美国奴隶制度的废除是**自由**和人权的里程碑。
freely ['friːli] *adv.* 自由地，随意地	极速理解：**free**（自由）+ **ly**（副词后缀） • Artistic expression should be **freely** expressed. 艺术表达应该**随意**发挥。
freestyle ['friːˌstaɪ] *n.* 自由泳；自由式体育比赛	极速理解：**free**（自由）+ **style**（风格，形式） • He broke the world record in the **freestyle** event. 他在**自由泳**比赛中打破了世界纪录。
tax-free *adj.* 免税的，不征税的	极速理解：**tax**（税收）+ **free**（自由的） • The government announced a **tax-free** holiday to encourage consumer spending. 政府宣布一个**免税**假期，以鼓励消费支出。
freelancer ['friːlɑːnsə] *n.* 自由职业者	极速理解：**free**（自由）+ **lanc**（长矛）+ **er**（人）（本指“随意打猎”之意，引申为自由职业者。） • The company hired several **freelancers** to help with their project. 公司雇了几个**自由职业者**来协助他们的项目。
for free 免费地	极速理解：无 • I'll fix your computer **for free**. 我会**免费**修理你的电脑。

164 fresh『新的；新鲜的』

freshwater ['freʃˌwɔːtə] *n.* 淡水 *adj.* 淡水的	极速理解：**fresh**（新鲜的）+ **water**（水） • She prefers to drink **freshwater** rather than bottled water. 她更喜欢喝**淡水**而不是瓶装水。
freshly ['freʃli] *adv.* 新鲜地；刚刚	极速理解：**fresh**（新鲜的）+ **ly**（副词后缀） • The cake was **freshly** baked and still warm. 蛋糕是**新鲜**出炉的，还是温的。
freshman ['freʃmən] *n.* 大一新生；新手	极速理解：**fresh**（新的）+ **man**（人） • I'm a **freshman** in this field and still have a lot to learn. 我在这个领域是**新手**,还有很多东西要学习。
fresh-faced *adj.* 容光焕发的	极速理解：**fresh**（新鲜的）+ **face**（面孔）+ **ed**（形容词后缀） • The young athlete was **fresh-faced** and full of energy. 年轻的运动员**容光焕发**，充满活力。
refresh [rɪ'freʃ] *v.* 使恢复精力；使清新；刷新	极速理解：**re**（再，重新）+ **fresh**（新鲜的） • A walk outside in the cool air can **refresh** your mind and body. 在外面清凉的空气中散步可以让你的身心**恢复精力**。
fresh air 新鲜空气	极速理解：**fresh**（新鲜的）+ **air**（空气） • We opened the windows to let in **fresh-air**. 我们打开窗户让**新鲜空气**进来。

165 front『前面』

frontal ['frʌntəl] *adj.* 前面的；正面的	极速理解：**front**（前面）+ **al**（形容词后缀） • They launched a **frontal** attack on company directors. 他们向公司董事发起了**正面**攻击。
frontier ['frʌntɪə] *n.* 边境，国境；开拓前线，领域	极速理解：**front**（前面）+ **ier**（名词后缀） • The pioneers crossed the **frontier** in search of new opportunities. 拓荒者越过**国界**寻找新的机会。
front-line *adj.* 最前线的 *n.* 前线	极速理解：**front**（前面）+ **line**（线） • The soldiers were ordered to advance to the **front-line** and hold the position. 士兵们被命令前往**前线**并守住阵地。
forefront ['fɔːˌfrʌnt] *n.* 最前沿，前列	极速理解：**fore**（前部的）+ **front**（前面） • The company is at the **forefront** of research and development in the tech industry. 该公司在科技行业的研发领域处于**最前沿**。
in front (of) 在……前面	极速理解：无 • The performer stood **in front of** the audience and began to sing. 表演者站**在**观众**面前**开始唱歌。
in the front 在前面，前部位置	极速理解：无 • The luggage should not be placed **in the front** of the car to avoid affecting the driver's vision. 行李不应该摆放**在**车的**前部**，以免影响驾驶员的视线。

166 glass『玻璃』

glassy ['glɑːsi] *adj.* 玻璃般的；呆滞的	极速理解：**glass**（玻璃）+ **y**（形容词后缀） • His **glassy** eyes showed that he was in shock after the accident. 他**呆滞的**眼神表明他在经历事故后处于震惊状态。
glassy-eyed *adj.* 目光呆滞的	极速理解：**glassy**（呆滞的）+ **eyed**（眼神的） • He gave his wife a **glassy-eyed** stare. 他**木然地**盯着妻子。
glasses ['glɑːsɪz] *n.*（常用复数形式）眼镜	极速理解：**glass**（玻璃）+ **es**（复数名词后缀） • She put on her **glasses** to read the small print. 她戴上**眼镜**来阅读小字。
sunglasses ['sʌnˌglɑːsɪz] *n.*（常用复数形式）太阳镜，墨镜	极速理解：**sun**（太阳）+ **glasses**（眼镜） • She always wears **sunglasses** when driving in the bright sun. 她在阳光明媚的日子里开车总是戴着**太阳镜**。
glasshouse ['glɑːsˌhaʊs] *n.* 温室，暖房	极速理解：**glass**（玻璃）+ **house**（房屋） • They had to replace some of the glass panels in the **glasshouse**. 他们不得不更换一些**温室**的玻璃板。
wine glass 酒杯	极速理解：**wine**（酒）+ **glass**（玻璃） • She filled her **wine glass** and toasted to the success of the event. 她把**酒杯**斟满，举杯庆祝这次活动的成功。

167 glory『荣耀』

glorify ['glɔːrɪˌfaɪ] *v.* 颂扬，赞美，美化	**极速理解：glor(y)（荣耀）+ ify（动词后缀）** • Many artists **glorify** nature in their work. 许多艺术家在作品中**赞美**大自然。
glorified ['glɔːrɪˌfaɪd] *adj.* 吹嘘的；美化的	**极速理解：glor(y)（荣耀）+ ified（形容词后缀）** • The company's history has been **glorified**. 该公司的历史被**美化**了。
glory in 为……感到骄傲，炫耀	**极速理解：glory（荣耀）+ in（在……方面）** • He couldn't help but **glory in** his own success. 他不禁开始**炫耀**自己的成功。
self-glorifying *adj.* 自夸的，自吹自擂的	**极速理解：self（自身）+ glorify（赞美）+ ing（形容词后缀）** • His **self-glorifying** behavior alienated many of his colleagues. 他**自吹自擂的**行为使他的很多同事感到不舒服。
glorious ['glɔːrɪəs] *adj.* 辉煌的；令人愉悦的	**极速理解：glori（荣耀）+ ous（形容词后缀）** • He had a **glorious** career spanning more than six decades. 他的**辉煌的**职业生涯长达 60 多年。
inglorious [ɪn'glɔːrɪəs] *adj.* 不光彩的，不名誉的	**极速理解：in（否定）+ glorious（辉煌的）** • The scandal was an **inglorious** mark on the politician's career. 丑闻成了这位政治家职业生涯中的一块**耻辱**印记。

168 harm『伤害』

harmful ['hɑːmfʊl] *adj.* 有害的，有毒的，造成损害的	极速理解：**harm**（伤害）+ **ful**（充满……的） • Some chemicals in cleaning products can be **harmful**. 一些清洁产品中的化学物质会对人体**有害**。
harmfulness ['hɑːmflnəs] *n.* 有害性，危害性	极速理解：**harm**（伤害）+ **ful**（充满……的）+ **ness**（名词后缀） • The **harmfulness** of plastic waste is becoming increasingly apparent. 塑料废弃物的**危害性**越来越明显了。
unharmful [ʌn'hɑːmfʊl] *adj.* 无害的，无毒的，不造成伤害的	极速理解：**un**（否定）+ **harm**（伤害）+ **ful**（充满……的） • This insect repellent is **unharmful** to pets and children. 这种驱虫剂对宠物和孩子**无害**。
harmless ['hɑːmlɪs] *adj.* 无害的，无毒的，无恶意的	极速理解：**harm**（伤害）+ **less**（无） • His joke was **harmless** and didn't offend anyone. 他的笑话**无恶意**，没得罪任何人。
come to no harm 没有受伤，安然无恙	极速理解：无 • Despite the earthquake, everyone in the building **came to no harm**. 尽管地震来袭,建筑里的每个人都**平安无事**。
unharmed [ʌn'hɑːmd] *adj.* 未受伤的，安然无恙的	极速理解：**un**（否定）+ **harm**（伤害）+ **ed**（形容词后缀） • Don't worry, we'll see that the children are **unharmed**. 别担心，我们会保证孩子们**安然无恙的**。

169 heart『心』

hearty [ˈhɑːti] *adj.* 热情友好的；强烈的	**极速理解：heart**（心）+ **y**（形容词后缀） • A **hearty** laugh is good for your heart and soul. **大**笑对身心健康有好处。
heartbroken [ˈhɑːtˌbrəʊkən] *adj.* 心碎的，悲痛欲绝的	**极速理解：heart**（心）+ **broken**（破损的） • She was **heartbroken** when she heard the news of her father's death. 她听到父亲去世的消息后**心碎**了。
hard-hearted *adj.* 冷酷无情的	**极速理解：hard**（坚硬的）+ **heart**（心）+ **ed**（形容词后缀） • He was often criticized for his **hard-hearted** attitude towards the poor and the needy. 他因对穷人和有需要的人**缺乏同情心**而经常受到批评。
heartless [ˈhɑːtlɪs] *adj.* 无情的，狠心的，绝情的	**极速理解：heart**（心）+ **less**（无） • The **heartless** thief robbed an old lady of her purse in broad daylight. 那个**绝情的**小偷在大白天抢劫了一位老太太的钱包。
wholehearted [ˌhəʊlˈhɑːtɪd] *adj.* 全心全意的，热诚的	**极速理解：whole**（全部）+ **hearted**（有感情的） • The coach praised the team's **wholehearted** effort and dedication. 教练称赞了球队**全心全意的**努力和投入。
warm-hearted *adj.* 有热情的，热心肠的	**极速理解：warm**（温暖的）+ **hearted**（有感情的） • She is such a **warm-hearted** person that everyone likes her. 她是一个那么**有热情的**人,每个人都喜欢她。

170 heat『加热』

heater ['hiːtə]
n. 加热器，取暖器

极速理解：**heat**（加热）+ **er**（人或物）

- The space **heater** is the most efficient way to warm up a small room.
  电暖器是让小房间变暖最有效的方式。

overheat [ˌəʊvə'hiːt]
v. 使过热，发热

极速理解：**over**（过多）+ **heat**（加热）

- If you **overheat** the plastic, it will melt.
  如果你**过度加热**塑料，它会融化。

heating ['hiːtɪŋ]
n. 加热，供暖

极速理解：**heat**（加热）+ **ing**（名词后缀）

- The **heating** bill in the winter is always so high.
  冬季的**供暖**费用总是这么高。

heated ['hiːtɪd]
adj. 激烈的，兴奋的；加热的

极速理解：**heat**（加热）+ **ed**（形容词后缀）

- We enjoyed a **heated** discussion on politics over dinner last night.
  昨晚我们在晚餐时畅谈政治，气氛十分**热烈**。

heatproof ['hiːtpruːf]
adj. 耐热的

极速理解：**heat**（加热）+ **proof**（抗……的）

- The **heatproof** glass can be used in the oven to bake food.
  这种**耐热**玻璃可以放在烤箱中烤食物。

heatstroke ['hiːtˌstrəʊk]
n. 中暑，中暑症

极速理解：**heat**（加热）+ **stroke**（打击）

- He suffered a **heatstroke** while playing tennis in the hot sun.
  在烈日下打网球时，他**中暑**了。

171 hero『英雄』

superhero ['suːpəˌhɪərəʊ] *n.* 超级英雄	**极速理解：super（超级）+ hero（英雄）** • Ewan has a motto: Everyone can be a **superhero** to someone. 伊万的座右铭是：每个人都可以成为某人的**超级英雄**。
heroic [hɪ'rəʊɪk] *adj.* 英勇的，英雄式的	**极速理解：hero（英雄）+ ic（形容词后缀）** • The firefighter made a **heroic** effort to save the family from the burning house. 消防员**英勇地**营救被困在燃烧的房子里的家人。
heroine ['herəʊɪn] *n.* 女英雄，女主角	**极速理解：hero（英雄）+ ine（表女性的后缀）** • This story featured a plucky **heroine**. 这个故事描述了一个勇敢的**女英雄**。
hero-worship *n.* 盲目崇拜英雄	**极速理解：hero（英雄）+ worship（崇拜）** • Many young people are guilty of **hero-worship**. 许多年轻人沉迷于**英雄崇拜**。
heroically [hɪə'rəʊɪkli] *adv.* 英勇地，壮烈地	**极速理解：heroical（英雄的）+ ly（副词后缀）** • The soldiers fought **heroically** in the face of enemy fire. 士兵在敌人的射击下**英勇战斗**。
childhood hero 童年英雄	**极速理解：childhood（童年）+ hero（英雄）** • Many people's **childhood heroes** are their parents or grandparents. 许多人的**童年英雄**是他们的父母或祖父母。

172 hold『持有；支撑』

holder ['həʊldə] *n.* 持有人；支架	极速理解：**hold**（持有；支撑）+ **er**（人或物） • The ticket **holder** won the grand prize in the lottery. 这个彩票**持有人**赢得了大奖。
hold up 举起，支撑；耽搁	极速理解：**hold**（持有；支撑）+ **up**（向上） • The workers used a crane to **hold up** the heavy equipment. 工人们使用了起重机把重物托**举起来**。
hold on 等一下；坚持；抓牢	极速理解：**hold**（持有；支撑）+ **on**（表示持续性） • **Hold on**, I need to grab my wallet before we leave. **等一下**，我需要在我们离开之前拿上我的钱包。
uphold [ʌp'həʊld] *v.* 支持，维护；坚持	极速理解：**up**（向上）+ **hold**（持有；支撑） • The court's decision **upholds** the rights of citizens to protest peacefully. 法院的决定**维护**了公民和平抗议的权利。
household ['haʊsˌhəʊld] *adj.* 家庭的，家喻户晓的　*n.* 家庭	极速理解：**house**（家庭）+ **hold**（持有；支撑） • This is a classic **household** recipe. 这是一道经典的**家常**菜谱。
foothold ['fʊtˌhəʊld] *n.* 立足点，据点	极速理解：**foot**（脚）+ **hold**（支撑） • It was difficult to maintain a secure **foothold** on the ice. 在冰上不容易**站稳脚**。

173 hope『希望』

hopeful ['həʊpfʊl] *adj.* 充满希望的，怀有期望的	极速理解：**hope**（希望）+ **ful**（充满……的） • The coach was **hopeful** that his team would win the championship this year. 教练**有信心**他的团队今年能够赢得冠军。
hopeless ['həʊplɪs] *adj.* 绝望的，没有希望的	极速理解：**hope**（希望）+ **less**（无） • The doctor told the patient that her condition was **hopeless**. 医生告诉病人她的情况是**无望的**。
hopefully ['həʊpfəli] *adv.* 充满希望地，抱有希望地	极速理解：**hopeful**（充满希望的）+ **ly**（副词后缀） • The CEO spoke **hopefully** about the company's future prospects. 公司的 CEO **充满希望地**谈到了公司未来的前景。
hopefulness ['həʊpfʊlnəs] *n.* 充满希望，抱有希望	极速理解：**hopeful**（充满希望的）+ **ness**（名词后缀） • The **hopefulness** of the young generation gives us faith in the future. 年轻一代**充满希望的**精神给我们带来了对未来的信心。
hopelessness ['həʊpləsnəs] *n.* 绝望，没有希望	极速理解：**hopeless**（绝望的）+ **ness**（名词后缀） • The **hopelessness** of the situation was overwhelming. 情况的**绝望**令人不知所措。
unhoped-for *adj.* 意料之外的，出乎意料的	极速理解：**un**（否定）+ **hop(e)**（希望）+ **ed**（形容词后缀）+ **for**（对于） • The company's profits this year were an **unhoped-for** surprise. 今年公司的利润是**意料之外的**惊喜。

174 human『人类』

humankind [ˌhjuːmənˈkaɪnd] *n.* 人类	极速理解：**human**（人类）+ **kind**（种类） • The history of **humankind** is filled with both triumphs and tragedies. **人类**历史充满了胜利和悲剧。
humanity [hjuːˈmænɪti] *n.* 人类；人性；人道	极速理解：**human**（人类）+ **ity**（名词后缀） • The professor’s research focuses on the history of **humanity**. 这位教授的研究集中在**人类**的历史上。
humanism [ˈhjuːməˌnɪzəm] *n.* 人本主义，人道主义	极速理解：**human**（人类）+ **ism**（主义） • **Humanism** emphasizes the importance of human rights and social justice. **人道主义**强调人权和社会正义的重要性。
inhuman [ɪnˈhjuːmən] *adj.* 残忍无情的，非人道的	极速理解：**in**（否定）+ **human**（人类） • The **inhuman** treatment of prisoners was condemned by human rights activists. 关押者的**非人道**待遇为人权活动家谴责。
human nature 人性	极速理解：**human**（人类）+ **nature**（本性，天性） • Greed is a common aspect of **human nature**. 贪婪是**人性**中普遍存在的一个方面。
humane [hjuːˈmeɪn] *adj.* 人道的，仁慈的	极速理解：**human**（人类）+ **e**（形容词后缀） • The refugee camps were organized in a **humane** and organized manner. 难民营按照**人道**和有组织的方式进行组织。

175 hunt『狩猎』

hunting ['hʌntɪŋ] *n.* 狩猎	**极速理解：hunt**（狩猎）+ **ing**（名词后缀） • **Hunting** was a necessary activity for survival in ancient times. **狩猎**是古代生存必不可少的活动。
hunter ['hʌntə] *n.* 猎人	**极速理解：hunt**（狩猎）+ **er**（人） • The **hunter** tracked the deer through the forest. **猎人**在森林中追踪鹿。
huntress ['hʌntrɪs] *n.* 女猎人	**极速理解：hunt**（狩猎）+ **ress**（女性职业或身份的后缀） • The **huntress** was known for her exceptional aim and skill. **女猎人**以其出众的瞄准能力和技巧而闻名。
job-hunter *n.* 求职者	**极速理解：job**（工作）+ **hunter**（猎人） • The **job-hunter** was nervous about her upcoming interview. **求职者**对即将到来的面试感到紧张。
hunt out 搜寻	**极速理解：hunt**（狩猎）+ **out**（向外） • The detective tried to **hunt out** the whereabouts of the suspect. 侦探试图**找出**嫌疑人的行踪。
hunt for 寻找	**极速理解：hunt**（狩猎）+ **for**（为了） • She went to the mall to **hunt for** a new pair of shoes. 她去商场**寻找**一双新鞋子。

176 judge『法官；判断』

judgement ['dʒʌdʒmənt] *n.* 判断，审判	**极速理解：judge**（法官；判断）+ **ment**（名词后缀） • The **judgement** of the jury was unanimous. 陪审团的**裁决**是一致的。
judgemental [dʒʌdʒ'mentəl] *adj.* 审判性的；喜欢评判的	**极速理解：judgement**（判断）+ **al**（形容词后缀） • Her **judgemental** attitude made it hard for her to make friends. 她喜欢**评判的**态度让她难以交朋友。
well-judged *adj.* 判断得当的	**极速理解：well**（好）+ **judge**（判断）+ **ed**（形容词后缀） • His decision to invest in the company was **well-judged**. 他投资这家公司的决定是**明智的**。
ill-judged *adj.* 判断错误的	**极速理解：ill**（错误，不良）+ **judge**（判断）+ **ed**（形容词后缀） • Her **ill-judged** comment offended her colleagues. 她**不当的**评论冒犯了同事。
prejudge [priː'dʒʌdʒ] *v.* 预先判断	**极速理解：pre**（先于）+ **judge**（判断） • You can't **prejudge** someone based on their appearance. 你不能根据一个人的外表就**事先评判**他。
misjudge [ˌmɪs'dʒʌdʒ] *v.* 判断错误，误判	**极速理解：mis**（错误的）+ **judge**（判断） • The referee **misjudged** the offside and disallowed the goal. 裁判**误判**越位，并判定进球无效。

177 keep『保持』

keeper ['ki:pə] *n.* 监护人，管理者	极速理解：**keep**（保持）+ **er**（人） • The zoo**keeper** feeds and cares for the animals. 动物**管理**员负责喂养和照顾动物。
beekeeper ['bi:ˌki:pə] *n.* 养蜂人	极速理解：**bee**（蜜蜂）+ **keeper**（监护人） • The **beekeeper** harvests delicious honey from his bees. **养蜂人**从蜜蜂身上采集美味的蜂蜜。
shopkeeper ['ʃɒpˌki:pə] *n.* 店主	极速理解：**shop**（商店）+ **keeper**（管理者） • The **shopkeeper** organized a sale. **店主**举办了一次特卖会。
gatekeeper ['geɪtˌki:pə] *n.* 守门人	极速理解：**gate**（门）+ **keeper**（管理者） • The company's **gatekeeper** doesn't allow visitors without an appointment. 公司的**门卫**不允许没有预约的访客进入。
keep up with 跟上，跟得上	极速理解：无 • It's important to **keep up with** the latest trends in your industry. **跟上**所在行业的最新趋势非常重要。
keep on 继续	极速理解：无 • She told him to **keep on** practicing until he got it right. 她告诉他**继续**练习，直到他做对了为止。

178 kill『杀死；终结』

killer ['kɪlə] *n.* 杀手	极速理解：**kill**（杀死；终结）+ **er**（人或物） • The police are on the hunt for a notorious **killer**. 警方正在追捕一个臭名昭著的**杀手**。
painkiller ['peɪnˌkɪlə] *n.* 止痛药	极速理解：**pain**（疼痛）+ **killer**（杀手） • I took a **painkiller** after my tooth extraction. 我在拔牙后服用了**止痛药**。
kill time 消磨时间	极速理解：**kill**（杀死；终结）+ **time**（时间） • Reading is a good way to **kill time** during a long flight. 读书是在长途飞行期间**消磨时间**的好方法。
killjoy ['kɪlˌdʒɒɪ] *n.* 扫兴者	极速理解：**kill**（杀死；终结）+ **joy**（喜悦） • Her negativity was such a **killjoy**. 她的消极情绪让人**扫兴**。
overkill ['əʊvəˌkɪl] *n.* 过分之举	极速理解：**over**（过于）+ **kill**（杀死；终结） • Such security measures may well be **overkill**. 这样的安保措施很可能**过头**了。
kill off 清除，杀死	极速理解：**kill**（杀死；终结）+ **off**（完成，结束） • The disease threatened to **kill off** the entire population of the island. 疾病可能要**清除**整个岛上的人口。

179 kind『仁慈，友好』

kindly
['kaɪndli]
adv. 仁慈地，和蔼地

极速理解：kind（仁慈，友好）**+ ly**（副词后缀）

• She spoke **kindly** to the little girl who was lost.
她**和善地**对一个迷路的小女孩说话。

kindness
['kaɪndnɪs]
n. 善良，仁慈

极速理解：kind（仁慈，友好）**+ ness**（名词后缀）

• His act of **kindness** towards the homeless man warmed many hearts.
他对无家可归的人做出的**善良**举动让很多人感动。

kind-hearted
adj. 善良的，心地好的

极速理解：kind（仁慈，友好）**+ heart**（心）**+ ed**（形容词后缀）

• She made a **kind-hearted** donation to the local charity organization.
她**慷慨地**向当地慈善组织捐了款。

unkind
[ʌn'kaɪnd]
adj. 不友好的，不善良的

极速理解：un（否定）**+ kind**（仁慈，友好）

• It was **unkind** of him to ignore his friend's messages.
他无视了他朋友的信息，这很**不友好**。

unkindly
[ˌʌn'kaɪndlɪ]
adv. 不友好地，不慈祥地

极速理解：un（否定）**+ kindly**（仁慈地）

• You are now using me **unkindly**.
您现在对我可太**不友好**了。

kindless
['kaɪndlɪs]
adj. 残忍的，无情的

极速理解：kind（仁慈，友好）**+ less**（无）

• The **kindless** dictator ruled the country with an iron fist.
残忍的独裁者用铁腕统治着这个国家。

180 labor『工作』

laborious
[lə'bɔːrɪəs]
adj. 艰苦的，费力的

极速理解：**labor**（工作）+ **ious**（形容词后缀）

• The lab work can be quite **laborious**.
实验室工作可能很**费力**。

laborer
['leɪbərə(r)]
n. 劳动者，工人

极速理解：**labor**（劳动）+ **er**（人）

• She worked as a **laborer** in the factory, packing boxes of products.
她在工厂里当**工人**，包装产品的盒子。

laboring
['leɪbərɪŋ]
adj. 费力的，艰难的

极速理解：**labor**（劳动）+ **ing**（形容词后缀）

• The athletes collapsed at the finish line after the **laboring** race.
在完成**艰难的**比赛后，运动员在终点线上晕倒了。

collaborate
[kə'læbəˌreɪt]
v. 合作，协作

极速理解：**co**（共同）+ **l** + **labor**（工作）+ **ate**（动词后缀）

• The two artists decided to **collaborate** on an exhibition.
这两个艺术家决定**合作**举办一场展览。

elaborate
[ɪ'læbərɪt]
adj. 详尽的，精心制作的
v. 详细阐述，详细制定

极速理解：**e**（出，向外）+ **labor**（劳动）+ **ate**（形容词 / 动词后缀）

• The meal was an **elaborate** feast.
这是一个**精心制作的**盛宴。

labored
['leɪbə(r)d]
adj. 吃力的，费力的

极速理解：**labor**（劳动）+ **ed**（形容词后缀）

• Her breathing became **labored** after running for an hour.
她跑了一个小时后，呼吸变得**艰难**。

181 light『光』

skylight ['skaɪˌlaɪt] *n.* 天窗	极速理解：**sky**（天空）+ **light**（光） • The artist's studio was brightened by the large **skylight**. 艺术家的工作室因为大**天窗**变得明亮起来。
flashlight ['flæʃˌlaɪt] *n.* 手电筒	极速理解：**flash**（闪光）+ **light**（光） • He used a **flashlight** to see his way through the dark forest at night. 他在黑暗中使用**手电筒**找路穿过森林。
enlighten [ɪn'laɪtən] *v.* 启蒙，教育	极速理解：**en**（使）+ **light**（光）+ **en**（动词后缀） • The mission of the school is to **enlighten** young minds. 这所学校的使命是**启迪**年轻的头脑。
lightproof ['laɪtˌpruːf] *adj.* 不透光的	极速理解：**light**（光）+ **proof**（防……的） • The curtains were made of **lightproof** fabric. 窗帘是由**不透光的**材料制成的。
droplight ['drɒpˌlaɪt] *n.* 吊灯	极速理解：**drop**（落下）+ **light**（光） • She added a **droplight** to her work desk to improve visibility. 她在工作桌上加了一盏**吊灯**，以提高可见度。
lamplight ['læmpˌlaɪt] *n.* 灯光	极速理解：**lamp**（灯）+ **light**（光） • The street was lit by the warm glow of **lamplight**. 街道被温暖的**灯光**照亮了。

182 limit『限制』

limiting ['lɪmɪtɪŋ] *adj.* 限制的，有限制的	极速理解：**limit**（限制）+ **ing**（形容词后缀） • The **limiting** factor in the project's success was insufficient funding. 项目成功的**限制**因素是资金不足。
limitary ['lɪmɪtərɪ] *adj.* 限制的，受限制的	极速理解：**limit**（限制）+ **ary**（形容词后缀） • The project's progress was **limitary** because of the lack of resources. 由于缺乏资源，该项目的进展受到了**限制**。
limited ['lɪmɪtɪd] *adj.* 有限的，限定的	极速理解：**limit**（限制）+ **ed**（形容词后缀） • The company had a **limited** budget for advertising. 该公司的广告预算**有限**。
unlimited [ʌn'lɪmɪtɪd] *adj.* 无限制的，不受限制的	极速理解：**un**（否定）+ **limited**（有限的） • The internet has **unlimited** sources of information. 互联网有**无限的**信息来源。
limitless ['lɪmɪtləs] *adj.* 无限制的，无穷尽的	极速理解：**limit**（限制）+ **less**（无） • He had a **limitless** supply of creativity and ideas. 他的创造力和想象力是**无限的**。
upper limit 上限，最高限度	极速理解：**upper**（上面的）+ **limit**（限制） • The **upper limit** for the number of guests at the event was set at 100. 活动的客人数量的**最高限度**被设置为100人。

183 load『负重；装载』

loaded ['ləʊdɪd]
adj. 装载的；充满的

极速理解：load（负重；装载）+ ed（形容词后缀）

- The truck was **loaded** with boxes of goods.
  卡车上**装载**了许多货物箱。

overload [ˌəʊvəˈləʊd]
v. 过载，超载

极速理解：over（以上）+ load（负重；装载）

- The elevator malfunctioned because it was **overloaded**.
  电梯因**超载**而发生故障。

unload [ʌnˈləʊd]
v. 卸货，卸下

极速理解：un（否定）+ load（负重；装载）

- The workers **unloaded** the truck as quickly as possible.
  工人们尽快**将货卸下**了卡车。

planeload [ˈpleɪnˌləʊd]
n. 满载一架飞机的人或货物

极速理解：plane（飞机）+ load（负重；装载）

- The **planeload** of supplies arrived just in time.
  满载物资的飞机及时到达。

loads of
大量的，许多的

极速理解：无

- The store had **loads of** merchandise on sale.
  商店销售**大量的**商品。

download [ˈdaʊnˌləʊd]
v. 下载

极速理解：down（向下）+ load（负重；装载）

- He **downloaded** a new game on his smartphone.
  他在智能手机上**下载**了一个新游戏。

184 long『长的』

lifelong ['laɪfˌlɒŋ] *adj.* 终身的，毕生的	**极速理解：life（生命）+ long（长的）** • She has been a **lifelong** fan of the team. 她**一生**都是这个队的粉丝。
overlong [ˌəʊvə'lɒŋ] *adj.* 过长的，冗长的	**极速理解：over（过度）+ long（长的）** • The speech was **overlong** and many people began to lose interest. 演讲时间**过长**，许多人开始失去兴趣。
prolong [prə'lɒŋ] *v.* 延长，拖延	**极速理解：pro（向前）+ long（长的）** • The company decided to **prolong** the deadline. 公司决定**延长**项目的截止日期。
long-term *adj.* 长期的，长时间的	**极速理解：long（长的）+ term（期限）** • The company is planning its **long-term** strategy for the next decade. 公司正在制定未来十年的**长期**战略。
long-standing *adj.* 存在已久的，长期存在的	**极速理解：long（长的）+ stand（站，立）+ ing（形容词后缀）** • They have a **long-standing** friendship that dates back to their childhood. 他们有着自儿时起就**存在的**长期友谊。
elongate ['iːlɒŋgeɪt] *v.* 拉长，伸长	**极速理解：e（向外）+ long（长的）+ ate（动词后缀）** • The plant began to **elongate** as it sought more sunlight. 植物因为寻求更多的阳光而开始**伸长**。

185 lord『领主』

lordly ['lɔːdli] *adj.* 轻蔑的，傲慢的；高傲的	**极速理解：lord（领主）+ ly（形容词后缀）** • He gave her a **lordly** look and walked away. 他用**傲慢的**目光看了她一眼，然后走开了。
lordship ['lɔːdʃɪp] *n.* 阁下，大人，爵爷	**极速理解：lord（领主）+ ship（名词后缀）** • His **lordship** rarely made public appearances. 他的**大人**很少公开露面。
lordy ['lɔːdi] *inter.* 表示惊讶或困惑	**极速理解：lord（领主）+ y（形容词后缀）** • **Lordy**, what a mess! How did this happen? **哎呀**，这是多么糟糕！这是怎么发生的？
landlord ['lændˌlɔːd] *n.* 房东，地主	**极速理解：land（土地）+ lord（领主）** • The **landlord** fixed the broken faucet in the bathroom. **房东**修理了浴室里的坏水龙头。
warlord ['wɔːˌlɔːd] *n.* 军阀，战争贵族	**极速理解：war（战争）+ lord（领主）** • The ruthless **warlord** ruled with an iron fist. 残忍的**军阀**用铁腕统治着。
overlord ['əʊvəˌlɔːd] *n.* 至高无上的统治者，霸主	**极速理解：over（超越）+ lord（领主）** • The **overlord** controlled vast territories with an iron hand. **霸主**用铁腕控制广阔的领土。

186 lose『丢失』

get lost 迷路	**极速理解：get（获得）+ lost（丢失）** • But I gave you a map so you wouldn't **get lost**! 但我怕你**迷路**，给过你一张地图！
losing ['luːzɪŋ] *adj.* 输掉的，失败的	**极速理解：los(e)（丢失）+ ing（形容词后缀）** • The company's **losing** streak continued for several quarters. 公司的**连败**局面持续了好几个季度。
loser ['luːzə] *n.* 失败者，落败者	**极速理解：los(e)（丢失）+ er（人）** • He felt like a **loser** after being rejected by another job. 被另一家公司拒绝后，他感觉自己像是个**失败者**。
lose heart 失去信心，灰心丧气	**极速理解：lose（丢失）+ heart（心脏）** • Although he failed in this entrance examination, he didn't **lose heart**. 这次入学考试他虽名落孙山，但他并不**气馁**。
lose weight 减肥	**极速理解：lose（丢失）+ weight（体重）** • She has been dieting and exercising to **lose weight** for her wedding. 她一直在节食和锻炼，为她的婚礼**减肥**。
loss-making *adj.* 亏损的，赔本的	**极速理解：loss（损失）+ making（制造，创造）** • The company had to shut down its **loss-making** division. 公司必须关闭**亏损的**部门。

187 marry『结婚』

marriage ['mærɪdʒ] *n.* 婚姻，结婚	**极速理解：marri**（结婚）+ **age**（名词后缀） • My parents are celebrating 30 years of **marriage**. 我的父母亲即将庆祝**结婚** 30 周年。
married ['mærɪd] *adj.* 已婚的，已婚者	**极速理解：marri**（结婚）+ **ed**（形容词后缀） • She is happily **married** with two children. 她**已经结婚**了，有两个孩子，很幸福。
unmarried [ʌn'mærɪd] *adj.* 未婚的，单身的	**极速理解：un**（否定）+ **married**（已婚的） • He was surprised by the number of **unmarried** people. 他对**未婚**人数感到惊讶。
remarry [riː'mæri] *v.* 再婚	**极速理解：re**（再，重新）+ **marry**（结婚） • Her mother had never **remarried**. 她的母亲一直没有**再婚**。
remarriage [ˌriː'mærɪdʒ] *n.* 再婚	**极速理解：re**（再，重新）+ **marriage**（婚姻） • Her **remarriage** was a surprise to many of her friends. 她的**再婚**对许多朋友来说是意外的。
marrier ['mærɪə] *n.* 新婚夫妇	**极速理解：marri**（结婚）+ **er**（人或物） • The **marrier** couple went on their honeymoon to Hawaii. **新婚夫妇**去夏威夷度蜜月了。

188 master『主宰；大师；校长』

headmaster [ˌhedˈmɑːstə] *n.* 校长	极速理解：**head**（头）+ **master**（校长） • The **headmaster** was highly respected by the students and staff. 学生和教职员工都非常尊重这位**校长**。
bandmaster [ˈbændˌmɑːstə] *n.* 乐队指挥	极速理解：**band**（乐队）+ **master**（主宰） • The **bandmaster** led the marching band. **乐队指挥**带领着行进乐队。
schoolmaster [ˈskuːlˌmɑːstə] *n.* 教师；校长	极速理解：**school**（学校）+ **master**（校长） • The strict **schoolmaster** expected his students to be hardworking. 严格的**教师**希望他的学生们勤奋学习。
have mastery of 掌握，精通	极速理解：**have**（拥有）+ **mastery**（主宰）+ **of**（关于） • She **has mastery of** several languages, including English, French and Chinese. 她**精通**几种语言，包括英语、法语和中文。
master's degree 硕士学位	极速理解：无 • Many professionals choose to pursue a **master's degree**. 许多专业人士选择攻读**硕士学位**。
masterpiece [ˈmɑːstəˌpiːs] *n.* 杰作，名著	极速理解：**master**（大师）+ **piece**（作品） • His latest novel is being hailed as a literary **masterpiece**. 他的最新小说被誉为文学**名著**。

189 mate『伙伴』

playmate
['pleɪˌmeɪt]
n. 玩伴

极速理解：**play**（玩耍）+ **mate**（伙伴）

- She became close friends with her **playmate** from kindergarten.
  她和幼儿园的**玩伴**成为亲密的朋友。

dormmate
['dɔːm meɪt]
n. 同宿舍的人

极速理解：**dorm**（宿舍）+ **mate**（伙伴）

- Her **dormmate** helped her with her assignments.
  同宿舍的人帮助她完成了作业。

workmate
['wɜːkˌmeɪt]
n. 同事

极速理解：**work**（工作）+ **mate**（伙伴）

- The team of **workmates** successfully completed the project ahead of schedule.
  这个团队的**同事们**提前成功完成了项目。

schoolmate
['skuːlˌmeɪt]
n. 同学

极速理解：**school**（学校）+ **mate**（伙伴）

- He started the magazine with a **schoolmate**.
  他和一个**同学**创办了那份杂志。

soulmate
['səʊlˌmeɪt]
n. 灵魂伴侣

极速理解：**soul**（灵魂）+ **mate**（伙伴）

- She has finally found her **soulmate**.
  她终于找到了她的**灵魂伴侣**。

roommate
['ruːmˌmeɪt]
n. 室友

极速理解：**room**（房间）+ **mate**（伙伴）

- His **roommate** moved out.
  他的**室友**搬走了。

190 mind『心智；想法』

remind [rɪ'maɪnd] *v.* 提醒	**极速理解：re**（再，重新）+ **mind**（心智；想法） • Can you **remind** me to call my mom when we get home? 到家后你能**提醒**我打电话给我妈妈吗？
double-minded *adj.* 犹豫不决的	**极速理解：double**（两倍）+ **mind**（心智；想法）+ **ed**（形容词后缀） • He was **double-minded** about whether or not to quit his job. 他对辞职与否**犹豫不决**。
broad-minded *adj.* 心胸开阔的	**极速理解：broad**（宽阔的）+ **mind**（心智；想法）+ **ed**（形容词后缀） • I like to think I'm **broad-minded**. 我倒想**心胸开阔**。
strong-minded *adj.* 意志坚强的	**极速理解：strong**（强壮、强烈）+ **mind**（心智；想法）+ **ed**（形容词后缀） • Despite many setbacks, she remained **strong-minded**. 尽管遭受了许多挫折，她仍然**意志坚定**。
narrow-minded *adj.* 心胸狭窄的	**极速理解：narrow**（狭窄）+ **mind**（心智；想法）+ **ed**（形容词后缀） • He had a **narrow-minded** view of other cultures. 他对其他文化持**狭隘的**看法。
open-minded *adj.* 思想开放的	**极速理解：open**（开放的）+ **mind**（心智；想法）+ **ed**（形容词后缀） • She was an **open-minded** person and willing to listen to different perspectives. 她是个**思想开明的**人，愿意听取不同的观点。

191 modern『现代的』

modern life 现代生活	**极速理解：modern（现代的）+ life（生活）** • Many people are trying to simplify their **modern lives**. 许多人试图简化他们的**现代生活**。
modern civilization 现代文明	**极速理解：modern（现代的）+ civilization（文明）** • **Modern civilization** has brought about significant changes in political and economic systems. **现代文明**带来了政治和经济体系上的显著变化。
modernize [ˈmɒdəˌnaɪz] *v.* 使现代化	**极速理解：modern（现代的）+ ize（使……）** • The company needs to **modernize** its outdated management practices. 公司需要更新过时的管理方式，**使其现代化**。
modern science 现代科学	**极速理解：modern（现代的）+ science（科学）** • **Modern science** has revolutionized our understanding of the universe. **现代科学**彻底改变了我们对宇宙的理解。
modern-day *adj.* 现代的；当代的	**极速理解：modern（现代的）+ day（日子）** • **Modern-day** challenges such as climate change require innovative solutions. **现代**挑战，如气候变化，需要创新的解决方案。
modern technology 现代技术	**极速理解：modern（现代的）+ technology（技术）** • He's ignorant about **modern technology**. 他对**现代科技**一无所知。

192 money『钱』

paper money 纸币	**极速理解：paper（纸）+ money（钱）** • The use of **paper money** made buying and selling goods much more convenient. 使用**纸币**让买卖商品更加方便。
moneyless ['mʌnɪlɪs] *adj.* 贫穷的；没有钱的	**极速理解：money（钱）+ less（无）** • Many people found themselves **moneyless** and struggling to survive. 许多人发现自己很**穷**，挣扎着生存。
moneyed ['mʌnɪd] *adj.* 富有的	**极速理解：money（钱）+ ed（形容词后缀）** • The **moneyed** elite lived a life of luxury and excess. **有钱的**精英们生活奢华，过度消费。
money-making *adj.* 赚钱的；致富的	**极速理解：money（钱）+ making（使……变成）** • The rise of the tech industry has resulted in many **money-making** opportunities for entrepreneurs. 科技行业的崛起为企业家带来了许多**赚钱的**机会。
money-saving *adj.* 省钱的	**极速理解：money（钱）+ saving（节省）** • Take up a **money-saving** hobby. 养成**省钱的**好习惯。
have money to burn 有很多钱；过分有钱	**极速理解：无** • He just won the lottery and now he **has money to burn**. 他中了彩票，现在**有花不完的钱**。

193 mountain『山』

mountaintop ['maʊntɪnˌtɒp] *n.* 山顶	极速理解：**mountain**（山）+ **top**（顶部） • The view from the **mountaintop** was breathtaking. 从**山顶**俯瞰，景象令人叹为观止。
mountainside ['maʊntɪnˌsaɪd] *n.* 山坡	极速理解：**mountain**（山）+ **side**（一边） • The path along the **mountainside** was narrow and dangerous. **山坡**上的小路又窄又危险。
mountainous ['maʊntɪnəs] *adj.* 多山的；巨大的	极速理解：**mountain**（山）+ **ous**（形容词后缀） • The **mountainous** region is rich in natural resources and wildlife. **山**区自然资源丰富，野生动物种类繁多。
mountain range 山脉	极速理解：**mountain**（山）+ **range**（山脉） • The Rocky Mountains are a famous **mountain range** in North America. 落基山脉是北美洲著名的**山脉**。
mountaineer ['maʊntɪ'nɪə] *n.* 登山者	极速理解：**mountain**（山）+ **eer**（人） • The **mountaineers** found it hard to orient themselves in the fog. **登山者**在大雾中很难辨认方向。
mountained ['maʊntɪnd] *adj.* 有山峰的	极速理解：**mountain**（山）+ **ed**（形容词后缀） • The village was surrounded by **mountained** landscapes. 这个村庄被如画的**山峦**环绕。

194 mouth『口』

mouthwash ['maʊθˌwɒʃ] *n.* 漱口水	**极速理解：mouth（口）+ wash（洗涤）** • The **mouthwash** has a strong mint flavor that freshens your breath. 这种**漱口水**有浓郁的薄荷味，可以让你的口气清新。
mouthy ['maʊði] *adj.* 话多的；嘴碎的	**极速理解：mouth（口）+ y（形容词后缀）** • She has a reputation for being **mouthy** and argumentative. 她因**多嘴**且好争辩而声名远扬。
mouthful ['maʊθˌfʊl] *n.* 一口之量；一个言辞	**极速理解：mouth（口）+ ful（充满……的量）** • She had a **mouthful** of complaints about her boss and her job. 她对她的老板和工作有**很多**牢骚。
close-mouthed *adj.* 守口如瓶的	**极速理解：close（关闭）+ mouth（口）+ ed（形容词后缀）** • She was **close-mouthed** about her personal life. 她对自己的个人生活**守口如瓶**。
open-mouthed *adj.* 张大嘴巴的；惊讶的	**极速理解：open（张开）+ mouth（口）+ ed（形容词后缀）** • She stared **open-mouthed** at the beautiful sunset over the ocean. 她**目瞪口呆**地看着满是美丽色彩的海上日落。
honeymouthed ['hʌnimauðd] *adj.* 嘴甜的；甜言蜜语的	**极速理解：honey（蜜）+ mouth（口）+ ed（形容词后缀）** • The salesman was **honeymouthed** and persuasive. 那个推销员**嘴很甜**、能说会道。

195 orient『方向』

orientation [ˌɔːrɪən'teɪʃn] *n.* 方向；定向；（对某事物的）理解或看法	**极速理解：orient**（方向）+ **ation**（名词后缀） • The **orientation** of the map indicates that north is at the top. 地图的**方向**指示北方在上方。
disorient [dɪs'ɔːrɪənt] *v.* 使迷惑；使失去方向感	**极速理解：dis**（否定、相反的意思）+ **orient**（方向） • The loud noises and flashing lights **disoriented** the baby. 噪声和闪烁的灯光**使**孩子**失去了方向感**。
oriented to 针对某一问题、目标等而制定	**极速理解：orient**（方向）+ **ed**（形容词后缀的状态）+ **to** • These courses are **oriented to** students who want to learn software programming. 这些课程**适合**想学习软件编程的学生。
oriental [ˌɔːrɪ'entəl] *adj.* 东方的；东方国家的；亚洲的	**极速理解：orient**（方向）+ **al**（形容词后缀） • He was interested in studying **oriental** philosophy and culture. 他对研究**东方的**哲学和文化很感兴趣。
to orient in 在某一方向上定位或调整方向	**极速理解：to** + **orient**（方向）+ **in**（在……方面） • The pilot had **to orient** the plane **in** a new direction to avoid a storm. 飞行员必须**调整**飞机的航向以避开暴风雨。
reorient [riː'ɔːrɪənt] *v.* 重新定位；适应新情况	**极速理解：re**（再，重新）+ **orient**（方向） • He had to **reorient** himself to his new role as a manager. 他必须**适应**他的新角色，成为一个经理。

196 pack『打包；一堆』

a pack of 一堆	极速理解：**a + pack（一堆）+ of** • Don't believe a word he says—it's all just **a pack of** lies. 别信他说的话——**全是**谎言。
unpack [ʌn'pæk] *v.* 打开行李；剖析	极速理解：**un**（相反的意思）+ **pack**（打包） • She **unpacked** her suitcase and put her clothes in the closet. 她**打开**了她的**行李**，把衣服放在了衣柜里。
a packet of 一小袋	极速理解：**a + pack**（打包）+ **et**（小）+ **of**（介词） • Can you pass me **a packet of** sugar, please? 请给我**一小袋**糖，好吗？
package ['pækɪdʒ] *n.* 包裹；一揽子计划或措施	极速理解：**pack**（打包）+ **age**（名词后缀） • The company offers a benefits **package**. 公司提供福利**计划**。
Pack one's bags! （口语）去你的，赶走	极速理解：无 • The team told their rivals to **pack their bags**. 这支队把他们的对手**赶走**了。
pack up 收拾行李	极速理解：**pack**（打包）+ **up**（向上） • It's time to **pack up** and head home. 现在是**收拾东西**回家的时候了。

197 page『页，面』

home page 主页；首页	极速理解：**home**（家）+ **page**（页，面） • The program can model a typical **home page** for you. 这个程序可以帮你制作一份典型的**主页**。
front page （报纸的）头版；（书籍的）扉页	极速理解：**front**（前面）+ **page**（页，面） • The scandal made the **front page** of every major newspaper. 这个丑闻成了各大报纸的**头版**头条。
page number 页码；页数	极速理解：**page**（页，面）+ **number**（数字） • The instructions for the assignment are on **pages** 6-8. 作业说明在**第** 6 ~ 8 **页**。
on the same page 意见一致；达成共识	极速理解：无 • The team got **on the same page** about the upcoming presentation. 这个团队对即将到来的演示**达成共识**。
turn the page 翻页；迎接未来	极速理解：**turn**（翻动）+ **the**（指定的）+ **page**（页，面） • It's time to **turn the page** on this difficult period in our lives. 是时候**迎接**我们生命中这个困难时期的到来了。
page-turner *n.*（书籍、电影等）引人入胜的作品	极速理解：**page**（页，面）+ **turn**（翻转）+ **er**（人或物） • The bookstore sells a variety of **page-turners**. 这家书店销售各种**引人入胜的作品**。

198 paint『颜料；油漆』

paintbrush ['peɪntˌbrʌʃ] *n.* 画笔	**极速理解：paint**（颜料）+ **brush**（画笔） • She used a small **paintbrush** to add detail to her watercolor painting. 她用小**画笔**为她的水彩画添加细节。
painter ['peɪntə] *n.* 画家	**极速理解：paint**（颜料；油漆）+ **er**（人） • My friend is a talented **painter**. 我的朋友是一位天才**画家**。
cave painting 洞穴壁画	**极速理解：cave**（洞穴）+ **paint**（颜料）+ **ing**（名词后缀） • Archaeologists recently discovered new **cave paintings**. 考古学家最近发现了新的**洞穴壁画**。
painting ['peɪntɪŋ] *n.* 绘画作品	**极速理解：paint**（颜料）+ **ing**（名词后缀） • She spent months working on the **painting**. 她花了数月时间创作这幅**画**。
Wet paint 油漆未干	**极速理解：wet**（湿的）+ **paint**（油漆） • As he reached out to touch the wall, he heard someone yell, "**Wet paint!**" 他伸手去触碰墙壁，听到有人大喊："**油漆未干！**"
oil paint 油画颜料；油画	**极速理解：oil**（油）+ **paint**（颜料） • To create her masterpiece, the artist used high-quality **oil paints**. 为了创作她的杰作，艺术家使用了高品质的**油画颜料**。

199 party『聚会』

birthday party 生日聚会	**极速理解：birthday**（生日）+ **party**（聚会） • We're having a **birthday party** for my son next weekend. 下周末我们为儿子举办**生日聚会**。
attend a party 出席聚会	**极速理解：attend**（出席；参加）+ **a**（一个）+ **party**（聚会） • He didn't want to **attend the** company **party**. 他不想去**参加公司聚会**。
host a party 主持聚会；举办聚会	**极速理解：host**（主持）+ **a**（一个）+ **party**（聚会） • She's **hosting a party** at her house next weekend. 下周末，她要在自己的家里**举办一个聚会**。
throw a party 举办聚会	**极速理解：throw**（举行）+ **a**（一个）+ **party**（聚会） • He's planning to **throw a party** to celebrate his graduation from college. 他计划**举办一个聚会**，庆祝他从大学毕业。
party game 聚会游戏	**极速理解：party**（聚会）+ **game**（游戏） • We need to come up with some good **party games**. 我们需要想出一些好的**聚会游戏**。
party animal 狂欢君子；聚会达人	**极速理解：party**（聚会）+ **animal**（动物） • She's a real **party animal** and is always the last one to leave any event. 她是一个真正的**聚会达人**，总是最后一个离开任何一场活动。

200 peace『和平』

make peace with 与……和解；平息争端	极速理解：**make**（做；制造）+ **peace**（和平）+ **with**（和……一起） • The two countries finally **made peace with** each other. 经过多年的争斗，这两个国家终于**和解**了。
peaceful ['piːsfʊl] *adj.* 和平的；平静的	极速理解：**peace**（和平）+ **ful**（充满……的） • She enjoyed spending time in the **peaceful** countryside. 她喜欢在**宁静的**乡村度过时间。
peacemaker ['piːsˌmeɪkə] *n.* 调解人；和事佬	极速理解：**peace**（和平）+ **maker**（制造者） • He acted as a **peacemaker** between the two groups, trying to find a way to resolve their differences. 他担任**调解人**，希望找到一种解决双方分歧的方法。
peaceable ['piːsəb(ə)l] 爱好和平的；温和的	极速理解：**peace**（和平）+ **able**（能够） • He has lived a **peaceable** and honest life. 他**安分守己**，老老实实地生活着。
peacekeeping ['piːsˌkiːpɪŋ] *n.* 维持和平	极速理解：**peace**（和平）+ **keep**（保持；维护）+ **ing**（形容词后缀） • The United Nations sent **peacekeeping** troops to the area to help stop the violence. 联合国派遣**维和**部队到该地区，帮助停止暴力行为。
peace of mind 心灵上的宁静	极速理解：**peace**（和平）+ **of**（……的）+ **mind**（心灵） • She found **peace of mind** in meditation. 她通过冥想找到了**内心的平静**。

201 perfect『完美的』

perfectly ['pɜːfɪktli] *adv.* 完美地；十分	**极速理解：perfect**（完美的）+ **ly**（副词后缀） • She played the piano piece **perfectly**, hitting all of the right notes. 她**完美地**演奏了那首钢琴曲，准确地弹出了所有的音符。
imperfect [ɪm'pɜːfɪkt] *adj.* 不完美的；有缺陷的	**极速理解：im**（否定）+ **perfect**（完美的） • He knew he was **imperfect**, but he tried to improve himself every day. 他知道自己**不完美**，但他每天都在努力提升自己。
perfection [pə'fekʃən] *n.* 完美；完美的状态	**极速理解：perfect**（完美的）+ **ion**（名词后缀） • My idea of physical **perfection** is to be very slender. 在我看来，要拥有**完美**身材就要非常苗条。
practice makes perfect 熟能生巧	**极速理解：practice**（练习）+ **makes**（产生）+ **perfect**（完美的） • She knew she had to keep practicing to get better at playing the piano. After all, **practice makes perfect**. 她知道她必须继续练习才能更好地弹钢琴。毕竟，**熟能生巧**。
nobody's perfect 人无完人	**极速理解：**无 • He tried to remind himself that **nobody's perfect**. 他会试图提醒自己**人无完人**。
What a perfect timing! 完美的时机！	**极速理解：what**（什么）+ **a** + **perfect**（完美的）+ **timing**（时机） • **What a perfect timing**! The sun is just starting to set over the ocean. **完美的时机**！太阳刚刚开始西下海面。

202 person『人』

personal ['pɜːsənəl] *adj.* 个人的；私人的	极速理解：**person**（人）+ **al**（形容词后缀） • She didn't want to discuss her **personal** life with anyone else. 她不想和别人讨论自己的**私人**生活。
personal opinion 个人观点	极速理解：**personal**（个人的）+ **opinion**（观点） • This is just my **personal opinion**. 这只是我的**个人观点**。
personal relationship 个人关系	极速理解：**personal**（个人的）+ **relationship**（关系） • She valued her **personal relationships** more than anything else in her life. 她生命中最珍视的是**人际关系**。
personality [ˌpɜːsəˈnælɪti] *n.* 个性；性格	极速理解：**person**（人）+ **ality**（名词后缀） • His **personality** was shaped by his upbringing and life experiences. 他的**个性**是受他的成长环境和生活经历的影响而形成的。
personnel [ˌpɜːsəˈnel] *n.* 人员；职员	极速理解：**person**（人）+ **nel**（名词后缀） • The police requested additional **personnel** for the search and rescue mission. 警方请求增加**人手**参加搜救任务。
personal hygiene 个人卫生	极速理解：**personal**（个人的）+ **hygiene**（卫生） • Proper **personal hygiene** is important to avoid illness and keep clean. 适当的**个人卫生**对于避免疾病和保持清洁非常重要。

203 pity『怜悯』

feel pity for 同情	**极速理解：feel**（感受）+ **pity**（怜悯）+ **for**（对于） • She **felt pity for** the homeless man sleeping on the street. 她对睡在街上无家可归的人**感到同情**。
pitiful ['pɪtɪfʊl] *adj.* 可怜的；悲惨的	**极速理解：piti**（怜悯）+ **ful**（充满……的） • The horse was a **pitiful** sight. 这匹马看上去**可怜兮兮的**。
pitiable ['pɪtɪəbəl] *adj.* 可怜的；值得同情的	**极速理解：piti**（怜悯）+ **able**（能够） • The plight of the starving refugees was truly **pitiable**. 饥饿难民的困境真是**令人心痛**。
self-pity *n.* 自怜；自哀	**极速理解：self**（自我）+ **pity**（怜悯） • His tired mind continued to wallow in **self-pity**. 他疲惫的心继续沉溺于**自哀自怜**之中。
pitiless ['pɪtɪlɪs] *adj.* 无情的；残忍的	**极速理解：piti**（怜悯）+ **less**（无） • Mack felt a **pitiless** contempt for her. 麦克对她**没有同情**，只有鄙夷。
unpitied [ʌn'pɪtɪd] *adj.* 无人同情的；无怜悯心的	**极速理解：un**（否定）+ **piti**（怜悯）+ **ed**（形容词后缀） • The starving animals were left to die slowly in the wild, **unpitied** by any passerby. 饥饿的动物被留在原野上，慢慢地等死，**没有任何路人怜悯**。

204 plane『飞机』

by plane 乘飞机	**极速理解：by（乘）+ plane（飞机）** • They decided to go to Europe **by plane** instead of by boat this time. 他们决定这次去欧洲**乘飞机**而不是乘船。
catch a plane 赶飞机	**极速理解：catch（赶上）+ a + plane（飞机）** • We have to **catch a plane** at 7 am tomorrow. 明天早上我们必须**赶**上一班七点钟的**飞机**。
seaplane ['siː,pleɪn] *n.* 水上飞机	**极速理解：sea（海）+ plane（飞机）** • The **seaplane** landed smoothly on the calm waters of the harbor. **水上飞机**在平静的港湾水域上平稳地降落。
on the plane 在飞机上	**极速理解：on（在……上）+ the + plane（飞机）** • She always gets motion sickness **on the plane**. 她总是**在飞机上**晕机。
emplane [ɪm'pleɪn] *v.* 上飞机；装载乘客	**极速理解：em（进入）+ plane（飞机）** • The airline started to **emplane** passengers for the flight to New York. 航空公司开始让乘客**上飞机**，前往纽约。
deplane [diː'pleɪn] *v.* 下飞机；卸客	**极速理解：de（下，离开）+ plane（飞机）** • Passengers were anxious to **deplane** as soon as the plane landed. 飞机一降落，乘客就迫不及待地想**下飞机**。

205 plant『植物；工厂；种植』

plant trees 植树造林	极速理解：**plant**（种植）+ **trees**（树木） • The volunteers went to the park to **plant trees** on the hillside. 志愿者们去公园，在山坡上**种树**。
replant [riːˈplɑːnt] *v.* 重新种植	极速理解：**re**（再，重新）+ **plant**（种植） • The gardener decided to **replant** the flowers in a different area of the garden. 园丁决定将花卉**重新种植**到花园的另一个区域。
indoor plant 室内植物	极速理解：**indoor**（室内的）+ **plant**（植物） • The office manager decided to place some **indoor plants** in the workspace. 办公室经理决定在工作区放置一些**室内植物**。
plantation [plænˈteɪʃən] *n.* 种植园；林场	极速理解：**plant**（种植）+ **ation**（名词后缀） • The family owned a coffee **plantation** in South America. 这个家族在南美拥有一片咖啡**种植园**。
transplant [trænsˈplɑːnt] *v./n.* 移植	极速理解：**trans**（移动）+ **plant**（种植） • She decided to **transplant** the flowers so they could receive more sunlight. 她决定**移植**这些花朵，以便它们获得更多的阳光。
car plant 汽车制造厂	极速理解：**car**（汽车）+ **plant**（工厂） • The company decided to close their **car plant** in the city. 公司决定关闭在城市的**汽车制造厂**。

206 port『港口；搬运』

seaport ['siːˌpɔːt] *n.* 海港	**极速理解：sea（海洋）+ port（港口）** • The **seaport** is an important hub for international trade and transportation. **海港**是国际贸易和交通的一个重要枢纽。
portion ['pɔːʃən] *n.* 一部分	**极速理解：port（搬运）+ ion（名词后缀）** • She only ate a small **portion** of the pizza and saved the rest for later. 她只吃了一小**部分**的比萨，把剩下的留到以后吃。
transport [træns'pɔːt] *v./n.* 运输	**极速理解：trans（移动）+ port（搬运）** • The students took a bus to **transport** them from the school to the museum. 学生们**乘坐**公共汽车从学校到博物馆。
transportation [ˌtrænspɔː'teɪʃən] *n.* 运输；交通	**极速理解：transport（运输）+ ation（名词后缀）** • The company is responsible for the **transportation** of the products from the factory to the warehouse. 公司负责产品从工厂到仓库的**运输**。
import [ɪm'pɔːt] *v.* 进口	**极速理解：im（进入）+ port（搬运）** • The country **imports** most of its oil from other countries. 该国大部分石油都是从其他国家**进口**的。
export [ɪk'spɔːt] *v.* 出口	**极速理解：ex（出）+ port（搬运）** • The company **exports** its products to markets all over the world. 公司将产品**出口**到世界各地的市场。

207 position『位置；地位』

better position 更好的地位	**极速理解：better（更好的）+ position（位置；地位）** • The company offered him a **better position.** 公司提供给他一个**更好的职位**。
difficult position 困难处境	**极速理解：difficult（困难的）+ position（位置；地位）** • This puts him in a **difficult position.** 这回把他**难住了**。
financial position 财务状况	**极速理解：financial（财务的）+ position（位置；地位）** • He needed to review his **financial position** before buying a new house. 他需要评估自己的**财务状况**才能购买新房。
in position 准备就绪	**极速理解：in（在……之内）+ position（位置）** • The soldiers were **in position.** 士兵们已经**准备就绪**。
make your position clear 明确立场	**极速理解：无** • The politician **made his position clear** on the controversial issue. 政治家**明确**表明了自己在这个引起争议的问题上的**立场**。
social position 社会地位	**极速理解：social（社会的）+ position（地位）** • The caste system in India determines a person's **social position** based on their birth. 印度的种姓制度根据一个人的出生来决定他们的**社会地位**。

208 power『能，力』

solar power 太阳能	极速理解：**solar**（太阳的）+ **power**（能） • The company invested in **solar power** to reduce its carbon footprint and save on energy costs. 该公司投资**太阳能**以减少碳排放并节省能源成本。
powerful ['paʊəfʊl] *adj.* 强大的	极速理解：**power**（能）+ **ful**（充满……的） • The new engine allowed the car to have a more **powerful** acceleration and higher top speed. 新引擎让汽车加速**更快**，最高速度更高。
nuclear power 核能	极速理解：**nuclear**（核能的）+ **power**（能） • The country invested in developing its **nuclear power**. 该国投资发展**核能**。
powerless to do 无力做某事	极速理解：**power**（能，力）+ **less**（无）+ **to do**（做） • I saw what was happening, but I was **powerless to** help. 我眼看着事情发生，却**无力**相助。
willpower ['wɪlˌpaʊə] *n.* 意志力	极速理解：**will**（意志）+ **power**（力） • She had the **willpower** to resist the temptation of eating junk food. 她有**意志力**，抵制了吃垃圾食品的诱惑。
power up 接通电源	极速理解：**power**（能）+ **up**（向上；增加） • He needed to **power up** his laptop before he could start working. 他需要给笔记本电脑**接通电源**，才能开始工作。

209 practice『实践；练习』

practical ['præktɪkəl] *adj.* 实际的；实用的	**极速理解：practic(e)**（实践；练习）+ **al**（形容词后缀） • The course focuses on **practical** skills that are relevant to the industry. 该课程注重与该行业相关的**实用**技能。
in practice 实际上	**极速理解：in**（在某种状态下）+ **practice**（实践） • The rule may look good on paper, but **in practice**, it's difficult to enforce. 这项规定在文件中看起来很好，但**实际上**很难执行。
out of practice 疏于练习，荒废	**极速理解：out of**（失去）+ **practice**（实践；练习） • She was **out of practice** at singing. 她对唱歌**生疏**了。
impractical [ɪm'præktɪkəl] *adj.* 不实用的	**极速理解：im**（否定）+ **practical**（实际的；实用的） • The design may look good, but it is **impractical** for everyday use. 这个设计可能看起来不错，但在日常使用中是**不实用的**。
malpractice [mæl'præktɪs] *n.* 不当行为，玩忽职守	**极速理解：mal**（坏的）+ **practice**（实践） • The doctor was sued for **malpractice** after a patient died as a result of his negligence. 一名患者因医生的疏忽而死亡，医生因此被控告**玩忽职守**。
practice makes perfect 熟能生巧	**极速理解：**无 • She realized that **practice makes perfect** and kept practicing. 她意识到**熟能生巧**，一直努力练习。

210 agree『同意』

agreed [ə'griːd] *adj.* 同意的	**极速理解：** 无 • So are we **agreed** on going north? 那么我们已经**同意**向北走了？
disagree [ˌdɪsə'griː] *v.* 不同意，持异议	**极速理解：** **dis**（否定）+ **agree**（同意） • She and her sister often **disagree** on politics and religion. 她和她姐姐经常在政治和宗教问题上**意见不合**。
agreement [ə'griːmənt] *n.* 协议；同意	**极速理解：** **agree**（同意）+ **ment**（名词后缀） • The two countries signed a peace **agreement** to end the war. 两国签署了一项和平**协议**以结束战争。
disagreement [ˌdɪsə'griːmənt] *n.* 不一致，分歧	**极速理解：** **dis**（否定）+ **agreement**（协议；同意） • They have had several **disagreements** with their neighbours. 他们与邻居发生过好几次**争吵**。
agreeable [ə'griːəbəl] *adj.* 令人愉悦的，宜人的	**极速理解：** **agree**（同意）+ **able**（能够） • The weather was **agreeable** for a picnic in the park. 天气**宜人**，适合在公园野餐。
disagreeable [ˌdɪsə'griːəbəl] *adj.* 令人不愉快的，讨厌的	**极速理解：** **dis**（否定）+ **agreeable**（令人愉快的，宜人的） • The meeting was very **disagreeable**. 会议非常**不愉快**。

211 assist『帮助』

assistive [ə'sɪstɪv] *adj.* 辅助的	**极速理解：assist**（帮助）+ **ive**（形容词后缀） • The **assistive** technology helps the elderly to maintain their independence. **辅助**技术帮助老年人保持独立性。
assistant [ə'sɪstənt] *n.* 助手，助理 *adj.* 辅助的	**极速理解：assist**（帮助）+ **ant**（名词/形容词后缀） • He hired an **assistant** to help him with the administrative work. 他雇了一个**助手**来帮助他处理行政工作。
unassisted [ˌʌnə'sɪstɪd] *adj.* 无帮助的，独立的	**极速理解：un**（否定）+ **assist**（帮助）+ **ed**（形容词后缀） • She managed to complete the project **unassisted**, despite the initial difficulties. 尽管最初遇到困难，但她成功地**独立**完成了该项目。
assistance [ə'sɪstəns] *n.* 帮助，援助	**极速理解：assist**（帮助）+ **ance**（名词后缀） • The government has pledged financial **assistance** to the victims of the natural disaster. 政府已承诺向自然灾害受害者提供经济**援助**。
assistantship [ə'sɪstəntʃɪp] *n.* 助理职位	**极速理解：assistant**（助手，助理）+ **ship**（名词后缀） • She applied for the **assistantship** in the research department and was accepted. 她申请了研究部门的**助理职位**，并被录用了。
assisted area 援助地区	**极速理解：assist**（帮助）+ **ed**（形容词后缀）+ **area**（地区） • The government has designated the region as an **assisted area**. 政府将该地区确定为**援助地区**。

212 beat『跳动；敲打』

heartbeat ['hɑːtˌbiːt] *n.* 心跳	极速理解：**heart**（心脏）+ **beat**（跳动） • The doctor checked her **heartbeat** and found it to be normal. 医生检查了她的**心跳**，发现是正常的。
drumbeat ['drʌmˌbiːt] *n.* 鼓点，鼓声	极速理解：**drum**（鼓）+ **beat**（敲打） • The **drumbeat** echoed through the hall as the band played. 乐队演奏时**鼓声**在大厅中回响。
browbeat ['braʊˌbiːt] *v.* 恐吓，威胁	极速理解：**brow**（眉毛）+ **beat**（敲打） • The bully would often **browbeat** his classmates to get what he wanted. 恶霸常常**欺压**他的同学来得到他想要的东西。
beating ['biːtɪŋ] *n.* 打，殴打	极速理解：**beat**（敲打）+ **ing**（名词后缀） • The boxer took a **beating** in the ring. 拳击手在比赛中受到了**打击**。
beater ['biːtə] *n.* 搅拌器；（打某物的）人	极速理解：**beat**（敲打）+ **er**（人或物） • She used a **beater** to mix the ingredients for the cake batter. 她用**搅拌器**混合蛋糕面糊的成分。
unbeatable [ʌn'biːtəbəl] *adj.* 无法击败的，无敌的	极速理解：**un**（否定）+ **beat**（敲打）+ **able**（能够） • The champion was **unbeatable** in the ring. 冠军在比赛中**无敌**。

213 beauty『美丽』

beautiful ['bjuːtɪfʊl] *adj.* 美丽的	**极速理解：beauti**（美丽）+ **ful**（充满……的） • The sunset over the ocean was a **beautiful** sight to see. 海上的日落是一道**美丽的**景象。
beautify ['bjuːtɪˌfaɪ] *v.* 美化	**极速理解：beaut(y)**（美丽）+ **ify**（动词后缀） • She used the painting to help **beautify** the drab walls of her apartment. 她用画来**美化**公寓沉闷的墙壁。
beaut [bjuːt] *n.* 美女，美男	**极速理解：beauty**（美丽）的简写形式 • The magazine's cover featured a Hollywood **beaut**. 杂志封面上的人物是一位好莱坞的**美女**。
beautician [bjuː'tɪʃən] *n.* 美容师	**极速理解：beaut(y)**（美丽）+ **ician**（从事某种职业的人） • The **beautician** gave her a facial to help clear up her acne. **美容师**为她做了一次面部护理来清除她的粉刺。
beauty queen 选美皇后	**极速理解：beauty**（美丽）+ **queen**（皇后） • She decided to enter the pageant to try her luck at becoming a **beauty queen**. 她决定参加选美比赛碰碰运气，试着成为一名**选美皇后**。
beauty sleep 美容觉	**极速理解：beauty**（美丽）+ **sleep**（睡眠） • She always made sure to get eight hours of **beauty sleep** each night. 她总是确保每晚都有八小时的**美容觉**。

214 believe『相信』

disbelieve [ˌdɪsbɪˈliːv] *v.* 不相信，怀疑	极速理解：**dis**（否定）+ **believe**（相信） • Even after seeing the evidence, she continued to **disbelieve** his story. 即使看到了证据，她仍然**不相信**他的故事。
belief [bɪˈliːf] *n.* 相信，信仰；信念，信条	极速理解：无 • Their **belief** in each other never wavered, even in the face of adversity. 面对逆境，他们对彼此的**信念**从未动摇过。
believable [bɪˈliːvəbl] *adj.* 可信的，可相信的	极速理解：**believ(e)**（相信）+ **able**（可……的） • The negotiators presented a **believable** settlement proposal. 谈判代表提出了一个**可信的**解决方案。
unbelievable [ˌʌnbɪˈliːvəbəl] *adj.* 难以置信的，不可信的	极速理解：**un**（否定）+ **believable**（可信的） • The athlete's record-breaking performance was simply **unbelievable**. 那位运动员打破纪录的表现简直**让人难以置信**。
believer [bɪˈliːvə] *n.* 信徒，信仰者	极速理解：**believ(e)**（相信）+ **er**（人） • He was a firm **believer** in the power of positive thinking. 他**坚信**积极思考的力量。
unbelieving [ˌʌnbɪˈliːvɪŋ] *adj.* 不信的，表示怀疑的	极速理解：**un**（否定）+ **believ(e)**（相信）+ **ing**（形容词后缀） • He looked at me with **unbelieving** eyes. 他用**怀疑的**眼光看着我。

215 belt『腰带，带』

belted ['beltɪd] *adj.* 带着腰带的	极速理解：**belt**（腰带）+ **ed**（形容词后缀） • The **belted** trench coat was a classic and timeless fashion piece. **系腰带的**风衣是经典且永恒的时尚单品。
belt up 系上安全带	极速理解：**belt**（腰带）+ **up**（向上） • While driving a car, make sure to **belt up**. 驾车一定要注意**系好安全带**。
unbelt [ʌn'belt] *v.* 解开（带）	极速理解：**un**（否定）+ **belt**（带） • He quickly **unbelted** his seat belt and got out of the car. 他迅速**解开**安全带，下了车。
green belt 绿化带，城市绿地	极速理解：**green**（绿色）+ **belt**（带） • The city council passed a law protecting the **green belt**. 市议会通过了一项法律，保护**绿化带**不受影响。
belt bag 腰包	极速理解：**belt**（腰带）+ **bag**（包） • On the journey, I like to carry a **belt bag**. 我喜欢在旅行途中挎一个**腰包**。
seat belt 安全带，座椅安全带	极速理解：**seat**（座椅）+ **belt**（带） • Passengers on the airplane were instructed to keep their **seat belts** fastened. 飞机上的乘客被要求保持**安全带**系好。

216 blind『目眩；盲』

blinding ['blaɪndɪŋ] *adj.* 令人目眩的，耀眼的	极速理解：**blind**（目眩；盲）+ **ing**（形容词后缀） • The **blinding** sun made it difficult to see the cars in front of us. **耀眼的**太阳让我们很难看到前面的车辆。
blindly ['blaɪndli] *adv.* 盲目地	极速理解：**blind**（目眩；盲）+ **ly**（副词后缀） • He **blindly** accepted the rumors without checking their accuracy. 他**盲目地**相信了谣言，而没有核实其准确性。
blindness [blaɪndnəs] *n.* 盲，失明	极速理解：**blind**（盲）+ **ness**（名词后缀） • His **blindness** didn't stop him from pursuing his dreams. 他的**失明**并没有阻止他追逐梦想。
color-blind *adj.* 色盲的	极速理解：**color**（颜色）+ **blind**（盲） • He couldn't become a pilot because he was **color-blind**. 他因为**色盲**，无法成为飞行员。
blindfold ['blaɪnd͵fəʊld] *n.* 眼罩 *adv.* 被蒙住眼睛地	极速理解：**blind**（盲）+ **fold**（折，包裹） • I knew the way home **blindfold**. 我**蒙着眼**都能走到家。
blind spot 盲点，死角	极速理解：**blind**（盲）+ **spot**（点） • It's important to adjust your mirrors correctly to avoid **blind spots** while driving. 正确地调整镜子以避免驾驶时的**盲点**十分重要。

217 blood『血』

bloodstain ['blʌdˌsteɪn] *n.* 血迹	极速理解：**blood**（血）+ **stain**（污渍） • She spent hours trying to get the **bloodstains** out of her clothes. 她花了几个小时试图把衣服上的**血渍**弄掉。
bloodless ['blʌdlɪs] *adj.* 无血的，贫血的	极速理解：**blood**（血）+ **less**（无） • The patient was diagnosed with a **bloodless** condition. 病人被诊断出患有一种**贫血**病。
bloody ['blʌdi] *adj.* 血腥的，残忍的	极速理解：**blood**（血）+ **y**（形容词后缀） • The battle was long and **bloody**. 这场战斗漫长而**血腥**。
full-blooded *adj.* 纯血统的；充满热情的	极速理解：**full**（完全的）+ **blood**（血）+ **ed**（形容词后缀） • The athlete had a **full-blooded** determination to win the race. 这位运动员对赢得比赛**势在必得**。
bloodsucker ['blʌdˌsʌkə] *n.* 吸血鬼；吸血动物	极速理解：**blood**（血）+ **sucker**（吸吮者） • The mosquito is a common **bloodsucker** that can spread diseases. 蚊子是一种常见的**吸血虫**，可以传播疾病。
bloodbath ['blʌdˌbɑːθ] *n.* 大屠杀；惨败	极速理解：**blood**（血）+ **bath**（洗澡） • The company's poor financial decisions led to a **bloodbath** in the stock market. 公司糟糕的财务决策导致了股市的**惨败**。

218 blow『吹』

blowy ['bləʊɪ] *adj.* 多风的	极速理解：**blow**（吹）+ **y**（形容词后缀） • It's always **blowy** near the coast, so don't forget your coat. 海岸附近总是**多风**，所以别忘了带上外套。
blower ['bləʊə] *n.* 吹风机	极速理解：**blow**（吹）+ **er**（人或物） • She used a **blower** to dry her hair after washing it. 她用了**吹风机**来吹干自己洗完的头发。
blow up 爆炸；扩大	极速理解：**blow**（吹）+ **up**（向上） • The fireworks were designed to **blow up** in the sky. 焰火被设计成在空中**爆炸**。
overblown [ˌəʊvə'bləʊn] *adj.* 夸张的；过分渲染的	极速理解：**over**（过度）+ **blow**（吹） • Warnings of disaster may be **overblown**. 灾害预警有**被夸大**的可能。
blow out （气球等）爆裂；吹灭（灯、蜡烛等）	极速理解：**blow**（吹）+ **out**（外面） • He **blew out** all the candles on his birthday cake in one breath. 他一口气**吹灭**了生日蛋糕上的所有蜡烛。
blow-dry *v.* 吹干（头发）	极速理解：**blow**（吹）+ **dry**（干的） • She always **blow-dries** her hair after washing it. 她洗完头发后总是使用吹风机**吹干**头发。

219 board『板；上车，登机』

footboard ['fʊtˌbɔːd] *n.* 脚板，踏板	**极速理解：foot**（脚）+ **board**（板） • She accidentally kicked the **footboard** of the bed. 她不小心踢到了床**尾板**。
boarding card 登机牌	**极速理解：board**（上车，登机）+ **ing**（形容词后缀）+ **card**（卡） • Passengers must present their **boarding cards** and passports at the gate before boarding the plane. 登机前，乘客必须在门口出示他们的**登机牌**和护照。
washboard ['wɒʃˌbɔːd] *n.* 洗衣板	**极速理解：wash**（洗）+ **board**（板） • She scrubbed the stained clothes on the **washboard**. 她在**洗衣板**上搓洗了有污点的衣服。
backboard ['bækˌbɔːd] *n.*（篮球）篮板；靠板	**极速理解：back**（后面的）+ **board**（板） • She leaned against the **backboard** of the bed and read a book. 她靠在床**头板**上看书。
springboard ['sprɪŋˌbɔːd] *n.* 弹跳板，跳板	**极速理解：spring**（弹簧）+ **board**（板） • The diving coach demonstrated a perfect dive off the **springboard**. 跳水教练在**弹跳板**上演示了一次完美的跳水。
splashboard ['splæʃˌbɔːd] *n.* 挡泥板	**极速理解：splash**（溅，飞溅）+ **board**（板） • A **splashboard** can protect my dress from getting dirty with mud. **挡泥板**可以保护我的裙子不被泥水弄脏。

220 camp『营地』

camping ['kæmpɪŋ] *n.* 露营	极速理解：**camp**（营地）+ **ing**（名词后缀） • They went **camping** in the woods for a week. 他们在树林里**露营**了一周。
campground ['kæmpgraʊnd] *n.* 露营地	极速理解：**camp**（营地）+ **ground**（场地） • The **campground** has picnic tables, fire pits. **露营地**有野餐桌和火坑供露营者使用。
camper ['kæmpə] *n.* 露营者；房车	极速理解：**camp**（营地）+ **er**（人或物） • They rented a **camper** for their road trip. 他们为公路旅行租了一辆**房车**。
campfire ['kæmpˌfaɪə] *n.* 篝火，营火	极速理解：**camp**（营地）+ **fire**（火） • They roasted marshmallows and hot dogs on the **campfire**. 他们在**篝火**上烤棉花糖和热狗。
encamp [ɪn'kæmp] *v.* 扎营，安营	极速理解：**en**（进入）+ **camp**（营地） • The army **encamped** in the valley. 军队**扎营**在山谷里。
campaign [kæm'peɪn] *n.* 活动，运动；竞选活动 *v.* 从事运动	极速理解：**camp**（营地）+ **aign**（名词/动词后缀） • We have **campaigned** against whaling. 我们一直参加反对捕鲸的**运动**。

221 case『盒，箱，套；情况』

watchcase
['wɒtʃˌkeɪs]
n. 表壳

极速理解：**watch**（手表）+ **case**（套）

- The watchmaker repaired the **watchcase** and replaced the cracked crystal.
  钟表匠修理了**表壳**并更换了破碎的水晶表面。

pillowcase
['pɪləʊˌkeɪs]
n. 枕套

极速理解：**pillow**（枕头）+ **case**（套）

- The hotel provides fresh **pillowcases** and bed sheets for every guest who checks in.
  酒店为每位新客人提供干净的**枕套**和床单。

bookcase
['bʊkˌkeɪs]
n. 书柜

极速理解：**book**（书）+ **case**（箱）

- She organized her books by genre on different shelves of the **bookcase**.
  她按流派在**书柜**的不同架子上整理书籍。

jewel case
珠宝盒；光盘盒

极速理解：**jewel**（珠宝）+ **case**（盒）

- She kept her diamond necklace in a **jewel case**.
  她把她的钻石项链放在一个**珠宝盒**里。

in case
以防，万一

极速理解：**in**（在……内）+ **case**（情况）

- She carried an umbrella **in case** it rained later.
  以防下雨，她带了一把伞。

in case of
如果发生，万一

极速理解：**in**（在……状态）+ **case**（情况）+ **of**（关于）

- You'd better have two strings to your bow, just **in case of** emergency.
  你最好有两手准备，**以防**万一。

222 cash『现金』

cashless ['kæʃlɪs] *adj.* 无现金的	**极速理解：cash（现金）+ less（无）** • He prefers **cashless** transactions. 他更喜欢**无现金**交易。
encash [ɪn'kæʃ] *v.* 兑现，兑换（支票、汇票等）	**极速理解：en（使，把……变为）+ cash（现金）** • The traveler tried to **encash** the traveler's checks. 旅行者试图**兑换**旅行支票。
cashier [kæ'ʃɪə] *n.* 收银员，出纳员	**极速理解：cash（现金）+ ier（人）** • The **cashier** scanned the items. **收银员**扫描了商品。
cash crop 商业作物，经济作物	**极速理解：cash（现金）+ crop（农作物）** • Cotton was once a major **cash crop** in the southern United States. 棉花曾经是美国南部的主要**经济作物**。
cash desk 收银台，结账柜台	**极速理解：cash（现金）+ desk（服务台）** • Please pay at the **cash desk** over there. 请到那边的**收银台**结账。
cashback ['kæʃˌbæk] *n.* 返现，现金回馈	**极速理解：cash（现金）+ back（回来）** • He received a **cashback** of $50 when he bought the new camera. 他购买新相机时获得了 50 美元的**现金回馈**。

223 cast『投掷；投射；铸造』

casting ['kɑ:stɪŋ] *n.* 铸造；演员阵容	极速理解：**cast**（铸造）+ **ing**（名词后缀） • The **casting** of the new movie was announced last week. 新电影的**演员阵容**上周公布。
cast-iron *adj.* 铸铁的，顽固的	极速理解：**cast**（铸造）+ **iron**（铁） • There is no **cast-iron** rule. 没有**一成不变的**规则。
broadcast ['brɔ:dˌkɑ:st] *n./v.* 广播，播送	极速理解：**broad**（广泛的）+ **cast**（投射） • The sports event will be **broadcasted** live on television. 这个体育赛事将通过电视现场**直播**。
broadcaster ['brɔ:dkɑ:stə] *n.* 播音员，电视主播	极速理解：**broadcast**（广播）+ **er**（人或物） • The **broadcaster** delivered the news in an authoritative and clear voice. **播音员**以权威、清晰的语音播报新闻。
outcast ['aʊtˌkɑ:st] *n.* 被流放者，被排斥的人	极速理解：**out**（出去）+ **cast**（投掷） • The homeless man felt like an **outcast** in the city. 无家可归的男子觉得自己成了城市中的**被遗弃者**。
telecast ['telɪˌkɑ:st] *n./v.* 电视转播，电视播送	极速理解：**tele**（远程，遥控）+ **cast**（投射） • The event will be **telecast** simultaneously to nearly 150 cities. 这一盛事将同时向近 150 个城市进行**电视广播**。

224 catch『捕捉；抓住』

catchy ['kætʃi] *adj.* 引人注意的，容易记住的	**极速理解：catch（捕捉；抓住）+ y（形容词后缀）** • The song has a **catchy** melody. 那首歌曲有一个**引人注意的**旋律。
catching ['kætʃɪŋ] *adj.* 有感染力的，易传染的	**极速理解：catch（捕捉；抓住）+ ing（形容词后缀）** • The **catching** cold has been spreading rapidly in the office. **易传染的**感冒在办公室迅速传播。
eye-catching *adj.* 引人注目的，惹人注意的	**极速理解：eye（眼睛）+ catch（抓住）+ ing（形容词后缀）** • The store's window display was so **eye-catching**. 商店的橱窗展示如此**引人注目**。
catch on 流行，变得受欢迎	**极速理解：catch（捕捉；抓住）+ on（继续进行）** • The new fashion trend seems to be **catching on** quickly among young people. 新的时尚潮流似乎很快在年轻人中**流行**起来了。
catchword ['kætʃˌwɜːd] *n.* 标语；口号	**极速理解：catch（捕捉；抓住）+ word（话语）** • The **catchword** for the new marketing campaign was "innovation for everyone". 新营销活动的**口号**是"创新面面俱到"。
catch up with 赶上；了解最近发生的事情	**极速理解：catch（捕捉；抓住）+ up（向上）+ with（和）** • We need to hurry up and **catch up with** the rest of the hiking group. 我们需要赶紧**追上**其他徒步旅行者。

225 cave『洞穴』

cavity ['kævəti] *n.* 腔，洞，凹处	**极速理解：cav(e)（洞穴）+ ity（名词后缀）** • The dentist found a **cavity** in my tooth and had to fill it. 牙医发现了我有一颗**蛀牙**需要修复。
cavern ['kævən] *n.* 大洞穴	**极速理解：cav(e)（洞穴）+ ern（名词后缀）** • The old mansion had a dark, damp **cavern** in the basement. 这个老宅的地下室有一个阴暗潮湿的**大洞穴**。
excavate ['ekskə͵veɪt] *v.* 挖掘，发掘，挖出	**极速理解：ex（向外）+ cav(e)（洞穴）+ ate（动词后缀）** • It took them 10 years to **excavate** the tunnel. 他们花了 10 年时间才**挖掘**出这条隧道。
excavator ['ekskə͵veɪtə] *n.* 挖掘机；发掘者	**极速理解：excavat(e)（发掘）+ or（人或物）** • The **excavator** dug a deep hole in the ground. **挖掘机**在地下挖了一个深坑。
caver [keɪvə(r)] *n.* 洞穴探险者	**极速理解：cav(e)（洞穴）+ er（人或物）** • The team of **cavers** had to navigate through deep caverns to complete the challenge. **洞穴探险**队必须穿越深洞才能完成挑战。
cavernous ['kævənəs] *adj.* 似洞穴的；深不可测的	**极速理解：cavern（大洞穴）+ ous（形容词后缀）** • The work space is a bare and **cavernous** warehouse. 工作场地是个**空荡荡的**大仓库。

226 close『关闭；靠近』

closed [kləʊzd] *adj.* 关闭的，封闭的	**极速理解：clos(e)**（关闭）+ **ed**（形容词后缀） • The store is **closed** on Sundays. 这家商店周日**不营业**。
closure ['kləʊʒə] *n.* 封锁，封闭；关闭	**极速理解：clos(e)**（关闭）+ **ure**（名词后缀） • The hospital has been threatened with **closure**. 这家医院面临着**关闭**的威胁。
closet ['klɒzɪt] *n.* 壁橱，衣橱 *v.* 关在屋里	**极速理解：**无 • She stored her clothes in the **closet**. 她把衣服放在了**衣柜**里。
disclose [dɪs'kləʊz] *v.* 揭示，揭露，公开	**极速理解：dis**（相反，缺乏）+ **close**（关闭） • The report **disclosed** that the company had been losing money for years. 报告**揭露**了这家公司多年来一直在亏损。
enclose [ɪn'kləʊz] *v.* 围住，包围；附上	**极速理解：en**（使）+ **close**（靠近） • The letter was **enclosed** with the package. **包裹**里有一封信。
closing ['kləʊzɪŋ] *n.* 结束　*adj.* 最后的，末尾的	**极速理解：clos(e)**（关闭）+ **ing**（名词 / 形容词后缀） • They almost won the match in the **closing** minutes. **最后**几分钟的时候他们差一点赢了这场比赛。

227 cloth『布』

bedclothes ['bed͵kləʊðz] *n.* 床上用品，被褥	**极速理解：bed（床）+ clothes（衣服）** • I need to wash my **bedclothes** this weekend. 我需要在这个周末洗我的**床上用品**。
underclothes ['ʌndə͵kləʊðz] *n.* 内衣裤	**极速理解：under（下面）+ clothes（衣服）** • He forgot to pack his **underclothes** for the trip. 他忘记带旅行中的**内衣裤**。
nightclothes ['naɪt͵kləʊðz] *n.* 睡衣，睡袍	**极速理解：night（夜晚）+ clothes（衣服）** • She changed into her **nightclothes** and got ready for bed. 她换上了**睡衣**，准备睡觉。
enclothe [ɪn'kləʊð] *v.* 给……穿衣服；覆盖	**极速理解：en（加强语气）+ clothe（衣服）** • The trees were **enclothed** in beautiful autumn colors. 树木被美丽的秋色所**覆盖**。
clothing ['kləʊðɪŋ] *n.* 衣服，服装	**极速理解：cloth（布）+ ing（名词后缀）** • She donated her old **clothing** to a charity organization. 她把她旧的**衣服**捐给了一家慈善机构。
clothes horse 晾衣架	**极速理解：clothes（衣服）+ horse（向上举）** • The **clothes horse** was full of clothes. **晾衣架**上放满了衣服。

228 come『来；到达』

outcome ['aʊtˌkʌm] *n.* 结果，后果	**极速理解：out**（出来）+ **come**（来；到达） • The **outcome** of the experiment was unexpected. 实验的**结果**是出人意料的。
income ['ɪnkʌm] *n.* 收入，所得	**极速理解：in**（进入）+ **come**（来；到达） • She is worried about her low **income**. 她担心自己的低**收入**。
newcomer ['njuːˌkʌmə] *n.* 新来者，新手	**极速理解：new**（新的）+ **come**（来；到达）+ **er**（人） • The company welcomes all the **newcomers** to the team. 公司欢迎所有**新来的人**加入团队。
comedown ['kʌmˌdaʊn] *n.* 降落，下降	**极速理解：come**（来；到达）+ **down**（向下） • He experienced a **comedown** in his career. 他的职业生涯遭到了**挫折**。
shortcoming ['ʃɔːtˌkʌmɪŋ] *n.* 缺点，不足之处	**极速理解：short**（短的，不足的）+ **coming**（来；到达） • I recognize my own **shortcomings**. 我承认自己的**缺点**。
upcoming [ˌʌp'kʌmɪŋ] *adj.* 即将来临的，即将到来的	**极速理解：up**（向上）+ **coming**（来；到达） • He is excited about the **upcoming** concert. 他对**即将到来的**音乐会感到兴奋。

229 common『共同的』

commoner ['kɒmənə] *n.* 平民，普通人	**极速理解：common（共同的）+ er（人）** • King Edward VIII abdicated in 1936 to marry a **commoner**. 国王爱德华八世于 1936 年退位与一个**平民**结婚。
uncommon [ʌn'kɒmən] *adj.* 不寻常的，罕见的	**极速理解：un（否定）+ common（共同的）** • She has an **uncommon** talent for playing the violin. 她在拉小提琴方面有着**不寻常的**天赋。
commonly ['kɒmənli] *adv.* 通常	**极速理解：common（共同的）+ ly（副词后缀）** • She **commonly** uses this brand of shampoo. 她**通常**使用这个品牌的洗发水。
commonplace ['kɒmənˌpleɪs] *adj.* 平凡的，普通的 *n.* 平凡的事，老生常谈	**极速理解：common（共同的）+ place（地方）** • The idea that money can't buy happiness is a **commonplace** one. 钱不能买来幸福的想法是**老生常谈**。
commonness ['kɒmənnəs] *n.* 普遍性，平凡	**极速理解：common（共同的）+ ness（名词后缀）** • His writing style is criticized for its **commonness** and lack of originality. 他的写作风格因**平凡**和缺乏独创性而受到批评。
common sense 常识，常理	**极速理解：common（共同的）+ sense（感觉，意识）** • Using a knife to cut bread is a matter of **common sense**. 使用刀切面包是一件**常识**性的事情。

230 count『计数』

counter ['kaʊntə] *n.* 柜台；计数器	极速理解：**count**（计数）+ **er**（人或物） • The cashier at the **counter** was very friendly. **柜台**的收银员非常友善。
discount [dɪs'kaʊnt] *n.* 折扣　*v.* 折扣，打折	极速理解：**dis**（相反）+ **count**（计数） • The store is **discounting** all winter clothing by 50 percent. 这家商店正在**打五折**出售所有冬季服装。
account [ə'kaʊnt] *n.* 账户　*v.* 解释	极速理解：**ac**（加强）+ **count**（计数） • You need to **account** for your behavior yesterday. 你需要对昨天的行为**做出解释**。
countless ['kaʊntlɪs] *adj.* 数不尽的	极速理解：**count**（计数）+ **less**（无） • There are **countless** stars in the sky. 天空中有**无数**颗星星。
miscount [ˌmɪs'kaʊnt] *v.* 计算错误　*n.* 错误的计数	极速理解：**mis**（错误的）+ **count**（计数） • I **miscounted** the number of guests. 我**数错了**客人的数量。
accountant [ə'kaʊntənt] *n.* 会计师	极速理解：**ac**（强调）+ **count**（计数）+ **ant**（人） • She hired an **accountant** to do her taxes. 她雇了一个**会计师**来做她的税务。

231 courage『勇气』

encourage [ɪn'kʌrɪdʒ] *v.* 鼓励，支持	**极速理解：en（使）+ courage（勇气）** • My coach always **encourages** me to do my best. 我的教练总是**鼓励**我尽力而为。
discourage [dɪs'kʌrɪdʒ] *v.* 使泄气，使灰心	**极速理解：dis（否定）+ courage（勇气）** • The rain **discouraged** us from going on a picnic. 下雨**让**我们**放弃**了野餐的计划。
courageous [kə'reɪdʒəs] *adj.* 勇敢的，有胆量的	**极速理解：courage（勇气）+ ous（形容词后缀）** • It takes a **courageous** person to stand up for what is right. 为正义挺身而出需要**勇敢的**人。
encouraging [ɪn'kʌrɪdʒɪŋ] *adj.* 鼓励人心的	**极速理解：encourag(e)（鼓励）+ ing（形容词后缀）** • The results have been **encouraging**. 结果**令人振奋**。
encourage-ment [ɪn'kʌrɪdʒmənt] *n.* 鼓舞，激励	**极速理解：encourage（鼓励）+ ment（名词后缀）** • Thank you for your **encouragement** and belief in my abilities. 谢谢你对我的**鼓励**和对我能力的信任。
discourage-ment [dɪs'kʌrɪdʒmənt] *n.* 挫败，失望	**极速理解：dis（否定）+ courage（勇气）+ ment（名词后缀）** • The repeated rejections from job interviews are becoming a source of **discouragement**. 不断的面试失败正在让我感到**灰心丧气**。

232 cover『覆盖』

coverage [ˈkʌvərɪdʒ] *n.* 覆盖范围；新闻报道	极速理解：**cover**（覆盖）+ **age**（名词后缀） • The news **coverage** of the event was extensive. 关于这个事件的**新闻报道**非常广泛。
uncover [ʌnˈkʌvə] *v.* 揭开，发现，暴露	极速理解：**un**（否定）+ **cover**（覆盖） • The archeologist **uncovered** an ancient artifact from the excavation site. 考古学家在挖掘现场**发现**了一件古代的文物。
undercover [ˌʌndəˈkʌvə] *adj.* 秘密的，卧底的 *n.* 卧底	极速理解：**under**（下面）+ **cover**（覆盖） • You can spot **undercover** cops a mile off. 你一眼就可以认出**便衣**警察。
discover [dɪˈskʌvə] *v.* 发现，找到	极速理解：**dis**（否定，相反）+ **cover**（覆盖） • She **discovered** a hidden talent for music when she was 15. 15 岁的时候，她**发现**了自己隐藏的音乐天赋。
discovery [dɪˈskʌvəri] *n.* 发现	极速理解：**discover**（发现）+ **y**（名词后缀） • The **discovery** of penicillin revolutionized the field of medicine. 青霉素的**发现**改变了医学领域。
uncovered [ʌnˈkʌvəd] *adj.* 未被覆盖的，暴露的	极速理解：**un**（否定）+ **cover**（覆盖）+ **ed**（形容词后缀） • The boat was **uncovered** and exposed to the sun and rain. 那艘船**没有被覆盖**，暴露在阳光和雨水中。

233 craft『手艺；飞行器』

aircraft ['eəˌkrɑːft] *n.* 飞行器，航空器	极速理解：**air**（空气）+ **craft**（飞行器） • The airport has a large parking area for **aircraft**. 机场有一个大型的停**机**坪。
spacecraft ['speɪsˌkrɑːft] *n.* 宇宙飞船	极速理解：**space**（空间）+ **craft**（飞行器） • The **spacecraft** was designed to explore deep space. **宇宙飞船**的设计是为了探索深空。
crafty ['krɑːfti] *adj.* 狡猾的	极速理解：**craft**（手艺）+ **y**（有……特质的） • He used his **crafty** skills to trick his way out of the difficult situation. 他利用**狡猾的**技巧从困难的情况中脱身。
handicraft ['hændɪˌkrɑːft] *n.* 手工艺品；手工艺	极速理解：**hand**（手）+ **i** + **craft**（手艺） • The local market sells a variety of handmade **handicrafts**. 当地市场销售各种各样的**手工艺品**。
craftsman ['krɑːftsmən] *n.* 工匠，手艺人	极速理解：**crafts**（手艺）+ **man**（人） • He apprenticed with a master **craftsman** to learn the trade. 他跟着一个技艺精湛的**工匠**学习工艺。
statecraft ['steɪtˌkrɑːft] *n.* 治国之道	极速理解：**state**（国家）+ **craft**（手艺） • Subtlety is one of the arts of both diplomacy and **statecraft**. 微妙莫测是外交和**政治手腕**艺术之一。

234 cross『交叉』

crossing ['krɒsɪŋ] *n.* 人行横道；渡口；交叉路口	极速理解：**cross**（交叉）+ **ing**（名词后缀） • We had to take a long detour because the river **crossing** was flooded. 由于河**渡口**被淹了，我们不得不绕远路。
crosswalk ['krɒsˌwɔːk] *n.* 人行横道，人行道	极速理解：**cross**（交叉）+ **walk**（步行） • The sign says to use the **crosswalk** when crossing the street. 标志牌上写着过街要走**人行横道**。
across [ə'krɒs] *adv./prep.* 横穿，横跨，穿过	极速理解：无 • She walked **across** the field to get to the other side. 她**穿过**田野来到另一侧。
crossroad ['krɒsˌrəʊd] *n.* 十字路口，岔路口	极速理解：**cross**（交叉）+ **road**（路） • At the **crossroad**, turn left to get to the post office. 在**十字路口**，向左拐就能到邮局。
cross one's leg 交叉双腿	极速理解：**cross**（交叉）+ **one's leg**（某人的腿） • She always **crosses her leg** when she sits down. 她坐下时总是**交叉双腿**。
cross-check *v.* 交叉对比，核对 *n.* 交叉检查	极速理解：**cross**（交叉）+ **check**（检查） • Before publishing the article, the editor will **cross-check** the facts with multiple sources. 在发表文章前，编辑将与多个来源**核对**事实。

235 culture『文化』

cultural ['kʌltʃərəl] *adj.* 文化的，文化上的	**极速理解：cultur(e)**（文化）+ **al**（形容词后缀） • She is interested in **cultural** anthropology and loves to study different cultures. 她对**文化**人类学感兴趣，喜欢研究不同的文化。
multicultural [ˌmʌltɪ'kʌltʃərəl] *adj.* 多元文化的，多元文化主义的	**极速理解：multi**（多）+ **cultural**（文化的） • **Multicultural** teaching is very important in education. **多元文化**教学在教育中非常重要。
intercultural [ˌɪntə'kʌltʃərəl] *adj.* 跨文化的，跨文化交际的	**极速理解：inter**（在……之间）+ **cultural**（文化的） • **Intercultural** communication skills are essential in a globalized business environment. 在全球化的商业环境中，**跨文化**交流技能是必不可少的。
sociocultural [ˌsəʊsɪəʊ'kʌltʃərəl] *adj.* 社会文化的	**极速理解：socio**（社会）+ **cultural**（文化的） • The museum's exhibits explore the region's rich **sociocultural** history. 博物馆的展品探索该地区丰富的**社会文化**历史。
cultured ['kʌltʃəd] *adj.* 有教养的，有修养的	**极速理解：cultur(e)**（文化）+ **ed**（形容词后缀） • He is a cool and **cultured** man. 他是个冷静且**有教养的**人。
uncultured [ʌn'kʌltʃəd] *adj.* 未开化的，没有教养的	**极速理解：un**（否定）+ **cultured**（有教养的） • The **uncultured** behavior of the guests at the party was embarrassing. 聚会上客人的**不文明**行为令人尴尬。

236 develop『发展；开发』

development [dɪ'veləpmənt] *n.* 发展，进展	极速理解：**develop**（发展）+ **ment**（名词后缀） • The new project is expected to boost the economic **development** of the region. 这个新项目有望促进该地区的经济**发展**。
developer [dɪ'veləpə] *n.* 开发者，开发商	极速理解：**develop**（开发）+ **er**（人） • **Developers** are buying up all the land on the island. **开发商**们要把岛上的全部土地都买尽了。
developing [dɪ'veləpɪŋ] *adj.* 发展中的，新兴的	极速理解：**develop**（发展）+ **ing**（形容词后缀） • Many **developing** countries are struggling with poverty and inequality. 很多**发展中**国家正面临着贫困和不平等的困境。
developed [dɪ'veləpt] *adj.* 发达的	极速理解：**develop**（发展）+ **ed**（形容词后缀） • As for the USA, it is almost unique among **developed** nations in having a population that will grow by 20% 美国则是**发达**国家中最独特的，人口预计将增长 20%。
undeveloped [ˌʌndɪ'veləpt] *adj.* 未开发的；不发达的	极速理解：**un**（否定）+ **developed**（发展的） • The land is still **undeveloped** and covered in natural forest. 这片土地仍然**未开发**，被自然森林覆盖。
underdeveloped [ˌʌndədɪ'veləpt] *adj.* 不完全发展的，欠发达的	极速理解：**under**（否定）+ **developed**（发展的） • The rural areas of the region are **underdeveloped** compared to the urban centres. 与城市中心相比，该地区的农村地区**欠发达**。

237 devil『恶魔』

devilish ['devəlɪʃ] *adj.* 恶魔般的	**极速理解：devil**（恶魔）+ **ish**（像……的） • His **devilish** grin told me he was up to no good. 他那**恶魔般的**笑容告诉我他在搞鬼。
devilishly ['devəlɪʃli] *adv.* 糟糕地，可怕地，异常地	**极速理解：devilish**（恶魔般的）+ **ly**（副词后缀） • That exam was **devilishly** difficult. 那场考试**异常**难。
bedevil [bɪ'devəl] *v.* 折磨，缠扰，困扰	**极速理解：be**（加强语气）+ **devil**（恶魔） • The project has been **bedeviled** by delays and setbacks. 该项目受到了延误和挫折的**困扰**。
devilment ['devəlmənt] *n.* 恶作剧，恶作剧行为	**极速理解：devil**（恶魔）+ **ment**（名词后缀） • His **devilment** always got him into trouble with his parents and teachers. 他的**恶作剧**总是让他遭受父母和老师的责难。
daredevil ['deəˌdevəl] *n.* 胆大的人，冒失鬼 *adj.* 大胆的	**极速理解：dare**（敢于）+ **devil**（恶魔） • He was a **daredevil** who always tried the most dangerous stunts. 他是一个**冒失鬼**，总是尝试最危险的特技。
devilled ['dev(ə)ld] *adj.* 用辣味浓汤炖的	**极速理解：devil**（魔鬼）+ **led**（形容词后缀） • I'd like to order a **devilled** crab. 我想点一份**辣味**烤蟹肉。

238 differ『不同』

different ['dɪfərənt] *adj.* 不同的，有区别的	极速理解：**differ**（不同）+ **ent**（形容词后缀） • The teacher assigned **different** tasks to each student in the class. 老师给班上每个学生分配了**不同的**任务。
difference ['dɪfərəns] *n.* 差异，区别，分歧	极速理解：**differ**（不同）+ **ence**（名词后缀） • The main **difference** between the two cars is their fuel efficiency. 两辆车的主要**区别**在于它们的燃油效率。
differentiate [ˌdɪfə'renʃɪˌeɪt] *v.* 区分，区别，使不同	极速理解：**different**（不同的）+ **iate**（动词后缀） • Can you **differentiate** between the two samples and tell me which one is which? 你能**区分**这两个样本，告诉我哪个是哪个吗?
differential [ˌdɪfə'renʃəl] *adj.* 差别的，特殊的 *n.* 差异，特殊款待	极速理解：**different**（不同的）+ **ial**（名词/形容词后缀） • The **differential** treatment of students based on their grades is not fair. 根据学生成绩的差异对学生进行**不同的**对待是不公平的。
undifferentiated [ˌʌndɪfə'renʃɪˌeɪtɪd] *adj.* 未区分的，未分类的，未分化的	极速理解：**un**（否定）+ **differentiate**（区分）+ **ed**（形容词后缀） • The rock samples are **undifferentiated** and difficult to classify. 岩石样本**未被区分**，很难分类。
differentiation [ˌdɪfəˌrenʃɪ'eɪʃən] *n.* 分化，区分	极速理解：**differentiate**（区分）+ **ion**（名词后缀） • The **differentiation** between the two product ranges will increase. 这两个产品系列之间的**差别**将会加大。

239 direct『方向；指导』

direction [dɪ'rekʃən] *n.* 方向；指导，管理	**极速理解：direct**（方向；指导）+ **ion**（名词后缀） • Can you give me **directions** to the nearest gas station? 你能告诉我去最近的加油站的**路**吗?
director [dɪ'rektə] *n.* 导演；主管，经理	**极速理解：direct**（方向；指导）+ **or**（人） • The **director** of the department will be responsible for making all final decisions. 部门**主任**将负责做出所有最终决定。
directive [dɪ'rektɪv] *n.* 指令，指示，命令　*adj.* 指导性的，管理性的	**极速理解：direct**（方向；指导）+ **ive**（名词 / 形容词后缀） • The teachers of the school district received a **directive**. 学区的教师们收到了一项**指示**。
redirect [ˌriːdɪ'rekt] *v.* 重新定向，改变方向，重新发送	**极速理解：re**（再，重新）+ **direct**（方向） • She **redirected** the email to the correct department for further investigation. 她把邮件**重新发送**到正确的部门进行进一步的调查。
misdirect [ˌmɪsdɪ'rekt] *v.* 误导	**极速理解：mis**（错误的）+ **direct**（方向；指导） • The package was **misdirected** to the wrong address and had to be rerouted. 包裹被**误送**到错误的地址，必须重新递送。
directory [dɪ'rektərɪ] *n.* 名录，目录；电话簿	**极速理解：direct**（方向；指导）+ **ory**（名词后缀） • Create a new **directory** and put all your files into it. 创建一个新的**目录**，然后把你所有的文件都放进去。

240 double『双的』

double-decker *n.* 双层巴士	**极速理解：double（双的）+ decker（层）** • My favorite part of the parade was when the **double-decker** float went by. 我最喜欢的游行部分是**双层**花车来到时。
double-faced *adj.* 做事不诚实的，口是心非的	**极速理解：double（双的）+ faced（面孔的）** • His **double-faced** behavior made it difficult to trust him. 他的**言行不一**让人难以信任他。
double-talk *n.* 说话含糊其词，花言巧语，言不由衷	**极速理解：double（双的）+ talk（说话）** • His **double-talk** made it hard to know what he really wanted. 他的**花言巧语**让人难以知道他真正想要什么。
double check 再次检查，核实	**极速理解：double（双的）+ check（检查）** • Please **double check** the spelling of your name on the registration form. 请**再次检查**注册表上你的名字的拼写。
double-edged *adj.* 双刃的，有利有弊的；模棱两可的	**极速理解：double（双的）+ edged（刀刃的）** • The politician's remark was **double-edged**, as it could be interpreted in different ways. 政治家的言论是**模棱两可的**，因为可以用不同的方式解读。
double-quick *adv.* 非常快地，迅速地	**极速理解：double（双的）+ quick（快速的）** • The team finished the project **double-quick** and exceeded their deadline. 团队在截止日期前**快速**完成了项目。

241 doubt『怀疑』

doubter [daʊtə(r)] *n.* 怀疑者，疑惑者	极速理解：**doubt**（怀疑）+ **er**（人或物） • My boss was a **doubter** who trusted nobody except himself. 我的老板是位**怀疑者**，除了自己谁也不信任。
self-doubt *n.* 自我怀疑，自我质疑	极速理解：**self**（自我）+ **doubt**（怀疑） • Her **self-doubt** prevented her from pursuing her dreams. 她的**自我怀疑**阻碍她追求自己的梦想。
doubtful ['daʊtfʊl] *adj.* 怀疑的，疑惑的，不确定的	极速理解：**doubt**（怀疑）+ **ful**（充满……的） • The quality of this product is **doubtful**. 这个产品的质量令人**生疑**。
undoubtedly [ʌn'daʊtɪdlɪ] *adv.* 无疑地，毫无疑问地	极速理解：**un**（否定）+ **doubt**（怀疑）+ **ed**（形容词后缀）+ **ly**（副词后缀） • **Undoubtedly**, the most important part of the job is attention to detail. **毫无疑问**，工作最重要的部分是注重细节。
It's no doubt that 毫无疑问，无可置疑	极速理解：无 • **It's no doubt that** she is a talented musician. **毫无疑问**，她是一位有才华的音乐家。
doubtless ['daʊtlɪs] *adv.* 毫无疑问地	极速理解：**doubt**（怀疑）+ **less**（无） • The team will **doubtless** win the championship with their talent and hard work. 团队将凭借他们的才能和努力**无可置疑地**赢得冠军。

242 down『向下』

slowdown ['sləʊˌdaʊn] *n.* 减速，经济衰退　*v.* 减速	**极速理解：slow（减慢）+ down（向下）** • The economy has experienced a **slowdown**. 经济出现了**衰退**。
downstairs ['daʊn'steəz] *adv.* 在下面 *n.* 楼下，地下室	**极速理解：down（向下）+ stairs（楼梯）** • I'll meet you **downstairs** in the lobby at 10 o'clock. 我会在十点钟在**楼下**大厅见你。
sundown ['sʌnˌdaʊn] *n.* 日落	**极速理解：sun（太阳）+ down（向下）** • The farm looks especially beautiful at **sundown**, with the orange hues of the sunset. 田野在**日落**时分尤为美丽，有夕阳的橙色光辉。
downtown ['daʊn'taʊn] *adv.* 在市中心，在城区　*n.* 市中心，城区	**极速理解：down（向下）+ town（城镇）** • Let's go **downtown** for dinner. 我们去**城区**吃晚餐吧。
shutdown ['ʃʌtˌdaʊn] *n.* 关闭，停工 *v.* 停止运行	**极速理解：shut（关闭）+ down（向下）** • The factory has been forced to **shutdown** due to a lack of raw materials. 由于缺乏原材料，工厂不得不**停工**。
downwards ['daʊnwədz] *adv.* 向下，往下	**极速理解：down（向下）+ wards（向……）** • The path leads **downwards** into the valley. 这条路径**向下**通向山谷。

243 drama『戏剧』

dramatic [drə'mætɪk] *adj.* 戏剧性的；变化大的	**极速理解：dram(a)**（戏剧）+ **atic**（形容词后缀） • Events took a **dramatic** turn in the weeks. 在几周里，事态发生了**戏剧性**变化。
dramatics [drə'mætɪks] *n.* 戏剧艺术，情景喜剧	**极速理解：dram(a)**（戏剧）+ **atic**（名词后缀）+ **s** • The **dramatics** of the stage play captured the audience's attention from beginning to end. 舞台剧的**戏剧效果**让观众从头至尾都全神贯注。
monodrama ['mɒnəʊˌdrɑːmə] *n.* 独角戏	**极速理解：mono**（一个）+ **drama**（戏剧） • The actress's **monodrama** showcased her range as an actor. 女演员的**独角戏**展示了她作为演员的广泛能力。
dramatist ['dræmətɪst] *n.* 剧作家，戏剧家	**极速理解：drama**（戏剧）+ **t** + **ist**（名词后缀） • The **dramatist's** plays tackle complex issues with humor. **剧作家**的作品以幽默的方式处理复杂的问题。
undramatic [ˌʌndrə'mætɪk] *adj.* 平淡无奇的	**极速理解：un**（否定）+ **dramatic**（戏剧性的） • The restaurant's decor was **undramatic**. 餐厅的装饰**很平淡**。
dramatize ['dræməˌtaɪz] *v.* 表现得夸张，使戏剧化	**极速理解：drama**（戏剧）+ **t** + **ize**（动词后缀） • The news media often **dramatizes** stories in order to attract more viewers. 新闻媒体常常**夸大**报道以吸引更多的观众。

244 dress『衣服』

dress up 打扮，穿上盛装	**极速理解：dress（衣服）+ up（向上）** • I'm going to **dress up** as a pirate for Halloween this year. 今年万圣节我要**打扮**成海盗。
undress [ʌn'dres] *v.* 脱衣　*n.* 睡衣	**极速理解：un（否定）+ dress（衣服）** • Don't forget to **undress** before you get into bed. 睡觉前别忘了**脱衣服**。
dresser ['dresə] *n.* 梳妆台；碗橱柜	**极速理解：dress（衣服）+ er（工具）** • He went to the beautiful old Welsh **dresser**. 他走到这个漂亮的旧威尔士**碗橱**前。
nightdress ['naɪtˌdres] *n.* 睡衣	**极速理解：night（夜晚）+ dress（衣服）** • She prefers to wear a **nightdress** to sleep. 她喜欢穿**睡衣**睡觉。
hairdresser ['heəˌdresə] *n.* 美发师，理发师	**极速理解：hair（头发）+ dress（整理）+ er（人或物）** • I need to book an appointment with my **hairdresser** for a haircut. 我需要预约我的**理发师**理发。
well-dressed *adj.* 穿着讲究的，整洁的	**极速理解：well（好的）+ dress（衣服）+ ed（形容词后缀）** • The guests were asked to come **well-dressed** to the formal wedding ceremony. 宾客被要求**穿着整洁**来参加正式的婚礼仪式。

245 edge『边缘』

cutting-edge *adj.* 最新的，前沿的	极速理解：**cut**（切割）+ **t** + **ing**（形容词后缀）+ **edge**（边缘） • This technology is considered **cutting-edge** and could revolutionize the industry. 这项技术被认为是**前沿**技术，可能会改变这个行业。
edgy ['edʒi] *adj.* 紧张不安的	极速理解：**edg(e)**（边缘）+ **y**（形容词后缀） • She's been very **edgy** lately. 她近来一直**烦躁不安**。
hard-edged *adj.* 边缘硬的，锋利露骨的	极速理解：**hard**（硬的）+ **edg(e)**（边缘）+ **ed**（形容词后缀） • The artist's **hard-edged** paintings were a stark departure from his earlier works. 艺术家**锐利的**画风与他早期的作品截然不同。
sharp-edged *adj.* 锋利的，棱角分明的	极速理解：**sharp**（锋利）+ **edg(e)**（边缘）+ **ed**（形容词后缀） • The chef's knife had a **sharp-edged** blade. 厨师的刀有一个**锋利的**刃。
double-edged *adj.* 有利有弊的，模棱两可的	极速理解：**double**（双的）+ **edg(e)**（边缘）+ **ed**（形容词后缀） • The issue is **double-edged**. 这个问题是**有利有弊的**。
edgeways ['edʒˌweɪz] *adv.* 侧面地	极速理解：**edge**（边缘）+ **way**（方向）+ **s** • I can't seem to cut this loaf of bread **edgeways**. 我似乎无法**侧着**切这个面包条。

246 edit『编辑』

editor ['edɪtə] *n.* 编辑，编者	**极速理解：edit（编辑）+ or（人）** • The **editor** of the newspaper is responsible for deciding which articles to feature on the front page. 报纸的**编辑**负责决定哪些文章要在头版展示。
subeditor [sʌb'edɪtə] *n.* 副编辑	**极速理解：sub（副）+ editor（编辑）** • The **subeditor** was responsible for fact-checking and verifying all the sources in the story. **副编辑**负责核对并验证故事中的所有信息来源。
edition [ɪ'dɪʃən] *n.* 版本	**极速理解：edit（编辑）+ ion（名词后缀）** • The latest **edition** of the dictionary includes new words. 最新**版本**的字典包括添加的新词。
editorship ['edɪtərˌʃɪp] *n.* 编辑工作；编辑职位	**极速理解：editor（编辑）+ ship（名词后缀）** • Her **editorship** at the magazine has transformed it into a must-read publication. 她在杂志上的**编辑工作**使它成为必读刊物。
editorial [ˌedɪ'tɔːrɪəl] *n.* 社论，评论 *adj.* 编辑的，编辑部的	**极速理解：editor（编辑）+ ial（名词 / 形容词后缀）** • The **editorial** team at the newspaper worked tirelessly. 报社的**编辑**团队不辞辛劳。
editorialize [ˌedɪ'tɔːrɪəˌlaɪz] *v.* 发表评论，撰写社论	**极速理解：editorial（社论）+ ize（动词后缀）** • The journalist was criticized for **editorializing** the news. 这位记者因为为新闻添加了**评论**而受到批评。

247 equal『平等的』

equally
[ˈiːkwəli]
adv. 平等地，相等地

极速理解：equal（平等的）+ ly（副词后缀）

• The prize money would be split **equally** among the three winners.
奖金将**平均**分配给三位获胜者。

equality
[ɪˈkwɒlɪti]
n. 平等

极速理解：equal（平等的）+ ity（名词后缀）

• The company is committed to promoting diversity and **equality** in the workplace.
公司致力于推动工作场所中的多样性和**平等**。

inequality
[ˌɪnɪˈkwɒlɪti]
n. 不平等

极速理解：in（否定）+ equality（平等）

• There is still a great deal of **inequality** in access to education.
教育资源的获取仍然存在很大的**不平等**。

unequal
[ʌnˈiːkwəl]
adj. 不平等的，不平衡的

极速理解：un（否定）+ equal（平等的）

• The **unequal** distribution of wealth has led to widespread poverty.
财富的**不平等**分配导致了普遍贫穷。

equation
[ɪˈkweɪʒən]
n. 方程式；等式；相等

极速理解：equ(al)（平等的）+ ation（名词后缀）

• The **equation** of wealth with happiness can be dangerous.
把财富与幸福**等同**起来可能是危险的。

coequal
[kəʊˈiːkwəl]
adj. 同等的，相等的　*n.* 同僚

极速理解：co（共同）+ equal（平等的）

• The **coequals** on the team worked together seamlessly to achieve their goals.
团队中的**同僚**无缝地协同合作，达成了他们的目标。

248 escape『逃脱』

escaped [ɪ'skeɪpt] *adj.* 逃脱的，幸存的	**极速理解：escap(e)**（逃脱）+ **ed**（形容词后缀） • The tiger had slipped free and **escaped**. 老虎挣脱**逃跑**了。
escapee [ɪˌskeɪ'piː] *n.* 逃跑者，逃亡者	**极速理解：escap(e)**（逃脱）+ **ee**（人） • The police chased and caught the **escapee** after a three-day manhunt. 经过三天的追捕,警方追捕并抓住了**逃跑者**。
narrow escape 死里逃生	**极速理解：narrow**（狭窄的）+ **escape**（逃脱） • The car narrowly avoided hitting the pedestrian, and it was a **narrow escape** for him. 汽车差点撞上行人，他**侥幸逃脱**了。
escapist [ɪ'skeɪpɪst] *adj.* 逃避的，倾向逃避现实的 *n.* 逃避现实者	**极速理解：escap(e)**（逃脱）+ **ist**（人） • Her **escapist** tendencies made it difficult for her to deal with stress and anxiety. 她倾向于**逃避现实**，这使她难以处理压力和焦虑。
inescapable [ˌɪnɪ'skeɪpəbəl] *adj.* 不可避免的	**极速理解：in**（否定）+ **escap(e)**（逃脱）+ **able**（能够） • The consequences of climate change are **inescapable**. 气候变化的后果是**不可避免的**。
escapade ['eskəˌpeɪd] *n.* 冒险行为，嬉闹活动	**极速理解：escap(e)**（逃脱）+ **ade**（名词后缀） • The weekend **escapades** of the wealthy elite were the talk of the town. 富人阶层的周末**嬉闹活动**成为城市的话题。

249 event『事件』

eventful [ɪ'ventfʊl] *adj.* 多事的，充满事件的	**极速理解：event（事件）+ ful（充满……的）** • He's had an **eventful** life. 他一生中有很多**大事**。
uneventful [ˌʌnɪ'ventfʊl] *adj.* 平凡的，乏味的	**极速理解：un（否定）+ eventful（重要的）** • The flight was **uneventful**, and we arrived at our destination on time. 这次飞行**平稳无事**，我们按时到达了目的地。
non-event *n.* 令人失望的事	**极速理解：non（否定）+ event（事件）** • The much-anticipated meeting turned out to be a **non-event**. 备受期待的会议最终成为一场**令人失望**的会晤。
eventual [ɪ'ventʃʊəl] *adj.* 最终的	**极速理解：event（事件）+ ual（形容词后缀）** • Despite the setbacks and challenges, he was confident that he would achieve his **eventual** goal. 尽管存在挫折和挑战，但他有信心实现他**最终的**目标。
eventually [ɪ'ventʃʊəli] *adv.* 最终，终于，迟早	**极速理解：eventual（最终的）+ ly（副词后缀）** • He worked hard and **eventually** became the CEO of the company. 他努力工作，**最终**成为公司的首席执行官。
eventuality [ɪˌventʃʊ'ælɪti] *n.* 可能发生的事，预想事件	**极速理解：eventual（最终的）+ ity（名词后缀）** • The money had been saved for just such an **eventuality**. 钱积攒下来就是为应付这样的**意外**。

250 exam『考试』

examination [ɪgˌzæmɪˈneɪʃən] *n.* 考试，检查	**极速理解：exam（考试）+ ination（名词后缀）** • The final **examination** will cover all the topics we studied this semester. 期末**考试**将涵盖我们本学期学习的所有课题。
self-examination *n.* 自我审视，自省	**极速理解：self（自我）+ examination（考试，检查）** • **Self-examination** is an important tool for personal growth and understanding. **自我审视**是个人成长和理解的重要工具。
reexamine [ˌriɪgˈzæmɪn] *v.* 重新检查，重新审视	**极速理解：re（再，重新）+ examine（检查）** • The lawyer asked the court to **reexamine** the evidence in the case. 律师要求法院**重新审查**该案件的证据。
replacement examination 补考	**极速理解：replacement（补充，替换）+ examination（考试）** • Students who miss the final examination due to illness will be allowed to take a **replacement examination**. 由于疾病而缺席期末考试的学生将被允许参加**补考**。
examiner [ɪgˈzæmɪnə] *n.* 考官，检查员，审查人	**极速理解：examine（检查）+ er（人）** • The **examiner** asked the students a series of questions. **考官**向学生提出了一系列问题。
examinee [ɪgˌzæmɪˈniː] *n.* 考生	**极速理解：examin(e)（检查，审查）+ ee（人）** • The medical **examinee** went through a battery of tests. 医学**考生**做了一系列的测试。

251 fame『名誉，名声』

famed [feɪmd] *adj.* 著名的，出名的	极速理解：**fam(e)**（名声）+ **ed**（形容词后缀） • He is a **famed** author who has written several best-selling novels. 他是一个**著名的**作家，已经写了几部畅销小说。
infamy ['ɪnfəmi] *n.* 声名狼藉，不光彩	极速理解：**in**（否定）+ **fam(e)**（名誉，名声）+ **y**（名词后缀） • It is better to die with honor than to live in **infamy**. 宁可死于名誉中，也不要活在**声名狼藉**下。
infamous ['ɪnfəməs] *adj.* 声名狼藉的	极速理解：**in**（否定）+ **fam(e)**（名誉，名声）+ **ous**（形容词后缀） • He was a general who was **infamous** for his brutality. 他是位因残忍而**恶名昭彰**的将军。
defame [dɪ'feɪm] *v.* 诽谤，中伤，破坏名誉	极速理解：**de**（否定）+ **fame**（名誉，名声） • He **defamed** his ex-wife by every possible means. 他对他前妻竭尽**诽谤**之能。
defamatory [dɪ'fæmətəri] *adj.* 诽谤的，中伤的，破坏名誉的	极速理解：**defam(e)**（诽谤，中伤）+ **atory**（形容词后缀） • The article was highly **defamatory**. 这篇文章极**具诽谤性**。
defamation [ˌdefə'meɪʃən] *n.* 诽谤，中伤，破坏名誉	极速理解：**defam(e)**（诽谤，中伤）+ **ation**（名词后缀） • **Defamation** of character is a serious offense that can result in legal action. **诽谤**他人人品是一项严重的罪行，可能导致法律诉讼。

252 farm『农场』

farming ['fɑːmɪŋ] *n.* 农业，耕种	极速理解：**farm**（农场）+ **ing**（名词后缀） • My family has been in **farming** for generations. 我的家族已经从事**农业**多代。
farmland ['fɑːmˌlænd] *n.* 农田，耕地	极速理解：**farm**（农场）+ **land**（土地） • The farmer plowed the **farmland** in preparation for planting season. 农民翻耕**农田**，为种植季节做好准备。
farmer ['fɑːmə] *n.* 农民，农夫，农场主	极速理解：**farm**（农场）+ **er**（人） • The bad weather is causing problems for many **farmers**. 恶劣的天气给许多**农民**带来了困难。
fish farming 鱼类养殖，水产养殖	极速理解：**fish**（鱼）+ **farming**（农业） • The company specializes in **fish farming**. 该公司专注于**水产养殖**。
tree farm 林场，树木种植场	极速理解：**tree**（树木）+ **farm**（农场） • She invested in a **tree farm** as a way to diversify her portfolio. 她投资**林场**，以实现资产组合的多样化。
farmhand ['fɑːrmˌhænd] *n.* 农场工人，农夫助手	极速理解：**farm**（农场）+ **hand**（帮手） • The **farmhand** worked hard from sunrise to sunset. **农场工人**从早到晚辛苦工作。

253 fashion『时尚』

fashion show 时装秀，时装展览	**极速理解：fashion（时尚）+ show（展示）** • The designer debuted her latest collection at a **fashion show** in Paris. 设计师在巴黎的一场**时装秀**上展示了她的最新系列。
fashionable ['fæʃənəbəl] *adj.* 时尚的，流行的	**极速理解：fashion（时尚）+ able（充满……的）** • Floral dresses and high-waisted pants are currently **fashionable** trends. 花色连衣裙和高腰裤目前是**流行**趋势。
unfashionable [ʌn'fæʃənəbəl] *adj.* 过时的，不合时宜的	**极速理解：un（否定）+ fashionable（时尚的）** • Wearing fur has become deeply **unfashionable**. 穿毛皮衣物已经相当**过时**了。
old-fashioned *adj.* 旧式的，老式的；过时的	**极速理解：old（过时的）+ fashion（时尚）+ ed（形容词后缀）** • She loves listening to **old-fashioned** music. 她喜欢听**老式**音乐。
refashion [riː'fæʃən] *v.* 改良，改造	**极速理解：re（再，重新）+ fashion（时尚）** • She **refashioned** her old dress into a trendy skirt with some alterations. 她对自己的旧裙子进行了一些改动，把它**改良**成一条时尚的裙子。
fashionista [ˌfæʃə'niːstə] *n.* 时尚达人，精通时尚的人	**极速理解：fashion（时尚）+ ista（人）** • The **fashionista** always wears the latest designer labels. 这位**时尚达人**总是穿着最新的设计师品牌。

254 father『父亲』

grandfather ['græn͵fɑːðə] *n.* 爷爷，外祖父	极速理解：**grand**（大）+ **father**（父亲） • My **grandfather** lost his life in the war. 我的**祖父**在战争中丧生。
fatherland ['fɑːðə͵lænd] *n.* 祖国，故乡	极速理解：**father**（父亲）+ **land**（大地） • She left her **fatherland** to seek better opportunities abroad. 她离开了**故乡**去寻求更好的机会。
fatherly ['fɑːðəli] *adj.* 父亲般的，亲切的，慈祥的	极速理解：**father**（父亲）+ **ly**（形容词后缀） • The coach had a **fatherly** manner with his players. 教练对他的球员们有着**慈父般的**态度。
forefather ['fɔː͵fɑːðə] *n.* 祖先，前辈	极速理解：**fore**（前面）+ **father**（父亲） • The **forefathers** of this industry paved the way for modern advancements and innovations. 这个行业的**前辈**为现代进步和创新铺平了道路。
father-in-law *n.* 岳父，公公	极速理解：**father**（父亲）+ **in-law**（姻亲） • My **father-in-law** is a kind and generous man. 我的**岳父**是个善良慷慨的人。
fatherhood ['fɑːðə͵hʊd] *n.* 父亲的身份或责任	极速理解：**father**（父亲）+ **hood**（名词后缀） • He took on the responsibility of **fatherhood** with seriousness and dedication. 他认真专注地承担起了**父亲的责任**。

255 favour『偏爱；支持』

favourite ['feɪvərɪt] *n.* 最喜欢的人 / 事物　*adj.* 最喜欢的	极速理解：**favour**（偏爱）+ **ite**（名词 / 形容词后缀） • Her **favourite** book is *Pride and Prejudice* by Jane Austen. 她**最喜爱的**书是简·奥斯汀的《傲慢与偏见》。
favoured ['feɪvə(r)d] *adj.* 得到偏爱的，得到支持的	极速理解：**favour**（偏爱）+ **ed**（形容词后缀） • The **favoured** candidate won the election with a large majority. **获得偏爱的**候选人以绝大多数支持赢得了选举。
favourable ['feɪvərəbəl] *adj.* 赞成的，支持的，有利的	极速理解：**favour**（支持）+ **able**（能够） • The company's financial situation was **favourable** for launching a new product line. 该公司的财务状况非常**有利于**推出新产品线。
unfavourable [ʌn'feɪvərəbəl] *adj.* 不赞成的，不支持的，不利的	极速理解：**un**（否定）+ **favourable**（赞成的） • The **unfavourable** economic climate made it difficult to attract investors. **不利的**经济环境使得吸引投资者变得困难。
disfavour [dɪs'feɪvə] *n.* 不赞成　*v.* 不赞成，不支持	极速理解：**dis**（否定）+ **favour**（支持） • She fell into her boss's **disfavour** after a major mistake at work. 在工作中犯了一个大错误后，她**失去**了老板的**偏爱**。
favouritism ['feɪvərɪˌtɪzəm] *n.* 任人唯亲，偏袒，偏爱	极速理解：**favour**（偏爱）+ **itism**（名词后缀） • The teacher was accused of **favouritism** after consistently giving higher grades to certain students. 老师因一直给某些学生高分而被指责**偏心**。

256 fill『填充』

filling ['fɪlɪŋ] *n.* 填充物	**极速理解：fill（填充）+ ing（名词后缀）** • The dentist put a **filling** in the cavity to prevent further decay. 牙医在龋洞里填了一个**填充物**以防止其进一步腐烂。
mouth-filling *adj.* 充满口腔的	**极速理解：mouth（口腔）+ fill（填充）+ ing（形容词后缀）** • The wine had a rich, **mouth-filling** texture and a lingering finish. 这款葡萄酒有着浓郁的口感，让人**回味无穷**。
refill [riː'fɪl] *n.* 再次装满的量 *v.* 再次加满	**极速理解：re（再，重新）+ fill（填充）** • Can I get a **refill** on my coffee, please? 请问能**再加满**我的咖啡吗?
fill out 填写，充实	**极速理解：fill（填充）+ out（外面的）** • Please **fill out** this form with your personal information. 请**填写**这张表格并提供个人信息。
overfill [ˌəʊvə'fɪl] *v.* 超过容量，过多填充，溢出 *n.* 超出量，过多填充	**极速理解：over（超过）+ fill（填充）** • The cup was **overfilled** with hot chocolate. 杯子**装满**了热巧克力。
unfilled [ʌn'fɪld] *adj.* 空缺的	**极速理解：un（否定）+ fill（填充）+ ed（形容词后缀）** • We still have several **unfilled** places on the tour. 我们旅行团还有几个**空**名额。

257 film『电影』

filming ['fɪlmɪŋ] *n.* 拍摄，摄制	**极速理解：film（电影）+ ing（名词后缀）** • The director was unhappy with the lighting during the **filming**. 导演对**拍摄**时的灯光不满意。
filmmaker [fɪlmˌmeɪkə] *n.* 电影制片人，电影导演	**极速理解：film（电影）+ maker（制作人）** • As a young **filmmaker**, she directed several award-winning short films. 作为一名年轻的**电影制片人**，她导演过多部获奖的短片。
film-goer *n.* 爱好电影的人，电影观众	**极速理解：film（电影）+ goer（常去……的人）** • The cinema was full of **film-goers** waiting to see the latest blockbuster. 电影院里挤满了等待观看最新大片的**影迷**。
filmlet ['fɪlmˌlet] *n.* 短片，小电影	**极速理解：film（电影）+ let（小）** • He made a **filmlet** for his final project in film school. 他在电影学院的期末项目中制作了一部**短片**。
filmize ['fɪlmaɪz] *v.* 改编成电影	**极速理解：film（电影）+ ize（动词后缀）** • The novel was **filmized** into a successful movie franchise. 这部小说被**改编成**一部成功的系列**电影**。
filmnik ['fɪlmnɪk] *n.* 对电影极度狂热的人，电影迷	**极速理解：film（电影）+ nik（人）** • She's a **filmnik** and has seen every movie by her favorite director. 她是一个**电影迷**，看过她最喜欢的导演的每一部电影。

258 fix『修复；固定』

fixed [fɪkst] *adj.* 固定的，不可改变的	**极速理解：fix**（修复；固定）+ **ed**（形容词后缀） • The company has a **fixed** budget for each department. 公司每个部门都有一个**固定**预算。
fix [fɪks] *n.* 解决方法，技巧　*v.* 修理，固定，改正	**极速理解：**无 • I need to **fix** my bike before I can ride it again. 我需要**修理**自行车才能再次骑行。
fixity ['fɪksɪti] *n.* 坚定不移，固定性	**极速理解：fix**（固定）+ **ity**（名词后缀） • The **fixity** of her beliefs made it difficult for her to accept new ideas. 她信仰的**坚定不移**使她很难接受新思想。
fixation [fɪk'seɪʃən] *n.* 异常依恋；癖	**极速理解：fix**（固定）+ **ation**（名词后缀） • He has a **fixation** about her. 他对她有一种**异常依恋**。
fix up 整修，装修；准备好	**极速理解：fix**（修理）+ **up**（完成） • They're going to **fix up** the old house and sell it. 他们要重新**整修**这座旧房子并将其出售。
unfix [ʌn'fɪks] 解除固定，松动	**极速理解：un**（否定）+ **fix**（固定） • I accidentally **unfix** the picture frame while dusting. 我在擦拭时不小心把画框**弄松**了。

259 flame『火焰』

flaming ['fleɪmɪŋ] *adj.* 燃烧的；激烈的	极速理解：**flam(e)**（火焰）+ **ing**（形容词后缀） • She has had a **flaming** row with her lover. 她刚和恋人发生了**激烈的**争吵。
flammable ['flæməbəl] *adj.* 易燃的，可燃的	极速理解：**flam(e)**（火焰）+**m** +**able**（易……的） • The gasoline in the tank was highly **flammable** and needed to be handled carefully. 油箱里的汽油非常**易燃**，需要小心处理。
non-flammable *adj.* 不易燃的，不可燃的	极速理解：**non**（否定）+ **flammable**（易燃的） • The curtains in the building were treated with a **non-flammable** coating. 建筑物的窗帘都做了**不易燃**处理。
inflame [ɪn'fleɪm] *v.* 点燃；使激愤	极速理解：**in**（进入）+ **flame**（火焰） • The match was used to **inflame** the kindling in the fireplace. 火柴用来**点燃**壁炉中的柴火。
inflammable [ɪn'flæməbəl] *adj.* 易燃的	极速理解：**in**（进入）+ **flammable**（易燃的） • This material is highly **inflammable**. 这种物质特别**易燃**。
flamingo [flə'mɪŋgəʊ] *n.* 火烈鸟	极速理解：**flaming**（火焰般的）+ **o**（名词后缀） • We saw a flock of **flamingos** flying over the lake. 我们看到一群**火烈鸟**在湖上飞翔。

260 flesh『肉』

fleshy ['fleʃi] *adj.* 肉感的；肉质的	极速理解：**flesh**（肉）+ **y**（形容词后缀） • The **fleshy** fruit was ripe and juicy. 这个**多肉**果实成熟多汁。
flesh out 更充分地阐述，补充细节	极速理解：**flesh**（肉）+ **out**（出来） • The details of the plan were still vague and needed to be **fleshed out**. 计划的细节还很模糊，需要**补充阐述**。
fleshless ['fleʃləs] *adj.* 无肉的，消瘦的	极速理解：**flesh**（肉）+ **less**（无） • The body was so decomposed that it was now **fleshless**. 尸体已经腐烂到**只剩骨头**了。
gooseflesh ['guːsˌfleʃ] *n.* 鸡皮疙瘩，毛骨悚然	极速理解：**goose**（鹅）+ **flesh**（肉） • The cold wind made him shiver and gave him **gooseflesh**. 冷风使他打了个冷战，起了**鸡皮疙瘩**。
flesh-eating *adj.* 食肉的，肉食性的	极速理解：**flesh**（肉）+ **eat**（吃）+ **ing**（形容词后缀） • Tigers are **flesh-eating** animals. 虎是**肉食**动物。
flesh and blood 亲人；血肉之躯	极速理解：**flesh**（肉）+ **blood**（血液） • It was hard for him to turn his back on his own **flesh and blood**. 他很难背弃自己的**亲人**。

261 flight『飞行』

take flight 飞行，起飞	**极速理解：take（取；进行）+ flight（飞行）** • The birds **take flight** every morning at dawn. 鸟儿每天黎明时**起飞**。
flightless ['flaɪtlɪs] *adj.* 无法飞行的，不会飞的	**极速理解：flight（飞行）+ less（无）** • Penguins are **flightless** birds that swim in the ocean. 企鹅是**不会飞的**鸟，它们在海洋中游泳。
flight attendant 空乘人员	**极速理解：flight（飞行）+ attendant（服务员）** • The **flight attendant** handed out pillows and blankets to the passengers. **空乘人员**给乘客们分发枕头和毛毯。
in-flight *adj.* 飞行中的，机上的	**极速理解：in（在……中）+ flight（飞行）** • The pilot announced that we were approaching our **in-flight** meal service. 飞行员宣布我们即将开始**机内**用餐。
test flight 试飞，实验飞行	**极速理解：test（测试，试验）+ flight（飞行）** • The company scheduled a **test flight** for its new drone. 公司为新无人机安排了**试飞**。
space flight 太空飞行	**极速理解：space（太空）+ flight（飞行）** • Yuri Gagarin was the first human to complete a **space flight**. 尤里·加加林是第一位完成**太空飞行**的人。

262 float『漂浮』

floater ['fləʊtə] *n.* 漂浮物，漂浮者	**极速理解：float（漂浮）+ er（人或物）** • I saw that **floater** on your key chain. 我看见你钥匙链上的**防沉物**。
afloat [ə'fləʊt] *adj.* 漂浮着的；未陷入困境的	**极速理解：a（强调）+ float（漂浮）** • The lifeboat kept everyone **afloat** after their ship sank. 在船沉后，救生艇让所有人都**保持在水面上**。
floaty ['fləʊti] *adj.* 轻薄的	**极速理解：float（漂浮）+ y（形容词后缀）** • The **floaty** dress was perfect for a summer day outdoors. **轻薄的**裙子非常适合夏日在户外穿。
floating ['fləʊtɪŋ] *adj.* 漂浮的，浮动的；流动的，变化的	**极速理解：float（漂浮）+ ing（形容词后缀）** • The **floating** dock rose and fell with the tide. **漂浮的**码头随着潮汐上下浮动。
floatage ['fləʊtɪdʒ] *n.* 浮在水面上的货物	**极速理解：float（漂浮）+ age（名词后缀）** • The barge was loaded with a heavy **floatage** of logs. 驳船上装载了大量的**浮动**原木。
floatable ['fləʊtəbl] *adj.* 可以漂浮的	**极速理解：float（漂浮）+ able（能够）** • The lake has plenty of **floatable** logs that can be harvested for the sawmill. 湖里有很多锯木厂用的**浮动**原木。

263 grade『等级；程度』

graduate ['grædjʊɪt] *n.* 毕业生　*v.* 毕业，获得学位	**极速理解：grad(e)**（等级）+ **uate**（动词 / 名词后缀） • The college **graduated** 50 students last year. 去年这所学院有 50 名学生**毕业**。
degrade [dɪ'greɪd] *v.* 贬低，降低；使退化	**极速理解：de**（向下）+ **grade**（等级） • To outsource production will **degrade** the quality of their products. 外包生产将会**降低**产品质量。
postgraduate [pəʊst'grædjʊɪt] *adj.* 研究生的 *n.* 研究生	**极速理解：post**（后面）+ **graduate**（毕业生） • She is currently a **postgraduate** student studying for her master's degree in psychology. 她目前是一位攻读心理学硕士学位的**研究生**。
gradual ['grædjʊəl] *adj.* 逐渐的，缓慢的	**极速理解: grad(e)**(程度)+ **ual**(形容词后缀) • The company is making a **gradual** transition to a new computer system. 公司正**逐步**过渡到一种新的计算机系统。
high-grade *adj.* 高品质的，高档的	**极速理解：high**（高）+ **grade**（等级） • The jewelry store only sells **high-grade** diamonds that are certified by a reputable laboratory. 珠宝店只出售经过著名实验室认证的**高品质**钻石。
undergraduate [ˌʌndə'grædjʊɪt] *adj.* 本科生的 *n.* 本科生	**极速理解：under**（下面）+ **graduate**（毕业生） • He is an **undergraduate** student pursuing a degree in engineering. 他是一位攻读工程学位的**本科生**。

264 green『绿色（的）；不成熟的』

greenish ['griːnɪʃ] *adj.* 略带绿色的	极速理解：**green**（绿色的）+ **ish**（略带……的） • Her eyes are a **greenish**-brown color. 她的眼睛**略带绿色**和棕色。
green hand 新手，缺乏经验的人	极速理解：**green**（不成熟的）+ **hand**（手） • She is a **green hand** in teaching English. 在英语教学中她还是个**生手**。
green grocer 出售新鲜蔬菜水果的零售商	极速理解：**green**（绿色的）+ **grocer**（食品杂货商） • The **green grocer** sells the freshest produce in town. **蔬菜水果零售商**在镇上销售最新鲜的产品。
greenhouse ['griːnˌhaʊs] *n.* 温室，花房	极速理解：**green**（绿色的）+ **house**（房屋） • They installed a **greenhouse** in their backyard. 他们在后院建了一座**温室**。
green-eyed *adj.* 嫉妒心强的	极速理解：**green**（绿色的）+ **eyed**（眼睛的） • She was **green-eyed** about her friend's new job. 她对她朋友的新工作**满怀嫉妒之心**。
greenhouse effect 温室效应	极速理解：**greenhouse**（温室）+ **effect**（影响，作用） • The **greenhouse effect** is causing the earth's temperature to rise. **温室效应**导致地球温度升高。

265 ground『地面; 领域; 根据; 背景』

groundwater ['graʊnd,wɔːtə] *n.* 地下水	**极速理解：ground**（地面）+ **water**（水） • The pollution of **groundwater** is a growing environmental concern. **地下水**污染已经成为一个越来越严重的环境问题。
groundbreaking ['graʊnd,breɪkɪŋ] *adj.* 有开创性的，突破性的	**极速理解：ground**（领域）+ **break**（打破）+ **ing**（形容词后缀） • The new technology is a **groundbreaking** achievement. 这项新技术是一个**开创性的**成就。
background ['bæk,graʊnd] *n.* 背景，经历	**极速理解：back**（后面）+ **ground**（背景） • He comes from a **background** in finance. 他有着财务**背景**。
ground-breaking *adj.* 开拓性的	**极速理解：ground**（领域）+ **break**（打破）+ **ing**（形容词后缀） • This technology is **ground-breaking**. 这项技术是**突破性的**。
groundless ['graʊndlɪs] *adj.* 没有依据的，毫无根据的	**极速理解：ground**（根据）+ **less**（无） • Our fears proved **groundless**. 我们的担心被证明是**毫无道理的**。
well-grounded *adj.* 有充分根据的，有确凿依据的	**极速理解：well**（好的，充分的）+ **ground**（根据）+ **ed**（形容词后缀） • His argument is **well-grounded** in facts and evidence. 他的论点**有充分的**事实和证据**支持**。

266 grow『生长』

grower ['grəʊə] *n.* 种植者，栽培者	**极速理解：grow（生长）+ er（人）** • The **growers** at the farm work hard to produce the best quality fruits and vegetables. 农场的**种植者**们辛勤工作，以生产最优质的水果和蔬菜。
growing ['grəʊɪŋ] *adj.* 不断增长的	**极速理解：grow（生长）+ ing（形容词后缀）** • Our foreign population is **growing**. 外来人口在**增长**。
growth [grəʊθ] *n.* 生长，增长，发展	**极速理解：grow（生长）+ th（名词后缀）** • The company has seen steady **growth** in profits over the past several years. 这家公司在过去几年里利润稳定**增长**。
grown-up *n.* 成年人 *adj.* 成年的，成熟的	**极速理解：grown（grow 的过去分词）+ up（向上）** • She has a **grown-up** son. 她有个已**成年的**儿子。
full-grown *adj.* 成年的，完全长成的	**极速理解：full（全面的）+ grown（生长的）** • The **full-grown** oak tree provides a lot of shade for the park. **成年的**橡树为公园提供了许多阴凉之处。
outgrow [ˌaʊt'grəʊ] *v.* 长得太高；超越	**极速理解：out（超越）+ grow（生长）** • The company has **outgrown** its offices. 公司发展得办公室都**不够用**了。

267 guard『守卫』

fireguard ['faɪəˌɡɑːd] *n.* 防火屏障，防火墙	极速理解：**fire**（火）+ **guard**（守卫） • The **fireguard** helped prevent the spread of a small kitchen fire. **防火屏障**有助于防止一场小的厨房火灾蔓延。
safeguard ['seɪfˌɡɑːd] *n.* 保护措施，安全措施　*v.* 保护，保障	极速理解：**safe**（安全的）+ **guard**（守卫） • Many people took second jobs as a **safeguard** against unemployment. 许多人为**防**失业都干两份工作。
guardian ['ɡɑːdɪən] *n.* 监护人，保护者　*adj.* 监护的，被保护的	极速理解：**guard**（守卫）+ **ian**（名词 / 形容词后缀） • The nature reserve is home to many rare species that require **guardian** protection. 自然保护区是许多需要**保护**的稀有物种的家园。
guardianship ['ɡɑː(r)diənʃɪp] *n.* 抚养权，监护状态，监护职责	极速理解：**guardian**（监护人）+ **ship**（名词后缀） • The court granted temporary **guardianship** to a close family friend until a permanent guardian could be appointed. 法庭判定暂时的**监护权**给这个家庭的一位亲近的友人，直到任命一位永久监护人。
guard against 防备，防范，预防	极速理解：**guard**（守卫）+ **against**（反对） • Be on your **guard against** pickpockets. **提防**扒手。
guardroom ['ɡɑːdˌruːm] *n.* 士兵休息室，哨兵室	极速理解：**guard**（守卫）+ **room**（房间） • The **guardroom** is where soldiers can take a break during their shifts. **哨兵室**是士兵在轮班期间可以休息的地方。

268 guide『指导』

guideline ['gaɪdˌlaɪn] *n.* 指南，指导方针	极速理解：**guide**（指导）+ **line**（线） • These **guidelines** will help you stay safe while traveling abroad. 这些**指南**将帮助您在出国旅行时保持安全。
guidance ['gaɪdəns] *n.* 指导，引导，指引	极速理解：**guid(e)**（指导）+ **ance**（名词后缀） • The workers receive **guidance** and training from their supervisors. 工人们从他们的主管处得到**指导**和培训。
guidebook ['gaɪdˌbʊk] *n.* 旅游指南，参考手册	极速理解：**guide**（指导）+ **book**（书） • The tour company handed out **guidebooks** to all the tourists. 旅行公司向所有游客发放**旅游指南**。
guideboard ['gaɪdˌbɔː(r)d] *n.* 路标，指示牌	极速理解：**guide**（指导）+ **board**（板） • The **guideboard** was obscured by trees. **路标**被树木遮挡住了。
misguide [ˌmɪs'gaɪd] *v.* 错误地引导，误导	极速理解：**mis**（错误的）+ **guide**（指导） • Some politicians use statistics to **misguide** the public. 一些政治家使用统计数据**误导**公众。
guidepost ['gaɪdˌpəʊst] *n.* 路标，标志，指南	极速理解：**guide**（指导）+ **post**（标志杆） • The **guideposts** along the hiking trail helped hikers find their way. 徒步旅行路线沿路的**路标**帮助徒步旅行者找到他们的路。

269 half『一半』

halfway [ˌhɑːfˈweɪ] *adv.* 半路，半途 *adj.* 中途的，部分的	极速理解：**half**（一半）+ **way**（道路） • We stopped at a **halfway** point to take a break and stretch our legs. 我们在**中途**停下来休息和活动筋骨。
half-hearted *adj.* 不认真的，不热心的	极速理解：**half**（一半）+ **heart**（心）+ **ed**（形容词后缀） • The team's performance lack luster and was **half-hearted**. 球队的表现**缺乏**生气和**热情**。
half-backed *adj.* 不充分准备的，没有考虑周全的	极速理解：**half**（一半）+ **back**（支持）+ **ed**（形容词后缀） • The plan was rejected because it was **half-backed**. 这个计划被拒绝了，因为**没有做好充分的准备**。
half-price *adj.* 半价的，打五折的	极速理解：**half**（一半）+ **price**（价格） • I sold my new bicycle at **half price**. 我以**半价**把新自行车卖了。
half-breed *n.* 混血儿	极速理解：**half**（一半）+ **breed**（品种） • The protagonist in the novel is a **half-breed**. 小说的主人公是一个**混血儿**。
half-hour *n.* 半小时	极速理解：**half**（一半）+ **hour**（小时） • I'll meet you at the cafe in a **half-hour**. 我会在**半小时**后在咖啡馆见你。

270 hang『悬挂』

hang on 等一等；坚持下去	极速理解：**hang**（悬挂）+ **on**（持续） • **Hang on**, I'll be with you in a moment. **等等**，我一会儿就来。
hang out 闲逛；挂出	极速理解：**hang**（悬挂）+ **out**（外面） • She **hung out** the laundry to dry in the sun. 她把洗好的衣服**晾**在阳光下。
hanger ['hæŋə] *n.* 衣架	极速理解：**hang**（悬挂）+ **er**（工具） • He hung his coat on the **hanger** in the closet. 他把他的外套挂在衣柜里的**衣架**上。
overhang [ˌəʊvə'hæŋ] *n.* 悬挂部分 *v.* 悬挂	极速理解：**over**（上方）+ **hang**（悬挂） • The **overhang** of the roof provided shade from the hot sun. 屋顶的**飞檐**遮蔽了炎热的阳光。
hang together 保持团结，相互支持	极速理解：**hang**（悬挂）+ **together**（在一起） • We need to **hang together** and work towards a common goal. 我们需要**保持团结**，共同努力实现一个共同的目标。
hang-up *n.* 困难，阻碍	极速理解：**hang**（悬挂）+ **up**（上面） • She has a **hang-up** about public speaking. 她有关于公众演讲的心理**障碍**。

271 hard『努力的；坚硬的；艰难的；艰苦的』

hardworking [hɑːd'wɜːkɪŋ] *adj.* 勤劳的，努力工作的	极速理解：**hard**（努力的）+ **work**（工作）+ **ing**（形容词后缀） • The success of the company is due to the **hardworking** employees. 公司的成功归功于**勤奋的**员工。
hardcap [hɑːd'kæp] *n.* 安全帽	极速理解：**hard**（坚硬的）+ **cap**（帽子） • The military issued **hardcaps** to the soldiers. 军队将**安全帽**发放给士兵。
hardly ['hɑːdlɪ] *adv.* 几乎不，勉强，仅仅	极速理解：**hard**（努力的）+ **ly**（副词后缀） • There were **hardly** any people in the park because of the rain. 由于下雨，公园里**几乎没有**人。
hardship ['hɑːdʃɪp] *n.* 艰难，困难情况	极速理解：**hard**（艰难的）+ **ship**（名词后缀） • The refugees faced new **hardships** in the foreign land. 难民在外国面临新的**困难**。
hard-won *adj.* 艰苦奋斗取得的，来之不易的	极速理解：**hard**（艰苦的）+ **won**（赢得） • She was not going to give up her **hard-won** freedom so easily. 她不会这么轻易地放弃**得来不易的**自由。
hard-nosed *adj.* 坚强不屈的，不妥协的	极速理解：**hard**（坚硬的）+ **nose**（鼻子）+ **ed**（形容词后缀） • The CEO was a **hard-nosed** businesswoman. 首席执行官是一位**坚强不屈的**女商人。

272 high『高的；非常』

highly ['haɪli] *adv.* 非常，十分，极其	极速理解：**high**（非常）+ **ly**（副词后缀） • She speaks **highly** of her boss and admires his leadership skills. 她对她的老板**赞不绝口**，钦佩他的领导才能。
highway ['haɪˌweɪ] *n.* 高速公路，公路	极速理解：**high**（高的）+ **way**（道路） • The new **highway** has cut down on travel time between the two cities. 新的**高速公路**缩短了两个城市之间的旅行时间。
highland ['haɪlənd] *n.* 高地，山地 *adj.* 山地的，高原的	极速理解：**high**（高的）+ **land**（土地） • The Scottish **highlands** offer breathtaking scenery. 苏格兰**高地**提供了令人惊叹的美景。
high-level *adj.* 高水平的，高级别的	极速理解：**high**（高的）+ **level**（水平） • The delegation was received by **high-level** government officials. 代表团受到了**高级**政府官员的接待。
high-speed *adj.* 高速的，高速率的	极速理解：**high**（高的）+ **speed**（速度） • The **high-speed** train can travel at up to 300 kilometers per hour. **高速**列车的时速可达 300 公里。
highlight ['haɪˌlaɪt] *v.* 强调，突出 *n.* 精彩场面	极速理解：**high**（高的）+ **light**（光） • The company's annual report **highlighted** the achievements of the past year. 公司的年度报告**强调**了去年的成就。

273 history『历史』

historic [hɪ'stɒrɪk] *adj.* 历史上著名的，有历史价值的	**极速理解：histor(y)**（历史）+ **ic**（形容词后缀） • The inauguration of the first African American president was a **historic** moment for the country. 第一位非裔美国总统的就职典礼是该国的**历史**时刻。
historical [hɪ'stɒrɪkəl] *adj.* 历史的，与历史有关的	**极速理解：histor(y)**（历史）+ **ical**（形容词后缀） • The **historical** novel is set during the French Revolution. 这本**历史**小说的背景是法国大革命时期。
unhistorical [ˌʌnhɪ'stɒrɪkəl] *adj.* 不真实的，不合史实的，与历史无关的	**极速理解：un**（否定）+ **historical**（历史的） • The movie was criticized for its **unhistorical** portrayal of the events. 电影因其**不真实地**刻画事件而受到批评。
history museum 历史博物馆	**极速理解：history**（历史）+ **museum**（博物馆） • The **history museum** offers educational programs and guided tours for students. **历史博物馆**为学生提供教育项目和导游服务。
historian [hɪ'stɔːrɪən] *n.* 历史学家，史学家	**极速理解：histor(y)**（历史）+ **ian**（名词后缀） • The **historian** was invited to speak at the conference on ancient civilizations. **历史学家**受邀在古代文明研讨会上发言。
life history 生平，个人经历	**极速理解：life**（生命）+ **history**（历史） • She told me of her **life history**. 她把她的**生活经历**告诉了我。

274 important『重要的』

importance [ɪm'pɔːtəns] *n.* 重要性，重要	**极速理解：im**（里面）+ **port**（携带）+ **ance**（名词后缀） • The company recognizes the **importance** of diversity. 该公司意识到多样性的**重要性**。
unimportant [ˌʌnɪm'pɔːtənt] *adj.* 无足轻重的，不重要的	**极速理解：un**（否定）+ **important**（重要的） • The minor typo in the report was **unimportant**. 报告中的小错别字**无足轻重**。
unimportance [ˌʌnɪm'pɔːtəns] *n.* 无足轻重，不重要的事	**极速理解：un**（否定）+ **importance**（重要性） • In the grand scheme of things, the small mistake was of **unimportance**. 从整体来看，小错误的**重要性很小**。
all-important *adj.* 十分重要的	**极速理解：all**（全部）+ **important**（重要的） • The **all-important** client meeting had to be rescheduled due to a scheduling conflict. **重要的**客户会议因时间冲突而不得不推迟。
self-important *adj.* 自以为是的，自大的，自负的	**极速理解：self**（自己）+ **important**（重要的） • His **self-important** attitude made him unpopular with his colleagues. 他**自以为是的**态度让他在同事中不得人心。
self-importance *n.* 自负，自大	**极速理解：self**（自己）+ **importance**（重要性） • Her **self-importance** was evident in the way she talked. 她的**自负**在她的谈话中显而易见。

275 instruct『指导，教授』

instructor [ɪn'strʌktə] *n.* 教员，讲师	**极速理解：instruct（指导，教授）+ or（人）** • The driving **instructor** taught her how to parallel park. 驾驶**教练**教她如何并排停车。
instruction [ɪn'strʌkʃən] *n.* 指引，指导；用法说明	**极速理解：instruct（指导）+ ion（名词后缀）** • The **instruction** manual provides step-by-step guidance. 使用**说明**书提供逐步指导。
instructive [ɪn'strʌktɪv] *adj.* 有益的，教育性的	**极速理解：instruct（指导，教授）+ ive（形容词后缀）** • The documentary was very **instructive**. 这个纪录片非常**有益**。
instructed [ɪnst'rʌktɪd] *adj.* 被指导或命令的	**极速理解：instruct（指导）+ ed（形容词后缀）** • The employees were **instructed** to follow a new set of safety procedures. 员工们**被要求**遵守一套新的安全程序。
instructional [ɪn'strʌkʃ(ə)n(ə)l] *adj.* 教学的，指导性的	**极速理解：instruction（指导）+ al（形容词后缀）** • The **instructional** video showed viewers how to properly use the equipment. 这个**教学**视频向观众展示如何正确使用设备。
instruction manual 安装手册	**极速理解：instruction（指引，指导）+ manual（说明书）** • The **instruction manual** completely confused me. 这**操作指南**把我完全弄糊涂了。

276 interest『兴趣』

interesting ['ɪntrɪstɪŋ] *adj.* 有趣的，引人入胜的	极速理解：**interest**（兴趣）+ **ing**（形容词后缀） • The new movie is very **interesting** and has received positive reviews. 这部新电影非常**有趣**，得到了好评。
uninteresting [ʌn'ɪntrɪstɪŋ] *adj.* 无趣的，枯燥的	极速理解：**un**（否定）+ **interesting**（有趣的） • The story was **uninteresting** and I could not get into it. 这个故事很**乏味**，我无法投入进去。
interested ['ɪntrɪstɪd] *adj.* 感兴趣的，关注的	极速理解：**interest**（兴趣）+ **ed**（形容词后缀） • He is very **interested** in learning about the latest technology. 他对了解最新的技术非常**感兴趣**。
disinterested [dɪs'ɪntrɪstɪd] *adj.* 不感兴趣的；公正的，无私的	极速理解：**dis**（否定）+ **interest**（兴趣）+ **ed**（形容词后缀） • She was **disinterested** in the discussion. 她对这次讨论**不感兴趣**。
uninterested [ʌn'ɪntrɪstɪd] *adj.* 不感兴趣的，无兴趣的	极速理解：**un**（否定）+ **interest**（兴趣）+ **ed**（形容词后缀） • The students were **uninterested** in the lecture. 学生们对这个讲座**不感兴趣**。
place of interest 名胜古迹，风景区	极速理解：**place**（地方）+ **of** + **interest**（兴趣） • Thousands of tourists come to visit this **place of interest**. 成千上万的游客来参观这个**名胜古迹**。

277 invite『邀请』

invitation [ˌɪnvɪ'teɪʃən] *n.* 邀请，请帖	极速理解：**invit(e)**（邀请）+ **ation**（名词后缀） • The company sent out **invitations** to its annual holiday party. 公司发出了年度节日派对的**邀请**。
invitational [ˌɪnvɪ'teɪʃənəl] *adj.* 邀请性的	极速理解：**invitation**（邀请）+ **al**（形容词后缀） • The charity gala included an **invitational** auction. 慈善晚会包括一场**招待性的**拍卖。
uninvited [ˌʌnɪn'vaɪtɪd] *adj.* 未受邀请的，不速之客的	极速理解：**un**（否定）+ **invit(e)**（邀请）+ **ed**（形容词后缀） • He turned up **uninvited**. 他**不请**自到了。
inviting [ɪn'vaɪtɪŋ] *adj.* 吸引人的，诱人的	极速理解：**invit(e)**（邀请）+ **ing**（形容词后缀） • The warm weather and blue skies were **inviting**. 温暖的天气和蓝天**令人心旷神怡**。
uninviting [ˌʌnɪn'vaɪtɪŋ] *adj.* 不吸引人的，不诱人的	极速理解：**un**（否定）+ **inviting**（吸引人的） • The **uninviting** menu made us decide to eat somewhere else. **不诱人的**菜单使我们决定去别处吃饭。
invitatory [ɪn'vaɪtətərɪ] *adj.* 邀请的，招待的　*n.* 赞美诗	极速理解：**invit(e)**（邀请）+ **atory**（形容词 / 名词后缀） • This is a brief **invitatory** note. 这是一则简短的**邀请**函。

278 joy『快乐』

joyful ['dʒɒɪfʊl] *adj.* 高兴的，愉快的	**极速理解：joy**（快乐）+ **ful**（充满……的） • Sarah felt **joyful** when she won the race. 赛跑胜利后，莎拉感到十分**高兴**。
joyless ['dʒɒɪlɪs] *adj.* 不快乐的，悲惨的	**极速理解：joy**（快乐）+ **less**（无） • The funeral was a **joyless** occasion. 葬礼是一个充满**悲伤的**场合。
enjoy [ɪn'dʒɒɪ] *v.* 享受，喜欢	**极速理解：en**（使……）+ **joy**（快乐） • She **enjoys** swimming in the ocean. 她**喜欢**在海里游泳。
enjoyment [ɪn'dʒɒɪmənt] *n.* 享受，乐趣	**极速理解：enjoy**（享受）+ **ment**（名词后缀） • Cooking is one of his greatest sources of **enjoyment**. 烹饪是他最大的**乐趣**之一。
enjoyable [ɪn'dʒɒɪəbl] *adj.* 令人愉快的，可享受的	**极速理解：enjoy**（享受）+ **able**（可……的） • Spending time with friends is always **enjoyable**. 和朋友在一起总是很**愉快的**。
overjoy [ˌəʊvə'dʒɒɪ] *v.* 极度高兴，大喜	**极速理解：over**（过度）+ **joy**（快乐） • The team was **overjoyed** after winning the championship. 获得锦标赛冠军后，该团队**非常高兴**。

279 land『土地』

landmark ['lænd,mɑːk] *n.* 地标，里程碑 *adj.* 重要的，具有标志性的	**极速理解：land（土地）+ mark（标志）** • The Eiffel Tower is a famous **landmark** in Paris. 埃菲尔铁塔是巴黎著名的**地标**。
safe landing 安全降落	**极速理解：safe（安全）+ land（降落）+ ing（名词后缀）** • The pilot worked hard to ensure a **safe landing** for the passengers. 飞行员努力确保为乘客提供**安全的降落**。
motherland ['mʌðə,lænd] *n.* 祖国	**极速理解：mother（母亲）+ land（土地）** • She always feels homesick for her **motherland**. 她总是想念她的**祖国**。
landscape ['lænd,skeɪp] *n.* 风景，景色 *v.* 美化景色，布置环境	**极速理解：land（土地）+ scape（景象）** • The beautiful **landscape** of the mountains took our breath away. 这座山的美丽**景色**让我们惊艳。
landing ['lændɪŋ] *n.* 降落，着陆	**极速理解：land（土地）+ ing（名词后缀）** • The spacecraft made a **landing** successfully on the surface of the moon. 宇宙飞船成功**着陆**在月球表面上。
landlord ['lænd,lɔːd] *n.* 房东；地主	**极速理解：land（土地）+ lord（主人）** • The **landlord** was very helpful. **房东**非常热心肠。

280 law『法律』

lawmaker ['lɔːmeɪkə] *n.* 立法者	极速理解：**law**（法律）+ **maker**（制造者） • The responsibility of **lawmakers** is to create laws. **立法者**的职责是制定法律。
lawbreaker ['lɔːˌbreɪkə] *n.* 违法者，犯罪者	极速理解：**law**（法律）+ **break**（打破）+ **er**（人） • **Lawbreakers** will face severe consequences for their actions. **违法者**将面临严重的后果。
lawful ['lɔːfʊl] *adj.* 合法的	极速理解：**law**（法律）+ **ful**（充满……的） • The company must always operate in a **lawful** manner. 公司必须始终**合法**经营。
lawless ['lɔːlɪs] *adj.* 无法无天的，非法的	极速理解：**law**（法律）+ **less**（无） • **Lawless** behavior will not be tolerated in this community. 在这个社区，**非法**行为是不能容忍的。
lawyer ['lɔːjə] *n.* 律师，法律专家	极速理解：**law**（法律）+ **yer**（名词后缀） • She studied hard to become a successful **lawyer**. 她努力学习，成为一名成功的**律师**。
law-abiding *adj.* 守法的，依法行事的	极速理解：**law**（法律）+ **abiding**（遵守的） • The vast majority of citizens are **law-abiding**. 绝大多数公民是**守法的**。

281 lead『领导；引导』

leader ['liːdə]
n. 领袖，领导者

极速理解：**lead**（领导）+ **er**（人）

- A good **leader** inspires others to work towards a common goal.
  好的**领袖**能够激励他人为共同的目标而努力。

mislead [mɪs'liːd]
v. 误导，引入歧途

极速理解：**mis**（错误的）+ **lead**（引导）

- The false information on social media **misled** many people.
  社交媒体上的虚假信息**误导**了很多人。

lead-in
n. 引入语，引语，导言 *adj.* 引导的，先导的

极速理解：**lead**（引导）+ **in**（进入）

- The **lead-in** music set the tone for the concert.
  开场音乐为音乐会定调。

leading ['liːdɪŋ]
adj. 顶尖的，领先的；最重要的

极速理解：**lead**（领导）+ **ing**（形容词后缀）

- The company is a **leading** producer of environmentally-friendly products.
  该公司是环保产品的**顶尖**生产商。

misleading [mɪs'liːdɪŋ]
adj. 误导的，引入歧途的

极速理解：**mis**（错误的）+ **lead**（引导）+ **ing**（形容词后缀）

- The politician's **misleading** statements caused controversy.
  那位政治家的**误导性**言论引起争议。

leadership ['liːdəʃɪp]
n. 领导能力；领导阶层

极速理解：**leader**（领导）+ **ship**（名词后缀）

- Effective **leadership** is critical for the success of any organization.
  任何组织的成功都离不开有效的**领导**。

282 legal『合法的』

legalize ['liːgəˌlaɪz] *v.* 合法化，使合法	**极速理解：legal**（合法的）+ **ize**（动词后缀） • Divorce was **legalized** in 1981. 离婚**合法化**是在 1981 年。
illegalize [ɪ'liːgəˌlaɪz] *v.* 非法化，禁止	**极速理解：il**（否定）+ **legal**（合法的）+ **ize**（动词后缀） • The government decided to **illegalize** the sale of certain drugs. 政府决定**禁止**销售某些药物。
illegal [ɪ'liːgəl] *adj.* 非法的，违法的	**极速理解：il**（否定）+ **legal**（合法的） • The company was fined for **illegal** dumping of toxic waste. 公司因**非法**倾倒有毒废物而被罚款。
legality [lɪ'gælɪtɪ] *n.* 合法性；合法状态	**极速理解：legal**（合法的）+ **ity**（名词后缀） • The **legality** of the new law is being debated in the courts. 新法律的**合法性**正在法庭上受到讨论。
illegality [ˌɪliː'gæləti] *n.* 非法，违法行为	**极速理解：illegal**（非法的）+ **ity**（名词后缀） • The politician's **illegality** was exposed by the media. 政治家的**违法行为**被媒体曝光。
legalization [ˌliːgəlaɪ'zeɪʃən] *n.* 合法化，合法化过程	**极速理解：legal**（合法的）+ **ize**（动词后缀）+ **ation**（名词后缀） • The government is considering the **legalization** of this drug. 政府正在考虑将这种药物**合法化**。

283 life『生命』

lifelong ['laɪfˌlɒŋ] *adj.* 终身的，终生的	**极速理解：life（生命）+ long（长久的）** • She made a **lifelong** commitment to social justice and equality. 她做出了**终身**致力于社会正义和平等的承诺。
lifework ['laɪfˌwɜːk] *n.* 终生的工作，一生的事业	**极速理解：life（生命）+ work（工作）** • His **lifework** was in the field of science. 他的**终生事业**在科学领域。
lifespan ['laɪfspæn] *n.* 寿命，生命周期	**极速理解：life（生命）+ span（跨度）** • The average **lifespan** of a human is around 80 years. 人类的平均**寿命**约为 80 岁。
lifeless ['laɪflɪs] *adj.* 无生命的，无生气的	**极速理解：life（生命）+ less（无）** • The **lifeless** body of the bird lay on the ground. 鸟的**无生命的**躯体躺在地上。
lifeguard ['laɪfˌgɑːd] *n.* 救生员	**极速理解：life（生命）+ guard（守卫）** • The **lifeguard** at the beach kept a close watch on the swimmers. 海滩上的**救生员**密切关注着游泳者。
life-and-death *adj.* 关乎生死的，极其重要的	**极速理解：life（生命）+ and（和）+ death（死亡）** • We're dealing with a **life-and-death** situation here. 我们正面临一个**生死关头**。

284 loyal『忠诚的』

loyalty ['lɒɪəlti] *n.* 忠诚，忠实	极速理解：**loyal**（忠诚的）+ **ty**（名词后缀） • The dog's **loyalty** to its owner was unwavering. 这只狗对其主人的**忠诚**无比坚定。
loyally ['lɒɪəlɪ] *adv.* 忠诚地，忠实地	极速理解：**loyal**（忠诚的）+ **ly**（副词后缀） • The soldier served **loyally** in the army for over 20 years. 这名士兵**忠诚地**在军队服役超过 20 年。
disloyal [dɪs'lɒɪəl] *adj.* 不忠的，不忠诚的	极速理解：**dis**（否定）+ **loyal**（忠诚的） • **Disloyal** behavior can lead to loss of trust and respect. **不忠**行为可能导致信任和尊重的丧失。
disloyalty [dɪs'lɒɪəlti] *n.* 不忠，不忠诚	极速理解：**dis**（否定）+ **loyal**（忠诚的）+ **ty**（名词后缀） • The politician's **disloyalty** to his party cost him his career. 那位政治家对其党派的**不忠**使他付出了职业生涯的代价。
loyalism ['lɒɪəlɪzəm] *n.* 忠诚支持，拥护忠诚	极速理解：**loyal**（忠诚的）+ **ism**（名词后缀） • The queen's **loyalism** was unmatched. 女王的**忠诚**是无与伦比的。
loyalist ['lɒɪəlɪst] *n.* 忠诚的支持者，拥护者	极速理解：**loyal**（忠诚的）+ **ist**（人） • The King's **loyalists** fought fiercely to defend his throne. 国王的**拥护者**奋勇战斗，保卫了其王位。

285 maid『女仆；少女』

maiden ['meɪdən] *n.* 少女　*adj.* 初次的	**极速理解：maid**（少女）+ **en**（名词 / 形容词后缀） • She was a fair **maiden** with long, flowing hair. 她是一位拥有长发的美丽**少女**。
maidenhood ['meɪdən,hʊd] *n.* 少女时期	**极速理解：maiden**（少女）+ **hood**（状态，性质） • She enjoyed her **maidenhood**, colorful and beautiful. 她享受她的**少女时期**，多彩而美丽。
dairymaid ['deərɪ,meɪd] *n.* 挤奶女工	**极速理解：dairy**（牛奶场）+ **maid**（女仆） • A **dairymaid** was responsible for producing dairy products. **挤奶女工**负责生产乳制品。
bridesmaid ['braɪdz,meɪd] *n.* 伴娘	**极速理解：bride**（新娘）+ **s** + **maid**（女仆） • Karen was honored to be asked to be her sister's **bridesmaid**. 卡伦很荣幸被姐姐邀请当**伴娘**。
housemaid ['haʊs,meɪd] *n.* 女佣，女仆	**极速理解：house**（房屋）+ **maid**（女仆） • In old-fashioned times, many middle-class families had a **housemaid** to help with the household chores. 在旧时代，许多中产阶级家庭都有**女佣**帮忙做家务。
nursemaid ['nɜːs,meɪd] *n.* 保姆，乳母	**极速理解：nurse**（保姆）+ **maid**（女仆） • The wealthy family hired a **nursemaid** to care for their newborn baby. 这个富有的家庭雇了一个**保姆**照顾他们的新生儿。

286 make『制造；构成』

shoemaker ['ʃuːmeɪkə] *n.* 鞋匠	**极速理解：shoe**（鞋）+ **mak(e)**（制造）+ **er**（人） • The **shoemaker** crafted a custom pair of shoes for the customer's unique feet. **鞋匠**为客户的特殊双脚打造了一双特制鞋。
rainmaking [ˌreɪn'meɪkɪŋ] *n.* 洒水，造雨	**极速理解：rain**（雨）+ **mak(e)**（制造）+ **ing**（名词后缀） • **Rainmaking** is performed as a ritual to bring rain for crops and fertility. **洒水造雨**被作为一种为庄稼和肥沃带来雨水的仪式。
homemaker ['həʊmˌmeɪkə] *n.* 家庭主妇	**极速理解：home**（家）+ **mak(e)**（制造）+ **er**（人） • She decided to become a **homemaker**. 她决定成为一名**家庭主妇**。
troublemaker ['trʌbəlˌmeɪkə] *n.* 惹麻烦的人，捣蛋鬼	**极速理解：trouble**（麻烦）+ **mak(e)**（制造）+ **er**（人） • The teacher warned the **troublemaker** to stop disrupting the class. 老师警告**捣蛋鬼**停止干扰课堂。
makeshift ['meɪkˌʃɪft] *adj.* 临时凑合的	**极速理解：make**（制造）+ **shift**（改变） • The artist used a **makeshift** paintbrush made out of twigs to create her masterpiece. 艺术家使用由树枝制成的**临时**画笔创作了她的杰作。
make up 化妆；弥补，占据；编造；构成	**极速理解：make**（制造；构成）+ **up**（向上） • She spent an hour **making up** before the party to look her best. 她在派对前花了一个小时**化妆**，以此展现最好的形象。

287 marine『海洋的』

submarine ['sʌbmə,riːn] *n.* 潜水艇　*adj.* 潜水的	极速理解：**sub**（在……底下）+ **marine**（海洋的） • The **submarine** dove deep into the ocean for a secret mission. **潜水艇**深入海底，执行秘密任务。
marine life 海洋生物	极速理解：**marine**（海洋的）+ **life**（生命） • Many tourists to see the unique **marine life**. 许多游客来观看独特的**海洋生物**。
mariner ['mærɪnə] *n.* 水手，船员	极速理解：**marine**（海洋的）+ **er**（人） • The **mariner** was skilled at navigating through rough seas and storms. 这位**水手**擅长在汹涌的海面和暴风雨中航行。
submariner [sʌb'mærɪnə] *n.* 潜水艇船员	极速理解：**sub**（在……底下）+ **mariner**（水手，船员） • **Submariners** are taught to operate the complex systems on a submarine. **潜水艇船员**在学习操作潜艇上复杂的系统。
maritime museum 海事博物馆	极速理解：**maritime**（海事的）+ **museum**（博物馆） • The city is building a **maritime museum** near the harbor. 该市正在港口附近建造一座**海事博物馆**。
aquamarine [,ækwəmə'riːn] *n.* 蓝绿色宝石，海蓝宝石	极速理解：**aqua**（水）+ **marine**（海洋的） • She wore a beautiful necklace made of **aquamarine** stones. 她佩戴一条由**蓝绿色宝石**所做的美丽项链。

288 mark『印记，标记』

footmark ['fʊtˌmɑːk] *n.* 脚印	极速理解：**foot**（脚）+ **mark**（印记） • The detectives examined the **footmarks** left at the crime scene. 侦探检查了犯罪现场留下的**脚印**。
bookmark ['bʊkˌmɑːk] *n.* 书签	极速理解：**book**（书）+ **mark**（标记） • She placed a **bookmark** on the page she was reading. 她把**书签**放在自己正在阅读的页面上。
marked [mɑːkt] *adj.* 显著的；有记号的	极速理解：**mark**（标记）+ **ed**（形容词后缀） • There was a **marked** improvement in her grades after she started studying more. 在她开始更加刻苦地学习之后，她的成绩有了**明显的**提高。
trademark ['treɪdˌmɑːk] *n.* 商标	极速理解：**trade**（贸易）+ **mark**（标记） • “Big Mac” is McDonald’s best-known **trademark**. “巨无霸”是麦当劳最著名的**商标**。
watermark ['wɔːtəˌmɑːk] *n.* 水印	极速理解：**water**（水）+ **mark**（标记） • The banknote had a **watermark** on it to prevent counterfeiting. 这张纸币上有**水印**，以防止伪造。
postmark ['pəʊstˌmɑːk] *n.* 邮戳　*v.* 在信封上盖邮戳	极速理解：**post**（邮政）+ **mark**（标记） • The **postmark** on the envelope indicated that the letter had been sent from Paris. 信封上的**邮戳**表明这封信是从巴黎寄出的。

289 market『市场』

supermarket ['suːpəˌmɑːkɪt] *n.* 超市	**极速理解：super（超级）+ market（市场）** • She went to the **supermarket** to buy groceries for the week. 她去**超市**买了一周的杂货。
marketer ['mɑːkɪtə] *n.* 市场营销人员	**极速理解：market（市场）+ er（人）** • The company hired a team of **marketers**. 公司雇了一支**市场营销**团队。
marketing ['mɑːkɪtɪŋ] *n.* 市场营销	**极速理解：market（市场）+ ing（名词后缀）** • She decided to study **marketing** in college. 她决定在大学学习**市场营销**。
marketable ['mɑːkɪtəbəl] *adj.* 有销路的；适销的	**极速理解：market（市场）+ able（能够）** • Even though the artwork was beautiful, it was not considered **marketable**. 尽管这幅艺术品非常美丽，但它并不**适销**。
marketplace ['mɑːkɪtˌpleɪs] *n.* 市场；集市	**极速理解：market（市场）+ place（地方）** • The rise of e-commerce has changed the landscape of the traditional **marketplace**. 电子商务的兴起改变了传统**市场**的格局。
stock market 股票市场	**极速理解：stock（股票）+ market（市场）** • Many investors monitor the **stock market** closely. 许多投资者密切关注**股票市场**。

290 music『音乐』

musician [mjuːˈzɪʃən] *n.* 音乐家	**极速理解：music（音乐）+ ian（人）** • The concert featured a variety of **musicians** from classical to rock music genres. 音乐会上有各种音乐风格的**音乐家**，从古典到摇滚不一而足。
music festival 音乐节	**极速理解：music（音乐）+ festival（节日）** • Our city holds a **music festival** every year. 我们市每年举办一次**音乐节**。
music stool 音乐凳	**极速理解：music（音乐）+ stool（凳子）** • The music room was equipped with a comfortable **music stool**. 音乐室配备了舒适的**音乐凳**。
musical [ˈmjuːzɪkəl] *adj.* 音乐的　*n.* 音乐剧	**极速理解：music（音乐）+ al（形容词 / 名词后缀）** • The park hosts a **musical** event every Friday night. 公园每周五晚上都会举办一场**音乐**活动。
musicologist [ˌmjuːzɪˈkɒlədʒɪst] *n.* 音乐学家	**极速理解：music（音乐）+ ologist（研究某种事物的人）** • The music department at the university is staffed with experienced **musicologists** and musicians. 大学音乐系有经验丰富的**音乐学家**和音乐家担任教职。
musical instrument 乐器	**极速理解：musical（音乐的）+ instrument（器具）** • She played a variety of **musical instruments**, including the guitar, piano, and violin. 她弹奏各种**乐器**，包括吉他、钢琴和小提琴。

291 nature『自然』

natural ['nætʃrəl] *adj.* 天然的，自然的	**极速理解：natur(e)**（自然）+ **al**（形容词后缀） • It's only **natural** to worry about your children. 为孩子操心是很**自然的**。
preserve nature 保护自然	**极速理解：preserve**（保护）+ **nature**（自然） • It is important to **preserve nature**. **保护自然**非常重要。
unnatural [ʌn'nætʃərəl] *adj.* 不自然的；不合自然规律的	**极速理解：un**（否定）+ **natural**（自然的） • The sudden silence in the forest was so **unnatural**. 森林里突然的寂静非常**不自然**。
naturally ['nætʃrəli] *adv.* 自然地；天然地	**极速理解：natural**（自然的）+ **ly**（副词后缀） • The company uses only **naturally** sourced ingredients in their products. 该公司只使用**天然的**原材料制作产品。
wonders of nature 自然奇观	**极速理解：wonders**（奇迹）+ **of**（关于）+ **nature**（自然） • The Grand Canyon is one of the most breathtaking **wonders of nature** in the world. 大峡谷是世界上最令人惊叹的**自然奇观**之一。
nature reserve 自然保护区	**极速理解：nature**（自然）+ **reserve**（保护区） • The government has established a **nature reserve**. 政府建立了一个**自然保护区**。

292 news『消息；新闻』

latest news 最新消息	**极速理解：latest（最新的）+ news（消息）** • Have you heard the **latest news** about the upcoming movie release? 你听说过即将上映电影的**最新消息**了吗？
newsy ['nju:zi] *adj.* 新闻性强的	**极速理解：news（新闻）+ y（形容词后缀）** • The **newsy** magazine covers a wide variety of current events and topics. 这本**新闻**杂志报道了各种各样的时事和话题。
newsstand ['nju:zˌstænd] *n.* 报摊	**极速理解：news（新闻）+ stand（摊位）** • The **newsstand** on the corner sells a variety of newspapers and magazines from around the world. 角落里的**报摊**售卖世界各地的各种报纸和杂志。
newsweekly ['nju:zˌwi:klɪ] *n.* 新闻周刊	**极速理解：news（新闻）+ weekly（周刊）** • She subscribes to a **newsweekly** that is delivered to her mailbox every Friday. 她订购了一份每周五送到信箱的**新闻周刊**。
break the news 宣布重大消息	**极速理解：无** • I'm sorry to be the one to **break the news** to you. 我很难过，这**消息**得由我来**告诉**你。
newscast ['nju:zˌkɑ:st] *n.* 新闻广播	**极速理解：news（新闻）+ cast（广播）** • She listens to the morning **newscast** to stay informed about current events. 她早上听**新闻广播**，以便及时了解当前事件。

293 normal『正常的』

abnormal [æb'nɔːməl] *adj.* 异常的	极速理解：**ab**（否定）+ **normal**（正常的） • The weather has been **abnormal** this year. 今年天气**异常**。
subnormal [sʌb'nɔːməl] *adj.* 低于正常水平的	极速理解：**sub**（低于）+ **normal**（正常的） • The airplane's speed was **subnormal** due to the high altitude and low air pressure. 由于高海拔和低气压，飞机的速度**低于正常水平**。
normally ['nɔːməli] *adv.* 通常地；正常地	极速理解：**normal**（正常的）+ **ly**（副词后缀） • Her heart is beating **normally**. 她心跳**正常**。
abnormally [æb'nɔːməlɪ] *adv.* 异常地	极速理解：**ab**（否定）+ **normal**（正常的）+ **ly**（副词后缀） • She was feeling **abnormally** tired and weak. 她感到**异常**疲劳和虚弱。
under normal circumstances 在正常情况下	极速理解：无 • **Under normal circumstances**, the train arrives at the station on time. **在正常情况下**，火车准时到达车站。
normalize ['nɔːməˌlaɪz] *v.* 使正常化；使标准化	极速理解：**normal**（正常的）+ **ize**（动词后缀） • The two countries agreed to **normalize** relations. 两国同意**恢复正常**关系。

294 north『北』

northern ['nɔːðən] *adj.* 北方的	极速理解：**north**（北）+ **ern**（形容词后缀） • We took a road trip through the **northern** states. 我们开车穿过**北部**各州。
northerner ['nɔːðənə] *n.* 北方人；北部居民	极速理解：**north**（北）+ **ern**（形容词后缀）+ **er**（人） • The **northerner** had never seen palm trees. **北方人**从未见过棕榈树。
northeastern [ˌnɔːθ'iːstən] *adj.* 东北的	极速理解：**north**（北）+ **east**（东）+ **ern**（形容词后缀） • The **northeastern** region is known for its beautiful fall foliage. **东北**地区以其美丽的秋叶著称。
northeaster [ˌnɔːθ'iːstə] *n.* 东北风；东北暴风雨	极速理解：**northeast**（东北）+ **er**（人或物） • The **northeaster** brought heavy rain and caused widespread power outages. **东北风**带来了大雨，导致大面积停电。
northernmost ['nɔːðənˌməʊst] *adj.* 最北的	极速理解：**north**（北）+ **ern**（形容词后缀）+ **most**（最） • They traveled to the **northernmost** reaches of the continent. 他们前往了该大陆**最北部的**地区。
North Pole 北极	极速理解：**north**（北）+ **pole**（极点） • The **North Pole** is an inhospitable environment. **北极**的环境很恶劣。

295 note『笔记；注意』

notebook ['nəʊtˌbʊk] *n.* 笔记本；记事本	极速理解：**note**（笔记）+ **book**（书） • She kept her to-do lists and daily notes in a small **notebook**. 她把待办事项和每天的笔记写在一个小笔记本上。
leave a note 留言	极速理解：**leave**（留下）+ **a** + **note**（笔记） • Please **leave a note** for the driver. 请给司机留言。
make a note 做笔记；记下来	极速理解：**make**（做）+ **a** + **note**（笔记） • Please **make a note** of the dates. 请记下日期。
noteworthy ['nəʊtˌwɜːði] *adj.* 值得注意的	极速理解：**note**（注意）+ **worthy**（值得的） • Her novel was considered **noteworthy**. 她的小说备受瞩目。
notice ['nəʊtɪs] *n./v.* 注意；通知	极速理解：**not(e)**（注意）+ **ice**（名词、动词后缀） • Please take **notice** of the sign. 请注意标志。
unnoticed [ʌn'nəʊtɪst] *adj.* 未注意到的；未被注意的	极速理解：**un**（否定）+ **notic(e)**（注意）+ **ed**（形容词后缀） • He slipped out of the party **unnoticed**. 他不声不响地离开了聚会。

296 ocean『海洋』

Pacific Ocean 太平洋	极速理解：**pacific**（太平的）+ **ocean**（海洋） • Many marine animals live in the **Pacific Ocean**. 许多海洋动物生活在**太平洋**中。
a drop in the ocean 九牛一毛；沧海一粟	极速理解：无 • Everything we do is just **a drop in the ocean**. 我们做的一切只是**沧海一粟**而已。
an ocean of 大量的；广阔的	极速理解：无 • I have **an ocean of** things to do. 我有**许多**事情要做。
oceanarium [ˌəʊʃəˈneərɪəm] *n.* 海洋馆	极速理解：**ocean**（海洋）+ **arium**（场所） • The **oceanarium** features a variety of sea creatures. **海洋馆**展示了各种海洋生物。
oceanography [ˌəʊʃəˈnɒgrəfɪ] *n.* 海洋学	极速理解：**ocean**（海洋）+ **o** + **graphy**（学科） • **Oceanography** is the study of the ocean and its ecosystems. **海洋学**是研究海洋及其生态系统的学科。
oceanographer [ˌəʊʃəˈnɒgrəfɪ] *n.* 海洋学家	极速理解：**ocean**（海洋）+ **o** + **graph**（学科）+ **er**（人） • The **oceanographer** spent months at sea, collecting data and studying ocean currents. **海洋学家**在海上花费数月时间，收集数据并研究海流。

297 office『办公室；官职』

office building 办公楼	极速理解：**office**（办公室）+ **building**（建筑物） • Our company's headquarters is located in an **office building** on Main Street. 我们公司的总部位于主街上的一幢**办公大楼**中。
officer ['ɒfɪsə] *n.* 军官；警官	极速理解：**offic(e)**（官职）+ **er**（人） • The police **officer** asked to see my driver's license and registration. **警官**要求我出示驾驶执照和注册证。
take office 就职；上任	极速理解：**take**（携带）+ **office**（官职） • The new president will **take office** on January 20th. 新总统将于 1 月 20 日**就职**。
official [ə'fɪʃəl] *adj.* 官方的；正式的	极速理解：**offic(e)**（官职）+ **ial**（形容词后缀） • He is an **official** representative of the government. 他是政府的**正式**代表。
officially [ə'fɪʃəli] *adv.* 官方地；正式地	极速理解：**official**（官方的；正式的）+ **ly**（副词后缀） • The new law will **officially** take effect next month. 新法律将于下个月**正式**生效。
unofficial [ˌʌnə'fɪʃəl] *adj.* 非正式的；非官方的	极速理解：**un**（否定）+ **official**（官方的；正式的） • **Unofficial** estimates put the figure at over two million. **非官方的**估计数字为 200 万以上。

298 oil『油』

olive oil 橄榄油	**极速理解：olive（橄榄）+ oil（油）** • I use **olive oil** instead of butter for a healthier cooking alternative. 我使用**橄榄油**代替黄油，作为更健康的烹饪方式。
oils [ɒɪlz] *n.* 油（集合名词）	**极速理解：oil（油）+ s（名词复数）** • The artist mixed different colors of **oils** on his palette. 艺术家在他的调色板上混合不同颜色的**油**颜料。
peanut oil 花生油	**极速理解：peanut（花生）+ oil（油）** • Many Asian cuisines use **peanut oil** as a cooking oil. 许多亚洲菜系在烹饪中使用**花生油**。
essential oil *n.* 精油	**极速理解：essential（极其重要的）+ oil（油）** • Lavender **essential oil** is often used for relaxation and stress relief. 薰衣草**精油**常用于放松和缓解压力。
oilfield [ˈɒɪlˌfiːld] *n.* 油田	**极速理解：oil（油）+ field（场地）** • The **oilfield** in Texas is one of the largest in the world. 得克萨斯州的**油田**是世界上最大的油田之一。
oil painting 油画	**极速理解：oil（油）+ painting（绘画）** • She took an **oil painting** class to learn how to use different brushes. 她上了一节**油画**课，学习如何使用不同的画笔。

299 oppose『反抗』

opposed [ə'pəʊzd] *adj.* 反对的	**极速理解：oppos(e)**（反抗）+ **ed**（形容词后缀） • She is **opposed** to the new policy. 她**反对**新政策。
opposition [ˌɒpə'zɪʃən] *n.* 反对；反对派	**极速理解：oppos(e)**（反抗）+ **ition**（名词后缀） • The **opposition** party plans to introduce a new bill. **反对**派计划推出一项新法案。
opposing [ə'pəʊzɪŋ] *adj.* 对立的	**极速理解：oppos(e)**（反抗）+ **ing**（形容词后缀） • We can learn much with **opposing** opinions. 通过**对立的**观点，我们可以学到很多东西。
oppositional [ˌɒpə'zɪʃənl] *adj.* 反对的；反抗的	**极速理解：opposition**（反对）+ **al**（形容词后缀） • The **oppositional** forces in the country have organized protests. 该国的**反对**势力组织了抗议活动。
opposite ['ɒpəzɪt] *adj.* 相反的；对立的；对面的	**极速理解：oppos(e)**（反抗）+ **ite**（形容词后缀） • Her opinion is **opposite** to mine on the matter of climate change. 在气候变化问题上，她的意见和我的**相反**。
oppositionist [ˌɒpə'zɪʃəˌnɪst] *n.* 反对派成员	**极速理解：opposition**（反对）+ **ist**（人） • The government has arrested several **oppositionists**. 政府逮捕了几名**反对派成员**。

300 pass『经过』

passer-by *n.* 旁观者，过路人	极速理解：**pass**（经过）+ **er**（人或物）+ **by**（通过） • The street musician attracted a crowd of **passers-by** with his music. 这位街头音乐家用他的音乐吸引了一群**路人**。
passport ['pɑːspɔːt] *n.* 护照	极速理解：**pass**（经过）+ **port**（港口） • To travel abroad, you need to apply for a valid **passport** first. 如果要出境旅行，你需要先申请一本有效的**护照**。
passage ['pæsɪdʒ] *n.* 通道，走廊；时间的流逝	极速理解：**pass**（经过）+ **age**（名词后缀） • The secret **passage** behind the bookshelf led to a hidden room. 书架后面的秘密**通道**通向一个隐藏的房间。
underpass ['ʌndəˌpɑːs] *n.* 地下通道	极速理解：**under**（下面）+ **pass**（经过） • The **underpass** is a safe way for pedestrians to cross the busy road. 这个**地下通道**是行人穿过繁忙道路的安全方式。
passive ['pæsɪv] *adj.* 消极的，被动的	极速理解：**pass**（经过）+ **ive**（形容词后缀） • He has a **passive** attitude towards life. 他对生活持**消极**态度。
pass away 过世，去世	极速理解：**pass**（经过）+ **away**（离开） • Our beloved pet has **passed away**. 我们心爱的宠物**过世**了。

301 pay『支付』

pay for 付款，支付	极速理解：无 • Thanks for dinner. Let me **pay for** it this time. 谢谢你请客。这次让我来**付款**吧。
payer [ˈpeɪə] *n.* 支付者，付款人	极速理解：**pay**（支付）+ **er**（人） • The **payer** can choose to pay by credit card. **支付人**可以选择信用卡支付。
payee [peɪˈiː] *n.* 收款人	极速理解：**pay**（支付）+ **ee**（人） • Please write down your name as the **payee** on this check. 请在这张支票上写下你的名字作为**收款人**。
pay attention to 关注，注意；认真听……	极速理解：**pay**（支付）+ **attention**（注意）+ **to**（对） • You need to **pay attention to** its pronunciation and grammar. 你需要**注意**它的发音和语法。
pay back 偿还，还钱	极速理解：**pay**（支付）+ **back**（回来） • He has been **paying back** his student loan for several years. 他已经在**还**学生贷款几年了。
pay off the debt 偿还债务	极速理解：**pay off**（偿还）+ **the** + **debt**（债务） • I can't **pay off** my credit card **debt** on time. 我无法按时**还清**信用卡**债务**。

302 please『使愉快』

displease [dɪs'pliːz] *v.* 使不高兴，使生气	**极速理解：dis**（相反，否定）+ **please**（使愉快） • Her rude behavior **displease** me greatly. 她的粗鲁行为**让**我非常**不高兴**。
pleasing ['pliːzɪŋ] *adj.* 令人愉悦的，讨人喜欢的	**极速理解：pleas(e)**（使愉快）+ **ing**（形容词后缀） • The garden is a **pleasing** sight to behold in spring. 春天里，花园是让人**赏心悦目的**景象。
pleasure ['pleʒə] *n.* 快乐，愉悦；乐事，爱好	**极速理解：pleas(e)**（使愉快）+ **ure**（名词后缀） • Traveling is one of my greatest **pleasures** in life. 旅行是我生活中最大的**乐趣**之一。
pleasurable trip 愉快的旅行	**极速理解：pleasur(e)**（愉悦）+ **able**（可……的）+ **trip**（旅行） • We had a very **pleasurable trip** to Hawaii and it was hard to leave. 我们在夏威夷度过了一个非常**愉快的旅行**，离开时很不舍。
pleasant ['plezənt] *adj.* 令人愉悦的，宜人的	**极速理解：pleas(e)**（使愉快）+ **ant**（形容词后缀） • The weather is so **pleasant** today. 今天的天气非常**宜人**。
unpleasant [ʌn'plezənt] *adj.* 不愉快的，令人讨厌的	**极速理解：un**（否定）+ **pleasant**（令人愉悦的） • The rainy weather made our picnic **unpleasant**. 下雨的天气使我们的野餐变得**不愉快**。

303 point『指；点；针』

point at 指着，指向	**极速埋解：point（指）+ at（朝向）** • Don't **point at** people, it's impolite. 不要**指着**别人，这很不礼貌。
pointless ['pɒɪntlɪs] *adj.* 无意义的，毫无意义的	**极速理解：point（点；针）+ less（无）** • Talking to him is like a **pointless** exercise. 和他讲话就像是一场**毫无意义的**练习。
point out 指出，指明	**极速理解：point（指）+ out（出去）** • Can you **point out** where the nearest grocery store is? 你能**指出**最近的杂货店在哪里吗？
standpoint ['stænd͵pɒɪnt] *n.* 立场，观点	**极速理解：stand（站立）+ point（点；针）** • He has a very different **standpoint** on the issue than I do. 他在这个问题上的**立场**和我完全不同。
turning point 转折点，关键点	**极速理解：turning（转弯的）+ point（点；针）** • Losing that job was a **turning point** in his life. 失去那份工作是他人生的一个**转折点**。
pointed shoes 尖头鞋	**极速理解：point（点；针）+ ed（形容词后缀）+ shoes（鞋）** • She bought a pair of **pointed shoes** to wear to the party. 她买了一双**尖头鞋**去参加聚会。

304 polite『礼貌的』

polite to 对……有礼貌的	极速理解：**polite**（礼貌的）+ **to**（对……） • She is always **polite to** her colleagues. 她总是**对**同事们很**有礼貌**。
politeless [pə'laɪtləs] *adj.* 不礼貌的，失礼的	极速理解：**polite**（礼貌的）+ **less**（无） • It is unacceptable to speak to your boss in a **politeless** manner. 用**不礼貌的**方式和你的老板说话是不可接受的。
politely [pə'laɪtli] *adv.* 有礼貌地，客气地	极速理解：**polite**（礼貌的）+ **ly**（副词后缀） • She always greets her neighbors **politely** when she sees them. 她每次见到邻居都会**以礼貌的方式**问候他们。
impolite [ˌɪmpə'laɪt] *adj.* 不礼貌的，失礼的	极速理解：**im**（否定）+ **polite**（礼貌的） • It’s **impolite** to talk with your mouth full of food. 满嘴食物说话是**不礼貌的**。
impolitely [ˌɪmpə'laɪtli] *adv.* 不礼貌地，粗暴地	极速理解：**im**（否定）+ **politely**（礼貌地） • She **impolitely** refused to help her colleague with the project. 她**不礼貌地**拒绝了同事的项目帮助。
make polite conversation 闲聊，寒暄	极速理解：无 • I tried to **make polite conversation** with my neighbor while we waited for the elevator. 等电梯时，我试着和邻居**闲聊**。

305 popular『受欢迎的』

unpopular [ʌnˈpɒpjʊlə] *adj.* 不受欢迎的	极速理解：**un**（否定）+ **popular**（受欢迎的） • The new policy was very **unpopular** with the employees. 新政策在员工中很**不受欢迎**。
popularity [ˌpɒpjʊˈlærəti] *n.* 受欢迎，流行	极速理解：**popular**（受欢迎的）+ **ity**（名词后缀） • The **popularity** of online shopping has grown rapidly in recent years. 近年来，网购的**流行度**迅速增加。
popularly [ˈpɒpjʊləlɪ] *adv.* 普遍地；广泛地	极速理解：**popular**（受欢迎的）+ **ly**（副词后缀） • This is a **popularly** held belief. 这是一个**大多数人**持有的看法。
popularization [ˌpɒpjələraɪˈzeɪʃ(ə)n] *n.* 普及，流行化	极速理解：**popular**（受欢迎的）+ **ization**（名词后缀） • The **popularization** of smartphones has changed the way we live. 智能手机的**普及**已经改变了我们的生活方式。
population [ˌpɒpjʊˈleɪʃən] *n.* 人口，居民	极速理解：**popul**（人）+ **ation**（名词后缀） • The **population** of the city has been growing rapidly in recent years. 这个城市的**人口**在近年来迅速增长。
populous [ˈpɒpjʊləs] *adj.* 人口众多的，人口稠密的	极速理解：**popul**（人）+ **ous**（形容词后缀） • Tokyo is one of the most **populous** cities in the world. 东京是世界上**人口**最**稠密的**城市之一。

306 price『价格』

half-price *adj.* 半价的	**极速理解：half（一半）+ price（价格）** • I got these shoes for **half-price** at a clearance sale. 我在清仓大甩卖时以**半价**买了这双鞋子。
cut-price *adj.* 廉价的，折价的	**极速理解：cut（削减）+ price（价格）** • The new shop has been doing a brisk trade in **cut-price** clothes. 那家新商店做**减价**服装生意一直很兴隆。
priceless ['praɪslɪs] *adj.* 无价的，贵重的	**极速理解：price（价格）+ less（无）** • The painting is **priceless** because it is one of a kind. 这幅画**无价**，因为它是独一无二的。
overprice [ˌəʊvə'praɪs] *v.* 定价过高	**极速理解：over（过多，过度）+ price（价格）** • The restaurant **overpriced** its menu items and lost many customers. 这家餐厅**定价过高**，失去了很多顾客。
pricey ['praɪsi] *adj.* 昂贵的，高价的	**极速理解：price（价格）+ y（形容词后缀）** • Medical insurance is very **pricey**. 医疗保险费用**昂贵**。
price tag 价格标签	**极速理解：price（价格）+ tag（标签）** • She looked at the **price tag** and saw that the dress was too expensive. 她看了**价格标签**，发现这条裙子太贵了。

307 print『印刷』

printing ['prɪntɪŋ] *n.* 印刷，印刷术	**极速理解：print**（印刷）+ **ing**（名词后缀） • The **printing** industry has been greatly impacted by digital technology. **印刷**业受数字技术的影响很大。
printer ['prɪntə] *n.* 印刷机，打印机	**极速理解：print**（印刷）+ **er**（工具） • I bought a new **printer** for my home office. 我为家庭办公室购买了一台新的**打印机**。
out of print 已绝版的，无法再印刷的	**极速理解：out of**（没有，缺乏）+ **print**（印刷） • That book is **out of print**. 那本书**已经绝版**了。
reprint ['riːˌprɪnt] *v.* 重印，再版	**极速理解：re**（再，重复）+ **print**（印刷） • The book was so popular that the publisher decided to **reprint** it. 这本书非常受欢迎，出版商决定**再版**。
misprint ['mɪsˌprɪnt] *n.* 印刷错误	**极速理解：mis**（错误的）+ **print**（印刷） • The newspaper apologized for the **misprint** and promised to correct it in the next edition. 报纸为**印刷错误**道歉，并承诺在下一期中将其纠正。
print out 打印输出	**极速理解：print**（印刷）+ **out**（向外） • I need to **print out** this document for my meeting this afternoon. 我需要为今天下午的会议**打印**这个文件。

第3部分 高阶词

308 centre『中心，核心』

central ['sentrəl] *adj.* 中央的，核心的	极速理解：**centr(e)**（中心）+ **al**（形容词后缀） • The company has a **central** office in York. 该公司在约克设有**总部**。
concentrate ['kɒnsənˌtreɪt] *v.* 集中；浓缩	极速理解：**con**（一起，共同）+ **centr(e)**（中心）+ **ate**（动词后缀） • She tried to **concentrate** on her homework but kept getting distracted. 她努力**专注于**功课，但总是分心。
centre back 后卫，中后卫	极速理解：**centre**（中心，核心）+ **back**（后面） • He used to play **centre back** for his high school soccer team. 他曾经为高中足球队担任**中后卫**。
centralize ['sentrəˌlaɪz] *v.* 集中，使集权化	极速理解：**central**（中央的）+ **ize**（动词后缀） • Administration has become more and more **centralized**. 行政管理已经变得**集中**。
centrally ['sentrəli] *adv.* 中央地	极速理解：**central**（中央的）+ **ly**（副词后缀） • Is the house **centrally** heated? 这房子有**中央**供暖吗？
eccentric [ɪk'sentrɪk] *adj.* 古怪的，偏离正常的	极速理解：**ec**（出，离开）+ **centr(e)**（中心）+ **ic**（形容词后缀） • The professor had some **eccentric** ideas. 这位教授有些**古怪的**想法。

309 comfort『舒适；慰藉』

comforting ['kʌmfərtɪŋ] *adj.* 安慰的，令人放心的	极速理解：**comfort**（慰藉）+ **ing**（形容词后缀） • The sound of the ocean is very **comforting** to me. 海洋的声音让我感到非常**安慰**。
comfortable ['kʌmftəbl] *adj.* 舒适的，舒服的	极速理解：**comfort**（舒适）+ **able**（能够） • This couch is so **comfortable**. 这张沙发非常**舒适**。
uncomfortable [ʌn'kʌmftəbəl] *adj.* 不舒服的，不安的	极速理解：**un**（否定）+ **comfortable**（舒适的） • The chair is so old that it's **uncomfortable** to sit on. 这把椅子太旧了，坐在上面**不舒服**。
comfortless ['kʌmfətləs] *adj.* 不舒适的，不安慰的	极速理解：**comfort**（舒适；慰藉）+ **less**（无） • The small room was cold and **comfortless**. 这个小房间又冷又**不舒适**。
discomfort [dɪs'kʌmfət] *n.* 不舒适，疼痛	极速理解：**dis**（否定）+ **comfort**（舒适） • The intense heat caused a great deal of **discomfort** for the residents. 强烈的热浪给居民带来了很大的**不适**。
comforter ['kʌmfətə] *n.* 安慰者，羽绒被	极速理解：**comfort**（慰藉）+ **er**（人或物） • I always sleep better with my favorite **comforter**. It's so soft and warm. 我总是在我最爱的**羽绒被**下睡得更好。它又软又暖。

310 compare『比较』

comparative [kəm'pærətɪv] *adj.* 比较的，相对的	极速理解：**compar(e)**（比较）+ **ative**（形容词后缀） • The **comparative** form of "good" is "better". "好"的**比较**级是"更好"。
comparison [kəm'pærɪsən] *n.* 比较，对比	极速理解：**compar(e)**（比较）+ **ison**（名词后缀） • The **comparison** between the two paintings was striking. 两幅画之间的**对比**很明显。
comparable ['kɒmpərəbəl] *adj.* 相似的，可比较的	极速理解：**compar(e)**（比较）+ **able**（能够） • The two companies are **comparable** in terms of size and revenue. 这两家公司在规模和收入方面是**相似的**。
incomparable [ɪn'kɒmpərəbəl] *adj.* 无可比拟的，无比的	极速理解：**in**（否定）+ **comparable**（可比较的） • Her beauty was **incomparable**. 她的美貌是**无与伦比的**。
comparably ['kɒmp(ə)rəbli] *adv.* 比较地，类似地	极速理解：**compar(e)**（比较）+ **ably**（副词后缀） • The two buildings were constructed **comparably**. 这两栋建筑构造很**类似**。
incomparably [ɪn'kɒmpərəbəli] *adv.* 无法比拟地	极速理解：**in**（否定）+ **comparably**（比较地） • The beauty of the sunset was **incomparably** stunning. 日落的美丽**无法比拟**。

311 compose『组成』

composition [ˌkɒmpəˈzɪʃən] *n.* 组成，构成；作品	**极速理解：compos(e)（组成）+ ition（名词后缀）** • She wrote a **composition** about her trip to the beach. 她写了一篇关于自己去海滩游玩的**作品**。
composed [kəmˈpəʊzd] *adj.* 镇定的，沉着的	**极速理解：compos(e)（组成）+ ed（形容词后缀）** • Despite the chaos around them, he always remained **composed**. 尽管周围一片混沌，他总是保持**镇静**。
composer [kəmˈpəʊzə] *n.* 作曲家，创作者	**极速理解：compos(e)（组成）+ er（人）** • Mozart is regarded as one of the greatest **composers** of all time. 莫扎特被认为是史上最伟大的**作曲家**之一。
decompose [ˌdiːkəmˈpəʊz] *v.* 分解，分解成；腐烂	**极速理解：de（去掉）+ compose（组成）** • The chemical will **decompose** if exposed to sunlight. 该化学物质会在阳光下**分解**。
indecomposable [ˌɪndiːkəmˈpəʊzəbəl] *adj.* 不可分解的，不能分解的	**极速理解：in（否定）+ decompos(e)（分解）+ able（能够）** • The material is **indecomposable**. 这种材料是**不可分解的**。
composite [ˈkɒmpəzɪt] *adj.* 综合的 *n.* 综合	**极速理解：compos(e)（组成）+ ite（形容词/名词后缀）** • The boy's character was a **composite** of his parents. 这个男孩的性格**综合**了他父母的个性。

312 concern『关心』

unconcern [ˌʌnkənˈsɜːn] *n.* 不关心	**极速理解：un（否定）+ concern（关心）** • He showed complete **unconcern** for his own safety. 他对自己的安全毫**不在乎**。
concerned [kənˈsɜːnd] *adj.* 关心的；有关系的	**极速理解：concern（关心）+ ed（形容词后缀）** • The company is deeply **concerned** about the impact of pollution on the environment. 该公司非常**关心**污染对环境的影响。
unconcerned [ˌʌnkənˈsɜːnd] *adj.* 不关心的，漠不关心的	**极速理解：un（否定）+ concerned（关心的）** • Despite the danger, the man seemed completely **unconcerned**. 尽管有危险，他看上去完全**不在意**。
self-concern *n.* 自我关注，自我关心	**极速理解：self（自我）+ concern（关心）** • His **self-concern** borders on selfishness at times. 他的**自我关注**有时接近自私。
concernment [kənˈsɜːnmənt] *n.* 关心	**极速理解：concern（关心）+ ment（名词后缀）** • The company's **concernment** in the matter was financial. 该公司对此事的**关注点**是在财务。
concerning [kənˈsɜːnɪŋ] *prep.* 关于，涉及	**极速理解：concern（关心）+ ing（性质）** • The email from the boss was **concerning** the upcoming meeting. 老板的邮件是**关于**即将到来的会议的。

313 condition『条件』

precondition [ˌpriːkənˈdɪʃən] *n.* 前提条件，先决条件	**极速理解：pre（前面）+ condition（条件）** • The plan cannot be implemented without meeting the **preconditions**. 不满足**先决条件**就无法实施计划。
conditioned [kənˈdɪʃənd] *adj.* 有条件的	**极速理解：condition（条件）+ ed（形容词后缀）** • His cooperation was **conditioned** on receiving a pay raise. 他的合作是**有条件的**，要求加薪。
unconditioned [ˌʌnkənˈdɪʃənd] *adj.* 无条件的	**极速理解：un（否定）+ conditioned（有条件的）** • The **unconditioned** response of the test subjects was unexpected. 测试对象的**无条件**反射是出乎意料的。
recondition [ˌriːkənˈdɪʃən] *v.* 调整至最佳状态，重修	**极速理解：re（再，重新）+ condition（条件）** • The house had to be **reconditioned** before it could be sold. 这栋房子在出售前必须**重新装修**。
conditional [kənˈdɪʃənəl] *adj.* 有条件的，有前提的	**极速理解：condition（条件）+ al（形容词后缀）** • Mother love is not **conditional**. 母爱是没**有条件的**。
conditionally [kənˈdɪʃənəli] *adv.* 有条件地，有附加条件地	**极速理解：conditional（有条件的）+ ly（副词后缀）** • He was **conditionally** discharged after admitting the theft. 他承认偷盗行为后被**有条件地**释放了。

314 confide『托付』

confident ['kɒnfɪdənt] *adj.* 有信心的，自信的	**极速理解：confid(e)**（托付）+ **ent**（形容词后缀） • She felt **confident** that she would pass the test. 她**有把握**通过考试。
self-confident *adj.* 自信的，有自信心的	**极速理解：self**（自我）+ **confident**（有信心的） • Being tall may make you feel **self-confident**. 个子高或许会使你感到**自信**。
overconfident [ˌəʊvə'kɒnfɪdənt] *adj.* 过于自信的，过度自信的	**极速理解：over**（过度，过分）+ **confident**（有信心的） • **Overconfidence** can lead to underestimating risks. **过于自信**会导致低估风险。
confidence ['kɒnfɪdəns] *n.* 自信，信心；信任，信任的事物	**极速理解：confid(e)**（托付）+ **ence**（名词后缀） • She has **confidence** in her ability to succeed. 她有**信心**可以成功。
confidential [ˌkɒnfɪ'denʃəl] *adj.* 机密的，秘密的	**极速理解：confid(e)**（托付）+ **ential**（形容词后缀） • It's strictly **confidential**. 这事绝对**保密**。
confidant [ˌkɒnfɪ'dænt] *n.* 心腹朋友，知己	**极速理解：confid(e)**（托付）+ **ant**（人） • She is my **confidant** and I tell her everything. 她是我的**知己**，我向她倾诉一切。

315 conscious『意识到，有意识的』

consciousness ['kɑnʃəsnɪs] *n.* 意识	**极速理解：conscious**（意识到）+ **ness**（名词后缀） • He gradually regained **consciousness** after the accident. 事故过后，他逐渐恢复了**意识**。
subconsciousness *n.* 潜意识，下意识	**极速理解：sub**（底下）+ **conscious**（意识到）+ **ness**（名词后缀） • Dreams can reveal the workings of our **subconsciousness**. 梦境可以揭示我们**潜意识**的运作。
unconscious [ʌn'kɒnʃəs] *adj.* 失去意识的	**极速理解：un**（否定）+ **conscious**（有意识的） • She was **unconscious** for several hours after the accident. 她在意外事故后**昏迷**了几个小时。
subconscious [sʌb'kɒnʃəs] *adj.* 潜意识的 *n.* 潜意识	**极速理解：sub**（底下）+ **conscious**（有意识的） • Psychologists study the workings of the human **subconscious**. 心理学家研究人类**潜意识**的运作。
self-conscious *adj.* 感到不安的；刻意的	**极速理解：self**（自我）+ **conscious**（有意识的） • She always feels **self-conscious** when speaking in public. 她在公众场合讲话时总是感到**不安**。
consciously ['kɒnʃəsli] *adv.* 有意识地，故意地	**极速理解：conscious**（有意识的）+ **ly**（副词后缀） • She **consciously** chose to ignore his behavior. 她**有意**选择忽略他的行为。

316 conserve『保护』

conservator [kən'sɜːvətə] *n.*（艺术品、历史文物等）保护者	极速理解：**conserv(e)**（保护）+ **ator**（人） • The **conservator** is responsible for preserving the museum's collection. **保护者**负责保护博物馆的藏品。
conservation [ˌkɒnsə'veɪʃən] *n.* 保护，保护措施	极速理解：**conserv(e)**（保护）+ **ation**（名词后缀） • The **conservation** of natural resources is essential for sustainable development. **保护**自然资源对于可持续发展至关重要。
conservatory [kən'sɜːvətri] *n.* 音乐、戏剧等艺术专业的学校或机构	极速理解：**conserv(e)**（保护）+ **atory**（地点） • She has been studying piano at the **conservatory** for four years. 她在**音乐学院**学习钢琴已经四年了。
conservancy [kən'sɜːvənsi] *n.*（港口、河流、地区等的）管理机构，环境保护	极速理解：**conserv(e)**（保护）+ **ancy**（名词后缀） • The new **conservancy** will oversee the maintenance of the local dock. 新建立的**码头维护管理委员会**将负责当地码头的维护。
conservationist [ˌkɒnsə'veɪʃənɪst] *n.* 环保主义者，自然保护人士	极速理解：**conservation**（保护）+ **ist**（人） • I am holding a meeting of local **conservationists**. 我组织了当地**环保主义者**的会议。
conservative [kən'sɜːvətɪv] *adj.* 保守的	极速理解：**conserv(e)**（保护）+ **ative**（形容词后缀） • Her style of dress was never **conservative**. 她的服装式样一点儿也不**保守**。

317 consider『思考』

considered [kən'sɪdəd] *adj.* 经过考虑的	**极速理解：consider（思考）+ ed（形容词后缀）** • Her well-**considered** plan helped the company avoid a potential disaster. 她**深思熟虑的**计划帮助公司避免了潜在的灾难。
considerate [kən'sɪdərɪt] *adj.* 体贴的，关心他人的	**极速理解：consider（思考）+ ate（形容词后缀）** • He is always so **considerate** and thoughtful towards his friends. 他对他的朋友总是非常**体贴**、周到。
inconsiderate [ˌɪnkən'sɪdərɪt] *adj.* 不体贴的，不顾及他人感受的	**极速理解：in（否定）+ considerate（体贴的）** • It was **inconsiderate** of him to leave the party without saying goodbye to anyone. 他没有跟任何人告别就离开聚会是**不礼貌的**。
consideration [kənˌsɪdə'reɪʃən] *n.* 考虑，关注，体谅，考虑到的因素	**极速理解：consider（思考）+ ation（名词后缀）** • You should give careful **consideration** to all the options before making a decision. 在做出决定之前，你应该仔细**考虑**所有的选择。
considerable [kən'sɪdərəbəl] *adj.* 相当大的，相当多的	**极速理解：consider（思考）+ able（形容词后缀）** • The company saw a **considerable** increase in profits this quarter. 该公司本季度利润**大幅**增长。
reconsider [ˌriːkən'sɪdə] *v.* 重新考虑，再次审视	**极速理解：re（再，重新）+ consider（思考）** • The committee will **reconsider** the proposal at its next meeting. 委员会将在下次会议上**重新审视**该提案。

318 content『满足；满意』

discontent [ˌdɪskən'tent] *adj.* 不满意的 *n.* 不满	**极速理解：dis**（否定）+ **content**（满意） • Many employees are feeling **discontent** with their current salaries. 许多员工对他们目前的薪水**不满意**。
self-content *adj.* 自满的，自得其乐的	**极速理解：self**（自己）+ **content**（满意） • He is **self-content** with his current job and has no plans to look for a new one. 他对他目前的工作很**满意**，没有计划去找一份新的工作。
contented [kən'tentɪd] *adj.* 满足的；满意的	**极速理解：content**（满足；满意）+ **ed**（形容词后缀） • The children looked **contented** and happy as they played in the park. 孩子们在公园里玩耍时看起来很**满足**和快乐。
discontented [ˌdɪskən'tentɪd] *adj.* 不满的，不满足的	**极速理解：dis**（否定）+ **contented**（满足的） • She has a **discontented** look. 她一脸**不满的**神情。
contentment [kən'tentmənt] *n.* 满足；满意	**极速理解：content**（满足；满意）+ **ment**（名词后缀） • Finding **contentment** in life is not always easy, but it is worth striving for. 在生活中找到**满足**并不总是容易的，但值得努力追求。
malcontent ['mælkənˌtent] *adj.* 不满意的 *n.* 不满分子，反抗者	**极速理解：mal**（坏；否定）+ **content**（满足；满意） • The **malcontent** employees staged a protest outside the company headquarters. **不满意的**员工在公司总部外举行了抗议。

319 control『控制；管理』

self-control *n.* 自我控制，自我约束	极速理解：**self**（自己）+ **control**（控制） • She struggled with **self-control** and often gave in to her impulses. 她很难**自我控制**，常常屈服于她的冲动。
controller [kən'trəʊlə] *n.* 控制器；管理者；监管机构	极速理解：**control**（控制；管理）+ **l** + **er**（人或物） • The company hired a new **controller** to oversee its finances. 公司聘请了一名新的负责监管财务的**管理人员**。
controllable [kən'trəʊləb(ə)l] *adj.* 可控制的，可管理的	极速理解：**control**（控制；管理）+ **l** + **able**（可……的） • The disease is **controllable** with proper treatment. 通过适当的治疗，这种疾病是**可以控制的**。
uncontrolled [ˌʌnkən'trəʊld] *adj.* 不受控制的，失控的	极速理解：**un**（否定）+ **control**（控制）+ **l** + **ed**（形容词后缀） • The company's spending had become **uncontrolled**. 公司的支出已经**失控**。
decontrol [ˌdiːkən'trəʊl] *v.* 撤销控制，放开管制	极速理解：**de**（否定）+ **control**（控制） • The government decided to **decontrol** the price of oil. 政府决定**取消**对石油价格的**管制**。
uncontrollable [ˌʌnkən'trəʊləbəl] *adj.* 难以控制的，无法控制的	极速理解：**un**（否定）+ **controllable**（可控制的） • The child's tantrums were **uncontrollable**. 这个孩子的脾气**无法控制**。

320 create『创造；产生』

creator [kriːˈeɪtə] *n.* 创造者，创作者	极速理解：**creat(e)**（创造；产生）+ **or**（人） • Walt Disney was the **creator** of Mickey Mouse. 沃尔特·迪士尼是米老鼠的**创作者**。
creation [kriːˈeɪʃən] *n.* 创造物；创作；创作过程	极速理解：**creat(e)**（创造；产生）+ **ion**（名词后缀） • The **creation** of a new software application requires a lot of planning. **创造**一个新的软件应用程序需要大量的规划。
creative [kriːˈeɪtɪv] *adj.* 有创造力的，有创意的	极速理解：**creat(e)**（创造；产生）+ **ive**（形容词后缀） • The director was known for his **creative** approach to filmmaking. 导演以**创造性**的电影制作方式而闻名。
creativity [ˌkriːeɪˈtɪvəti] *n.* 创造力，创意	极速理解：**creativ(e)**（有创造力的）+ **ity**（名词后缀） • **Creativity** is more important than technical skill. **创造力**比专业技术更为重要。
recreate [ˈrekrɪˌeɪt] *v.* 重新创造，娱乐	极速理解：**re**（再，重新）+ **create**（创造） • The movie **recreates** the glamour of 1940s Hollywood. 这部电影**再现**了 20 世纪 40 年代好莱坞的辉煌。
recreation [ˌrekriˈeɪʃən] *n.* 娱乐，消遣，休闲活动	极速理解：**recreat(e)**（娱乐）+ **ion**（名词后缀） • He enjoys outdoor **recreation** such as hiking and camping. 他喜欢户外**娱乐**，如远足和露营。

321 credit『信用』

credit card 信用卡	极速理解：**credit**（信用）+ **card**（卡片） • It's important to pay your **credit card** bill on time. 及时支付**信用卡**账单非常重要。
discredit [dɪs'kredɪt] *v.* 怀疑；使丧失信誉；污蔑	极速理解：**dis**（否定）+ **credit**（信用） • He worked tirelessly to **discredit** his opponent before the election. 他在选举前不辞劳苦地**污蔑**对手。
accredit [ə'kredɪt] *v.* 授权，认可，委派	极速理解：**ac**（强调）+ **credit**（信用） • The organization **accredits** professionals in various fields. 该组织**认可**各个领域的专业人员。
disaccredit [ˌdɪsə'kredɪt] *v.* 撤销认证，不再认可	极速理解：**dis**（否认）+ **accredit**（授权） • The organization had to **disaccredit** the medical school. 该组织不得不**撤销**该医学院的**认证**。
creditable ['kredɪtəbəl] *adj.* 可信的；值得称赞的	极速理解：**credit**（信用）+ **able**（可……的） • The study was conducted by a **creditable** source and was well-received in the academic community. 该研究由**可信的**来源进行，并在学术界得到好评。
discreditable [dɪs'kredɪtəbəl] *adj.* 有损尊严的；不可信的	极速理解：**dis**（否定）+ **creditable**（可信的；值得称赞的） • The research findings were **discreditable** due to flawed methodology and biased analysis. 由于方法问题和偏见分析，研究结果**不可信**。

322 critic『批评』

critical ['krɪtɪkəl] *adj.* 批评的；关键的；严重的	极速理解：**critic**（批评）+ **al**（形容词后缀） • The report was **critical** of the government's handling of the crisis. 报告**批评**了政府处理危机的方式。
criticize ['krɪtɪˌsaɪz] *v.* 批评，指责，评论	极速理解：**critic**（批评）+ **ize**（动词后缀） • The coach **criticized** his team for their lack of effort in the game. 教练因球队在比赛中缺乏努力而对其进行**批评**。
criticism ['krɪtɪˌsɪzəm] *n.* 批评，评论	极速理解：**critic**（批评）+ **ism**（名词后缀） • Constructive **criticism** can help individuals improve their work. 建设性的**批评**可以帮助个人改进工作。
self-criticism *n.* 自我批评	极速理解：**self**（自我）+ **critic**（批评）+ **ism**（名词后缀） • The company encourages employees to engage in **self-criticism** and continuous improvement. 公司鼓励员工进行**自我批评**和不断改进。
overcritical [ˌəʊvə'krɪtɪkəl] *adj.* 过度批评的，太过挑剔的	极速理解：**over**（过度）+ **critical**（批评的） • Being **overcritical** of oneself can lead to low self-esteem and anxiety. 对自己**过度挑剔**会导致自尊心低下和焦虑。
uncritical [ʌn'krɪtɪkəl] *adj.* 不批评的，不加判断的	极速理解：**un**（否定）+ **critical**（批评的） • His **uncritical** admiration for the leader led to blind obedience. 他对领导的**盲目**崇拜导致了盲目服从。

323 defend『防御』

defence [dɪ'fens] *n.* 防御；防护；策略	**极速理解：de（强调）+ fence（防御）** • We need a strong **defence** against cyber attacks. 我们需要强有力的**防御**措施来应对网络攻击。
self-defence *n.* 自卫	**极速理解：self（自我）+ defence（防御）** • The law allows you to use **self-defence** if you are in danger. 如果处于危险之中，法律允许你采取**自卫**措施。
defensive [dɪ'fensɪv] *adj.* 防御性的；辩护的	**极速理解：defens（防御）+ ive（形容词后缀）** • The politician took a **defensive** stance when questioned about his policies. 在被问及他的政策时，这位政治家采取了**辩解的**态度。
defender [dɪ'fendə(r)] *n.* 防守者，保护者	**极速理解：defend（防御）+ er（人）** • The goalkeeper was the team's most reliable **defender**. 守门员是球队最可靠的**防守者**。
defensible [dɪ'fensɪbəl] *adj.* 可防御的；有据可依的；可辩解的	**极速理解：defens（防御）+ ible（能够）** • Her reasons for acting are morally **defensible**. 她的举动从道义上来讲是**合情合理的**。
defenceless [dɪ'fensləs] *adj.* 无防御能力的；无抵抗力的	**极速理解：defence（防御）+ less（无）** • The village is **defenceless** against attack. 这个村庄**毫无防御能力**。

324 describe『描述，叙述』

describe [dɪ'skraɪb] *v.* 描述，叙述	极速理解：**de**（向下）+ **scribe**（写） • She **described** her trip to Europe in great detail. 她详细**描述**了她的欧洲之旅。
description [dɪ'skrɪpʃən] *n.* 描述，描写	极速理解：**de**（向下）+ **script**（写）+ **ion**（名词后缀） • The **description** in the book was so vivid that I felt as if I were there. 书中的**描述**如此生动，我感觉我仿佛就在那里。
descriptive [dɪ'skrɪptɪv] *adj.* 描述性的，形容的	极速理解：**de**（向下）+ **script**（写）+ **ive**（形容词后缀） • The term I used was meant to be purely **descriptive**. 我所用的措辞是纯**叙述性的**。
describable [dis'kraɪbəbl] *adj.* 可描述的	极速理解：**describ(e)**（描述）+ **able**（可……的） • The damage to the building was beyond **describable** after the hurricane hit. 飓风袭击之后，建筑物的损坏超乎**想象**。
indescribable [ˌɪndɪ'skraɪbəbəl] *adj.* 无法描述的，难以形容的	极速理解：**in**（否定）+ **describable**（可描述的） • The feeling of terror was **indescribable** after the car accident. 车祸发生后，恐惧感是**难以描述的**。
misdescribe [ˌmɪsdɪ'skraɪb] *v.* 错误地描绘	极速理解：**mis**（错误的）+ **describe**（描述） • The journalist was fired for **misdescribing** the events leading up to the election. 该记者因**错误地描述**导致选举的事件而被解雇。

325 detect『发现』

detector [dɪ'tektə] *n.* 探测器，检测器	极速理解：**detect**（发现）+ **or**（人或物） • A smoke **detector** is an important safety device in any household. 在家庭中，烟雾**探测器**是一种重要的安全设备。
detective [dɪ'tektɪv] *n.* 侦探，私人侦探	极速理解：**detect**（发现）+ **ive**（名词后缀） • The **detective** was determined to solve the case. 那位**侦探**决心要解决这个案子。
detection [dɪ'tekʃən] *n.* 检测，发现	极速理解：**detect**（发现）+ **ion**（名词后缀） • The early **detection** of cancer is important for successful treatment. 早期**发现**癌症对成功治疗很重要。
detectable [dɪ'tektəb(ə)l] *adj.* 可发现的	极速理解：**detect**（发现）+ **able**（可……的） • The noise is barely **detectable** by the human ear. 人的耳朵几乎是**察觉**不到这种噪声的。
undetectable [ˌʌndɪ'tektəbəl] *adj.* 检测不出的，不可发现的	极速理解：**un**（否定）+ **detectable**（可发现的） • The level of radiation in the area was **undetectable** by the equipment we had. 我们的设备**无法检测**出该地区的辐射水平。
undetected [ˌʌndɪ'tektɪd] *adj.* 未被发现的，未被检测到的	极速理解：**un**（否定）+ **detect**（发现）+ **ed**（形容词后缀） • How could anyone break into the palace **undetected**? 怎么会有人**神不知**、**鬼不觉**地潜入皇宫呢？

326 determine『决定；确定』

determined [dɪ'tɜːmɪnd] *adj.* 下定决心的，坚决的	**极速理解：determin(e)**（决定；确定）+ **ed**（形容词后缀） • The team was **determined** to win the championship. 这个团队**决心**赢得冠军。
determination [dɪˌtɜːmɪ'neɪʃən] *n.* 决心，决定	**极速理解：determin(e)**（决定；确定）+ **ation**（名词后缀） • Her **determination** to succeed helped her overcome many obstacles. 她成功的**决心**帮助她克服了许多障碍。
determinate [dɪ'tɜːmɪnɪt] *adj.* 固定的；限定的	**极速理解：determin(e)**（决定；确定）+ **ate**（形容词后缀） • Please write a sentence witsh a **determinate** meaning. 请写出一个具有**确定**意义的句子。
determinative [dɪ'tɜːmɪnətɪv] *adj.* 决定性的，确定性的	**极速理解：determin(e)**（决定；确定）+ **ative**（形容词后缀） • The **determinative** factor in her decision was her family's well-being. 她决策中的**决定性**因素是她家人的福祉。
indeterminate [ˌɪndɪ'tɜːmɪnɪt] *adj.* 不确定的，未决定的	**极速理解：in**（否定）+ **determinate**（确定的） • The timeline for the project is still **indeterminate** at this time. 目前该项目的时间表尚**未确定**。
determinant [dɪ'tɜːmɪnənt] *n.* 决定因素，决定物	**极速理解：determin(e)**（决定；确定）+ **ant**（名词后缀） • The quality of the product was a **determinant** in the customer's decision to purchase. 产品的质量是顾客购买决策中的**决定因素**。

327 digest『消化』

digestion [dɪ'dʒestʃən] *n.* 消化，吸收	**极速理解：digest（消化）+ ion（名词后缀）** • Eating too fast can cause **digestion** problem. 吃得太快会导致**消化**不良。
digestible [dɪ'dʒestəbəl] *adj.* 可消化的，易消化的	**极速理解：digest（消化）+ ible（形容词后缀）** • Cooked vegetables are more **digestible** than raw vegetables. 煮熟的蔬菜比生的蔬菜更**易消化**。
indigestible [ˌɪndɪ'dʒestəbəl] *adj.* 不易消化的，难以被吸收的	**极速理解：in（否定）+ digestible（可消化的）** • Fiber is **indigestible** but important for maintaining digestive health. 纤维素**不易消化**，但对保持消化健康很重要。
digestive [dɪ'dʒestɪv] *adj.* 消化的，助消化的	**极速理解：digest（消化）+ ive（形容词后缀）** • Eating slowly and chewing food well are important **digestive** habits. 缓慢进食和仔细咀嚼食物是重要的**助消化**习惯。
indigestive [ˌɪndɪ'dʒestɪv] *adj.* 难以消化的，消化不良的	**极速理解：in（否定）+ digestive（消化的）** • Spicy foods can cause an **indigestive** reaction in some people. 辛辣食物可能会引起某些人的**消化不良**反应。
undigested [ˌʌndɪ'dʒestɪd] *adj.* 未消化的；未处理的	**极速理解：un（否定）+ digest（消化）+ ed（形容词后缀）** • At his death he left a great mass of **undigested** manuscripts. 他去世时留下大量**尚未整理的**文稿。

328 dispute『争论，辩论』

disputant [dɪ'spjuːtənt] *n.* 争论双方，辩论者	极速理解：**disput(e)**（争论，辩论）+ **ant**（名词后缀） • The teacher acted as the mediator between the **disputants**. 老师在**辩论双方**之间充当调解人。
disputation [ˌdɪspjʊ'teɪʃən] *n.* 争论，辩论	极速理解：**disput(e)**（争论，辩论）+ **ation**（名词后缀） • Academic **disputation** is an important part of intellectual discourse. 学术**辩论**是智力话语的重要组成部分。
disputable [dɪ'spjuːtəbəl] *adj.* 有争议的	极速理解：**disput(e)**（争论，辩论）+ **able**（可……的） • The team's win was **disputable** due to a controversial call by the referee. 由于裁判员的争议判决，这个团队的胜利**存在争议**。
disputative [dɪs'pjuːtətɪv] *adj.* 好争论的，好辩的	极速理解：**disput(e)**（争论，辩论）+ **ative**（形容词后缀） • A **disputative** tone can often lead to an unproductive exchange of ideas. **争论**的语气往往会导致无效的思想交流。
undisputed [ˌʌndɪ'spjuːtɪd] *adj.* 无争议的，不容置疑的	极速理解：**un**（否定）+ **disput(e)**（争论，辩论）+ **ed**（形容词后缀） • She is the **undisputed** leader of the company. 她是公司**无可争议的**领袖。
indisputable [ˌɪndɪ'spjuːtəbəl] *adj.* 不可争议的，无可置疑的	极速理解：**in**（否定）+ **disputable**（有争议的） • The benefits of exercise on physical and mental health are **indisputable**. 运动对身体和心理健康的益处是**无可置疑的**。

329 divide『分开』

divided [dɪ'vaɪdɪd] *adj.* 分开的，分裂的	**极速理解：divid(e)**（分开）+ **ed**（形容词后缀） • The government is **divided** on this issue. 政府在这个问题上**意见不统一**。
dividend ['dɪvɪˌdend] *n.* 红利，股利	**极速理解：divid(e)**（分开）+ **end**（名词后缀） • Stockholders received a **dividend** payout at the end of the fiscal year. 股东在财政年度结束时获得了**红利**支付。
divider [dɪ'vaɪdə] *n.* 分隔物	**极速理解：divid(e)**（分开）+ **er**（人或物） • The **divider** separated the dining room from the living room. **隔板**将餐厅和客厅分开。
division sign 除号	**极速理解：divi**（分开）+ **sion**（名词后缀）+ **sign**（符号） • The **division sign** indicates that the number before it is being divided by the number after it. **除号**表示其前面的数字正在被其后面的数字除。
indivisible [ˌɪndɪ'vɪzəbəl] *adj.* 不可分割的；不能分开的	**极速理解：in**（否定）+ **divisible**（可分割的） • Is the cell the smallest **indivisible** unit of life? 细胞是最小的**不可分割的**生命单位吗？
undivided [ˌʌndɪ'vaɪdɪd] *adj.* 未分开的；全神贯注的	**极速理解：un**（否定）+ **divided**（分开的） • Mandela said, “We want a united, **undivided** South Africa”. 曼德拉说道：“我们想要一个**团结统一**的南非。”

330 economy『经济』

economist
[ɪ'kɒnəmɪst]
n. 经济学家

极速理解：econom(y)（经济）+ ist（人）

• The **economist** predicted a recession based on market trends.
经济学家根据市场趋势预测了经济衰退。

economic
['iːkə'nɒmɪk]
adj. 经济的，经济学的

极速理解：econom(y)（经济）+ ic（形容词后缀）

• The pace of **economic** growth is picking up.
经济增长的步伐正在加快。

economics
[ˌiːkə'nɒmɪks]
n. 经济学

极速理解：econom(y)（经济）+ ics（学科）

• She majored in **economics** in college and went on to work for a financial institution.
她在大学主修**经济学**，后来在一家金融机构工作。

economically
[ˌiːkə'nɒmɪkəli]
adv. 节约地，经济地

极速理解：economic（经济的）+ ally（副词后缀）

• She tries to live **economically** by only buying what she needs.
她试图通过只购买她需要的东西来过**节约的**生活。

economize
[ɪ'kɒnəˌmaɪz]
v. 节约，节省

极速理解：econom(y)（经济）+ ize（动词后缀）

• She decided to **economize** her spending in order to save for a vacation.
她决定**节约**开支以便为度假存钱。

economical
[ˌiːkə'nɒmɪkəl]
adj. 节约的；划算的

极速理解：economic（经济的）+ al（形容词后缀）

• The **economical** car gets great gas mileage.
这辆**经济**型汽车省油。

331 electric『电』

electrical
[ɪ'lektrɪkəl]
adj. 电的，与电有关的

极速理解：electric（电）+ al（形容词后缀）

- The **electrical** engineer designed the circuit for the new product.
  电气工程师为新产品设计了电路。

electrify
[ɪ'lektrɪˌfaɪ]
v. 使充满电能；使激动，使震惊

极速理解：electr(ic)（电）+ ify（动词后缀）

- The lightning strike **electrified** the air around them.
  闪电击中了他们周围的空气，**使其充满了电能**。

electricity
[ɪlek'trɪsɪti]
n. 电，电能

极速理解：electric（电）+ ity（名词后缀）

- The **electricity** went out during the storm.
  暴风雨的时候停**电**了。

electrician
[ɪlek'trɪʃən]
n. 电工

极速理解：electric（电）+ ian（名词后缀）

- She decided to become an **electrician**.
  她决定成为一名**电工**。

electronics
[ɪlek'trɒnɪks]
n. 电子学；电子器件

极速理解：electr(ic)（电）+ on（名词后缀）+ ics（名词后缀）

- The **electronics** industry produces a wide range of devices.
  电子工业生产各种设备。

electrification
[ɪˌlektrɪfɪ'keɪʃ(ə)n]
n. 电气化

极速理解：electri(c)（电）+ fication（名词后缀）

- The town's **electrification** project brought reliable power to its residents.
  该镇的**电气化**项目为居民提供了可靠的电力。

332 engage『从事；吸引住』

engaged [ɪn'ɡeɪdʒd] *adj.* 忙于；订婚的	极速理解：**engag(e)**（从事）+ **ed**（形容词后缀） • I'm sorry, I'm **engaged** in a meeting. 对不起，我**正在**开会。
engage in 参与，从事	极速理解：**engage**（从事）+ **in**（里面） • Students are encouraged to **engage in** extracurricular activities. 学生们被鼓励**参与**课外活动。
unengaged [ˌʌnɪn'ɡeɪdʒd] *adj.* 无工作的；无婚约的	极速理解：**un**（否定）+ **engag(e)**（忙于）+ **ed**（形容词后缀） • She's currently **unengaged**. 她现在**没有事情可做**。
engaging [ɪn'ɡeɪdʒɪŋ] *adj.* 迷人的，吸引人的	极速理解：**engag(e)**（吸引住）+ **ing**（形容词后缀） • The novel has an **engaging** plot. 这本小说有一个**令人着迷的**情节。
engagement [ɪn'ɡeɪdʒmənt] *n.* 预约；婚约	极速理解：**engage**（从事）+ **ment**（名词后缀） • I had to refuse because of a prior **engagement**. 我因为已经有**预约**只好拒绝了。
disengage [ˌdɪsɪn'ɡeɪdʒ] *v.* 分离，解除，脱离	极速理解：**dis**（否定）+ **engage**（从事） • The pilot had to **disengage** the autopilot and manually fly the plane. 飞行员不得不**解除**自动驾驶，手动操纵飞机。

333 estimate『评价』

estimation [ˌestɪ'meɪʃən] *n.* 估计；评价	**极速理解：estimat(e)（评价）+ ion（名词后缀）** • She has a high **estimation** of her own abilities. 她对自己的能力**评价**很高。
estimable ['estɪməbəl] *adj.* 值得尊敬的，可尊敬的；可估计的	**极速理解：estim（评价）+ able（形容词后缀）** • His charitable work has made him an **estimable** figure in the community. 他的慈善工作使他成为社区中**值得尊敬的**人物。
inestimable [ɪn'estɪməbəl] *adj.* 难以估计的，无法估量的	**极速理解：in（否定）+ estimable（可估计的）** • The archaeological dig unearthed **inestimable** artifacts from an ancient civilization. 考古挖掘发掘出古代文明的**无价之宝**。
overestimate [ˌəʊvər'estɪˌmeɪt] *v.* 高估，评价过高 *n.* 高估，过高的评价	**极速理解：over（过度）+ estimate（评价）** • They **overestimated** his ability when they promoted him. 他们提拔他的时候**高估**了他的能力。
underestimate [ˌʌndər'estɪˌmeɪt] *v./n.* 低估，评价过低	**极速理解：under（缺少，不足）+ estimate（评价）** • The **underestimate** of the demand for the product resulted in a shortage and disappointed customers. 对该产品需求量的**低估**导致了短缺，使顾客感到失望。
guestimate ['gestɪmət] *v./n.* 猜测，估计	**极速理解：gu（猜测）+ estimate（评价）** • His **guestimate** of the cost for the project was wildly inaccurate. 他对该项目成本的**猜测**极为不准确。

334 except『除……之外』

exception [ɪk'sepʃən] *n.* 例外，除外	**极速理解：except（除……之外）+ ion（名词后缀）** • There are always a lot of **exceptions** to grammar rules. 语法规则总是有很多**例外**。
exceptive [ɪk'septɪv] *adj.* 例外的，除外的	**极速理解：except（除……之外）+ ive（形容词后缀）** • This law is **exceptive** and applies only to a small group of people. 这个法律具有**例外**性，只适用于一小部分人。
exceptional [ɪk'sepʃənəl] *adj.* 例外的；非凡的，杰出的	**极速理解：except（除……之外）+ ional（形容词后缀）** • The company prides itself on its **exceptional** customer service and attention to detail. 该公司以其**非凡的**客户服务和对细节的关注为荣。
unexceptional [ˌʌnɪk'sepʃənəl] *adj.* 普通的，平凡的	**极速理解：un（否定）+ exceptional（例外的；非凡的）** • The hotel was nice but **unexceptional**, nothing really stood out. 酒店还不错，但很**平凡**，没有什么突出的地方。
exceptionable [ɪk'sepʃənəbəl] *adj.* 无法容忍的，引起反感的	**极速理解：except（除……之外）+ ion（名词后缀）+ able（形容词后缀）** • His behavior toward his colleagues was **exceptionable**. 他对同事的行为**不可容忍**。
exceptionally [ɪk'sepʃənəli] *adv.* 异常地，特别地	**极速理解：exceptional（例外的）+ ly（副词后缀）** • The weather was **exceptionally** cold. 这种天气**非常**寒冷。

335 expend『花费』

expense [ɪk'spens] *n.* 费用，支出	**极速理解：expens**（花费）+ **e**（名词后缀） • Her monthly **expenses** include rent, utilities, and groceries. 她每月的**开支**包括租金、水电费和日常杂货费。
expenditure [ɪk'spendɪtʃə] *n.* 支出，花费	**极速理解：expend**（花费）+ **iture**（名词后缀） • The family's biggest **expenditure** each month is their mortgage payment. 这个家庭每个月最大的**开支**是他们的房贷。
expensive [ɪk'spensɪv] *adj.* 昂贵的，费用高的	**极速理解：expens**（花费）+ **ive**（形容词后缀） • The designer handbag was too **expensive** for her budget. 这个设计师手袋对于她的预算来说太**昂贵**了。
expensively [ɪk'spensɪvlɪ] *adv.* 昂贵地	**极速理解：expensive**（昂贵的）+ **ly**（副词后缀） • The **expensively** dressed guests at the wedding attracted a lot of attention. 婚礼上衣着**昂贵**的宾客吸引了很多人的注意。
inexpensive [ˌɪnɪk'spensɪv] *adj.* 便宜的，费用不高的	**极速理解：in**（否定）+ **expensive**（昂贵的） • Fish is **inexpensive**, easy to cook and very digestible. 鱼**价格便宜**，容易烹调和消化。
expendable [ɪk'spendəbəl] *adj.* 可消耗的；可牺牲的	**极速理解：expend**（花费）+ **able**（可……的） • We need such **expendable** supplies as pencils, ink and paper. 我们需要像铅笔、墨水和纸张这样的**消耗品**。

336 expose『暴露』

exposed [ɪk'spəʊzd] *adj.* 暴露的，裸露的	**极速理解：expos(e)（暴露）+ ed（形容词后缀）** • The wires in the **exposed** electrical outlet were a safety hazard. **暴露**在外的电器插座中的导线是一种安全隐患。
unexposed [ˌʌnɪk'spəʊzd] *adj.* 未暴露的，未接触的	**极速理解：un（否定）+ exposed（暴露的）** • The **unexposed** problems should be solved. 应该解决这些**未暴露的**问题。
exposure [ɪk'spəʊʒə] *n.* 暴露，接触，曝光	**极速理解：expos(e)（暴露）+ ure（名词后缀）** • The long-term **exposure** to loud noise had damaged his hearing. 长期**暴露**于高噪声中对他的听力造成了损害。
overexpose [ˌəʊvərɪk'spəʊz] *v.* 曝光过度	**极速理解：over（过度）+ expose（暴露）** • The photograph was **overexposed**. 照片**曝光过度**。
underexpose [ˌʌndərɪk'spəʊz] *v.* 曝光不足	**极速理解：under（不足）+ expose（暴露）** • The photograph was **underexposed**, making it too dark and difficult to see. 照片**曝光不足**，使得其太过黑暗，不易辨识。
underexposure [ˌʌndərɪk'spəʊʒə] *n.* 曝光不足	**极速理解：under（不足）+ exposure（曝光）** • The **underexposure** of the film gave it a moody quality. 电影的**曝光不足**给它带来了一种忧郁的质感。

337 general『一般的；首席的』

generally ['dʒenrəli] *adv.* 通常地，一般地	极速理解：**general**（一般的）+ **ly**（副词后缀） • **Generally** speaking, cats are more independent than dogs. 一般来说，猫比狗更独立。
generalize ['dʒenrəˌlaɪz] *v.* 概括，归纳	极速理解：**general**（一般的）+ **ize**（动词后缀） • It's not fair to **generalize** about all teenagers based on the behavior of a few. 基于少数人的行为对所有青少年**做出概括**不是公平的。
generalization [ˌdʒenrəlaɪ'zeɪʃən] *n.* 概括，归纳	极速理解：**general**（一般的）+ **ization**（名词后缀） • Try to avoid **generalization**. 尽量避免**泛泛而论**。
secretary general 秘书长	极速理解：**secretary**（秘书）+ **general**（首席的） • The United Nations **Secretary General** is responsible for overseeing the administration of the organization. 联合国**秘书长**负责监督该组织的行政管理。
generality [ˌdʒenə'rælɪti] *n.* 一般性；概论	极速理解：**general**（一般的）+ **ity**（名词后缀） • The book was full of **generalities** and lacked specific examples. 这本书充满了**一般性的内容**，缺乏具体的例子。
generalist ['dʒenərəlɪst] *n.* 通才，全才	极速理解：**general**（一般的）+ **ist**（人） • A **generalist** is someone who has a broad knowledge base. **通才**是指具有广泛的知识背景的人。

338 govern『管理』

government ['gʌvənmənt] *n.* 政府	极速理解：**govern**（管理）+ **ment**（名词后缀） • The **government** aims to improve public services. **政府**致力于改善公共服务事业。
self-government *n.* 自治	极速理解：**self**（自我）+ **govern**（管理）+ **ment**（名词后缀） • The people of the region demanded **self-government**. 该地区的人民要求**自治**。
governor ['gʌvənə] *n.* 省长，州长，地区行政长官	极速理解：**govern**（管理）+ **or**（人） • The **governor** of California signed a new law restricting the use of plastic bags. 加州**州长**签署了一项限制使用塑料袋的新法律。
governance ['gʌvənəns] *n.* 治理，统治，管理	极速理解：**govern**（管理）+ **ance**（名词后缀） • The company implemented new **governance** policies. 公司实行了新的**管理**政策。
governable ['gʌvənəbl] *adj.* 可管理的，可以约束的	极速理解：**govern**（管理）+ **able**（可……的） • A well-behaved child is easy to teach and **governable**. 一位表现良好的孩子很容易教育和**管教**。
ungovernable [ʌn'gʌvənəbəl] *adj.* 不可管控的，不可控制的	极速理解：**un**（否定）+ **governable**（可管理的） • The children's unruly behavior made them seem **ungovernable**. 孩子们桀骜不驯的行为使他们看起来**难以管教**。

339 inform『通知；了解』

information
[ˌɪnfəˈmeɪʃən]
n. 信息，资讯

极速理解：inform（通知）+ ation（名词后缀）

- The company offered to provide us with more **information**.
  该公司提供给我们更多**信息**。

informed
[ɪnˈfɔːmd]
adj. 有见识的

极速理解：inform（了解）+ ed（形容词后缀）

- He was always well **informed**.
  他总是那么**博学多识**。

uninformed
[ˌʌnɪnˈfɔːmd]
adj. 未被告知的；无知的

极速理解：un（否定）+ informed（通知的）

- Uninformed voters may make **uninformed** decisions in the election.
  无知的选民可能会在选举中做出**不明智的**决定。

well-informed
adj. 消息灵通的，见多识广的

极速理解：well（好的）+ informed（有见识的）

- A **well-informed** citizen is essential for a healthy democracy.
  良好的民主必须要有**消息灵通的**公民。

misinform
[ˌmɪsɪnˈfɔːm]
v. 误导，提供错误信息

极速理解：mis（错误的）+ inform（通知）

- The article **misinforms** readers by presenting only one side of the argument.
  这篇文章通过只呈现一个观点来**误导**读者。

informal
[ɪnˈfɔːməl]
adj. 非正式的，不拘礼的

极速理解：in（否定）+ formal（正式的）

- An **informal** setting makes the candidates feel more relaxed.
  非正式的环境可以让应聘者感到更加轻松。

340 interpret『解释；口译』

interpretation [ɪnˌtɜːprɪˈteɪʃn] *n.* 解释，诠释，理解	极速理解：**interpret**（解释）+ **ation**（名词后缀） • The court's **interpretation** of the law will determine the outcome of the case. 法院对法律的**解释**将决定案件的结果。
interpreter [ɪnˈtɜːprɪtə] *n.* 口译员	极速理解：**interpret**（口译）+ **er**（人） • Can you act as **interpreter**? 你能担任**口译员**吗？
interpretability [ɪntɜːprɪˈtəbɪlɪti] *n.* 解释性，可诠释性	极速理解：**interpret**（解释）+ **ability**（可……的能力） • The **interpretability** of these data sets is very crucial. 这些数据集的**可解释性**至关重要。
misinterpret [ˌmɪsɪnˈtɜːprɪt] *v.* 误解，曲解	极速理解：**mis**（错误的）+ **interpret**（解释） • He **misinterpreted** her comment as an insult rather than a joke. 他把她的评论**误解**为侮辱而不是玩笑。
misinterpretation [ˌmɪsɪntɜː(r)prɪˈteɪʃ(ə)n] *n.* 误解，曲解	极速理解：**mis**（错误的）+ **interpretation**（解释） • The **misinterpretation** of his actions led to rumors and speculation about his motives. **误解**他的行动导致了关于他动机的传言和猜测。
interpretative [ɪnˈtɜːprɪtətɪv] *adj.* 诠释性的，解释的	极速理解：**interpret**（解释）+ **ative**（形容词后缀） • The **interpretative** nature of art varies among different people. 艺术的**解释性**因人而异。

341 logic『逻辑』

logical ['lɒdʒɪkəl] *adj.* 合乎逻辑的，有条理的	极速理解：**logic**（逻辑）+ **al**（形容词后缀） • Her argument was **logical** and persuasive. 她的论点**合乎逻辑**且有说服力。
illogical [ɪ'lɒdʒɪkəl] *adj.* 不合逻辑的，无条理的	极速理解：**il**（否定）+ **logical**（逻辑的） • The argument put forward by the opposition was **illogical**. 反对派提出的论点**缺乏逻辑性**。
logically ['lɒdʒɪkli] *adv.* 合乎逻辑地，有据可依地	极速理解：**logical**（逻辑的）+ **ly**（副词后缀） • She presented her argument clearly and **logically**. 她清晰、**有据可依地**陈述了她的论点。
illogically [ɪ'lɒdʒɪklɪ] *adv.* 不合逻辑地	极速理解：**il**（否定）+ **logically**（合乎逻辑地） • The policy was implemented **illogically**. 这项政策的实施**缺乏逻辑**。
logician [lɒ'dʒɪʃən] *n.* 逻辑学家，逻辑学者	极速理解：**logic**（逻辑）+ **ian**（人） • The top **logicians** struggled to find a solution. 最顶尖的**逻辑学家**也难以找到解决方案。
logicality [ˌlɒdʒɪ'kælɪtɪ] *n.* 逻辑性	极速理解：**logical**（逻辑的）+ **ity**（名词后缀） • The **logicality** of her argument was undeniable. 她的论点的**逻辑性**无可置疑。

342 manage『管理』

manager ['mænɪdʒə] *n.* 经理，经营者	极速理解：**manag(e)**（管理）+ **er**（人） • He is a **manager** capable of leadership. 他是个富有领导才能的**经理**。
management ['mænɪdʒmənt] *n.* 管理，经营；管理层	极速理解：**manage**（管理）+ **ment**（名词后缀） • The company's **management** has made some major changes. 公司**管理层**做出了一些重大改变。
mismanage [ˌmɪs'mænɪdʒ] *v.* 管理不善，错误处理	极速理解：**mis**（错误的）+ **manage**（管理） • The company suffered financial losses because of **mismanaged** funds. 由于资金**管理不善**，公司遭受了经济损失。
managerial [ˌmænɪ'dʒɪərɪəl] *adj.* 管理的，经营的	极速理解：**manager**（经营者）+ **ial**（形容词后缀） • A **managerial** role requires a balance of leadership skills and technical knowledge. **管理**角色需要领导能力和技术知识的平衡。
manageable ['mænɪdʒəbəl] *adj.* 可管理的，易处理的	极速理解：**manage**（管理）+ **able**（可……的） • Split up large chunks of study material into **manageable** pieces. 将大量的学习资料分成**易于掌握的**小节。
unmanageable [ʌn'mænɪdʒəbəl] *adj.* 难以管理的，难处理的	极速理解：**un**（否定）+ **manageable**（可管理的） • The project was deemed **unmanageable**. 这个项目被认为是**难以管理的**。

343 mature『成熟』

immature
[ˌɪmə'tjʊə]
adj. 不成熟的

极速理解：im（否定）+ mature（成熟）

- The fruit was still **immature** and not yet ready to be picked.
  这些果实还**未成熟**，还不能采摘。

maturity
[mə'tjʊərɪti]
n. 成熟，成年，成熟期

极速理解：matur(e)（成熟）+ ity（名词后缀）

- Children typically reach **maturity** at around age 18 or 19.
  儿童通常在 18 或 19 岁左右达到**成年**。

immaturity
[ˌɪmə'tjʊərətɪ]
n. 不成熟，未发育成熟

极速理解：im（否定）+ matur(e)（成熟）+ ity（名词后缀）

- **Immaturity** is a common trait among teenagers.
  不成熟是青少年的一种普遍特征。

maturate
['mætjʊˌreɪt]
v. 使成熟，促使发育

极速理解：matur(e)（成熟）+ ate（动词后缀）

- The cheese needs to **maturate** for several months before it can be sold.
  这种乳酪需要在出售之前**成熟**几个月。

maturation
[ˌmætjʊ'reɪʃən]
n. 成熟

极速理解：matur(e)（成熟）+ ation（名词后缀）

- The **maturation** of the brain continues well into young adulthood.
  大脑的**成熟过程**一直持续到青年期晚期。

premature
[ˌpremə'tjʊə]
adj. 过早的，早产的

极速理解：pre（前面）+ mature（成熟）

- The **premature** baby required special medical care to survive.
  早产儿需要特殊的医疗护理才能存活。

344 monger『商人』

fishmonger ['fɪʃˌmʌŋgə] *n.* 鱼贩，鱼商	**极速理解：fish**（鱼）+ **monger**（商人） • The **fishmonger** sells a wide variety of fresh and saltwater fish. 这位**鱼贩**售卖各种鲜活和咸水鱼类。
ironmonger ['aɪənˌmʌŋgə] *n.* 铁器商，五金商	**极速理解：iron**（铁）+ **monger**（商人） • The local **ironmonger** has been providing hardware supplies. 当地的**五金商**一直为社区提供五金用品。
rumourmonger ['ruːməˌmʌŋgə] *n.* 散布谣言的人	**极速理解：rumour**（谣言）+ **monger**（商人） • The **rumourmonger** spreads false information. 这位**散布谣言的人**散布虚假信息。
newsmonger ['njuːzˌmʌŋgə] *n.* 爱传播消息的人，新闻贩子	**极速理解：news**（新闻）+ **monger**（商人） • The **newsmonger** is always the first to hear and spread the latest gossip. 这位**新闻贩子**总是第一个听到和传播最新的八卦。
scandalmonger ['skændəlˌmʌŋgə] *n.* 散布丑闻的人	**极速理解：scandal**（丑闻）+ **monger**（商人） • The **scandalmonger** spreads lies. 这位**散布丑闻的人**传播谎言。
panicmonger ['pænɪkˌmʌŋgə] *n.* 煽动恐慌的人	**极速理解：panic**（恐慌）+ **monger**（商人） • Don't be a **panicmonger** on the Internet. 不要在互联网上**制造恐慌**。

345 moral『道德的』

immoral [ɪ'mɒrəl] *adj.* 不道德的	**极速理解：im（否定）+ moral（道德的）** • It is **immoral** to cheat on the exam. 作弊考试是**不道德的**。
nonmoral [ˌnɒn'mɒrəl] *adj.* 与道德无关的，非道德的	**极速理解：non（否定）+ moral（道德的）** • This is a **nonmoral** issue. 这是一个**与道德无关的**问题。
morality [mə'rælɪti] *n.* 道德，道德准则	**极速理解：moral（道德的）+ ity（名词后缀）** • The **morality** of the company was questioned after the scandal. 公司的**道德**遭遇丑闻后受到质疑。
moral standards 道德标准，道德准则	**极速理解：moral（道德的）+ standards（标准）** • The school has high **moral standards** for its students. 学校对学生有很高的**道德标准**。
moral character 道德品质	**极速理解：moral（道德的）+ character（品质）** • The employer values **moral character** when hiring new employees. 雇主在招聘新员工时重视**道德品质**。
morale [mɒ'rɑːl] *n.* 士气，精神状态	**极速理解：moral（道德的）+ e（名词后缀）** • The team's **morale** was boosted after they won the championship. 球队在赢得冠军后**士气**得到提高。

346 nation『国家』

nationality [ˌnæʃəˈnælɪti] *n.* 国籍，民族	极速理解：**nation**（国家）+ **ality**（名词后缀） • Her **nationality** is British, but she was born in France. 她是英**国籍**，但是出生在法国。
national [ˈnæʃənəl] *adj.* 国家的，全国性的	极速理解：**nation**（国家）+ **al**（形容词后缀） • The **national** anthem is sung at the beginning of every sports event. **国**歌在每场体育赛事开始时奏唱。
international [ˌɪntəˈnæʃənəl] *adj.* 国际的，跨国的	极速理解：**inter**（相互）+ **national**（国家的） • **International** cooperation is necessary for addressing global issues. **国际**合作是解决全球问题的必要条件。
transnational [trænzˈnæʃənəl] *adj.* 跨国的，超越国界的	极速理解：**trans**（越过）+ **national**（国家的） • It's a **transnational** corporations. 这是一家**跨国**公司。
nationwide [ˈneɪʃənˌwaɪd] *adj.* 全国性的，遍及全国的	极速理解：**nation**（国家）+ **wide**（范围） • The protest sparked **nationwide** demonstrations. 抗议引发了**全国性的**示威。
The United Nations 联合国	极速理解：**the** + **united**（联合的）+ **nation**（国家）+ **s**（复数） • **The United Nations** was founded in 1945 after World War Ⅱ. **联合国**是二战后于 1945 年成立的。

347 observe『观察；遵守』

observe [əb'zɜːv] *v.* 观察，观测；遵守	极速理解：无 • It's important to **observe** traffic rules for safety. 为了安全，**遵守**交通规则很重要。
observe rules 遵守规则	极速理解：**observe**（遵守）+ **rules**（规则） • Players must **observe** the **rules** of the game or face penalties. 运动员必须**遵守**比赛**规则**，否则将面临惩罚。
observer [əb'zɜːvə] *n.* 观察者，旁观者	极速理解：**observ(e)**（观察）+ **er**（人） • The UN sent a team of **observers** to monitor the election. 联合国派出了一组**观察员**，监督选举。
observation [ˌɒbzə'veɪʃən] *n.* 观察，观测	极速理解：**observ(e)**（观察）+ **ation**（名词后缀） • Scientists have made an interesting **observation** about the behavior of the ants. 科学家们对蚂蚁的行为做出了有趣的**观察**。
observatory [əb'zɜːvətəri] *n.* 天文台，气象台	极速理解：**observ(e)**（观察）+ **atory**（名词后缀） • The National Weather Service operates many **observatories**. 国家气象服务局运营多个**气象台**。
unobserved [ˌʌnəb'zɜːvd] *adj.* 未观察到的，未察觉的	极速理解：**un**（否定）+ **observ(e)**（观察）+ **ed**（形容词后缀） • The thief entered the house **unobserved**. 小偷**未被察觉地**进入了房子。

348 occupy『占据』

occupation [ˌɒkjʊˈpeɪʃən] *n.* 职业；占据	极速理解：**occup(y)**（占据）+ **ation**（名词后缀） • My **occupation** is a teacher. 我的**职业**是教师。
hotel occupancy 酒店入住率	极速理解：**hotel**（酒店）+ **occup(y)**（占据）+ **ancy**（名词后缀） • **Hotel occupancy** rates have dropped significantly worldwide. 全球**酒店的入住率**已经显著下降。
occupy a position in 占据某个职位	极速理解：**occupy**（占据）+ **a**（一个）+ **position**（职位）+ **in**（在……方面） • She currently **occupies a** high-level **position in** the government. 她目前**担任**政府的高级**职位**。
occupy space 占据空间	极速理解：**occupy**（占据）+ **space**（空间） • The new piece of furniture **occupies** a lot of **space** in the living room. 新家具**占据**了客厅很多**空间**。
unoccupied [ʌnˈɒkjʊˌpaɪd] *adj.* 空闲的；未被占用的	极速理解：**un**（否定）+ **occupy**（占据）+ **ed**（形容词后缀） • The company was forced to sell the **unoccupied** property. 公司被迫出售**空闲**财产。
occupy in 在……占据位置	极速理解：**occupy**（占据）+ **in**（在……方面） • She is **occupied in** studying for the coming exam. 她在忙着准备即将到来的考试呢。

349 operate『工作；操作』

operator ['ɒpəˌreɪtə] *n.* 操作者，经营者	**极速理解：operat(e)**（工作；操作）+ **or**（人） • The **operator** of the machine needs to be well-trained. 机器的**操作者**需要接受过良好的培训。
operation [ˌɒpə'reɪʃən] *n.* 操作；手术；经营	**极速理解：operat(e)**（工作；操作）+ **ion**（名词后缀） • The **operation** of the new software is very simple. 这个新软件的**操作**非常简单。
operative ['ɒpərətɪv] *adj.* 有效的；实施中的 *n.* 特工	**极速理解：operat(e)**（工作；操作）+ **ive**（形容词后缀） • The **operative** planted a bug in the suspect's office. **特工**在嫌疑人的办公室里安放了一个窃听器。
cooperate [kəʊ'ɒpəˌreɪt] *v.* 合作	**极速理解：co**（共同）+ **operate**（工作；操作） • The two companies agreed to **cooperate** on the new project. 两家公司同意在新项目上**合作**。
cooperation [kəʊˌɒpə'reɪʃən] *n.* 合作	**极速理解：co**（共同）+ **operat(e)**（工作；操作）+ **ion**（名词后缀） • The two countries signed a treaty on economic **cooperation**. 两个国家签署了一项经济**合作**协议。
cooperative [kəʊ'ɒpərətɪv] *adj.* 合作的，合作社的 *n.* 合作社	**极速理解：co**（共同）+ **operat(e)**（工作；操作）+ **ive**（形容词后缀） • The **cooperative** efforts of the workers led to increased productivity. 工人的**合作**努力提高了生产率。

350 organize『组织』

organization [ˌɔːgənaɪˈzeɪʃən] *n.* 组织，机构	极速理解：**organiz(e)**（组织）+ **ation**（名词后缀） • She works for a non-profit **organization**. 她在一家非营利**组织**工作。
organizer [ˈɔːgəˌnaɪzə] *n.* 组织者，安排者	极速理解：**organiz(e)**（组织）+ **er**（人） • She is the **organizer** of the charity event. 她是慈善活动的**组织者**。
organized [ˈɔːgəˌnaɪzd] *adj.* 有组织的，有条理的	极速理解：**organiz(e)**（组织）+ **ed**（形容词后缀） • The book is well **organized** in terms of plot. 这本书的故事布局十分**严谨**。
reorganize [riːˈɔːgəˌnaɪz] *v.* 重新组织	极速理解：**re**（再，重新）+ **organize**（组织） • The school district decided to **reorganize** its bus routes. 学区决定**重组**巴士路线。
disorganize [dɪsˈɔːgəˌnaɪz] *v.* 使混乱，使无组织	极速理解：**dis**（否定）+ **organize**（组织） • The heavy rain **disorganized** the carefully arranged picnic. 大雨**破坏**了精心安排的野餐。
unorganized [ʌnˈɒrgəˌnaɪzd] *adj.* 无组织的，没有组织的	极速理解：**un**（否定）+ **organiz(e)**（组织）+ **ed**（形容词后缀） • Please deal with the **unorganized** data quickly. 请尽快处理这些**杂乱的**数据。

351 possess『拥有，占有』

possessor [pə'zesə(r)] *n.* 拥有者	极速理解：**possess**（拥有，占有）+ **or**（人） • The **possessor** of the winning lottery ticket claimed the prize. 中奖的彩票**持有人**领取了奖金。
dispossess [ˌdɪspə'zes] *v.* 夺走，剥夺	极速理解：**dis**（否定）+ **possess**（拥有，占有） • A lot of people were **dispossessed** of their homes. 许多人被**没收**了家产。
possess a sense of humor 具有幽默感	极速理解：无 • It's important to **possess a sense of humor**. **具有幽默感**很重要。
possession [pə'zeʃən] *n.* 拥有物，财产，拥抱	极速理解：**possess**（拥有，占有）+ **ion**（名词后缀） • The diamond ring is her most treasured **possession**. 这枚钻戒是她最珍贵的**拥有物**。
possessive [pə'zesɪv] *adj.* 占有欲强的；所有格的	极速理解：**possess**（拥有，占有）+ **ive**（形容词后缀） • He has a **possessive** personality. 他的个性是**占有欲极强**。
self-possessed *adj.* 自信的，沉着冷静的	极速理解：**self**（自我）+ **possess**（拥有）+ **ed**（形容词后缀） • The pilot remained **self-possessed** even in the face of an emergency. 飞行员在面对紧急情况时仍然保持**镇定自若**。

352 prepare『准备』

prepare for 为……做准备	**极速理解：prepare（准备）+ for（为了）** • She spent all day **preparing for** the exam. 她花了整整一天**为**考试**做准备**。
prepared [prɪ'peəd] *adj.* 准备好的，有准备的	**极速理解：prepar(e)（准备）+ ed（形容词后缀）** • The chef had all the ingredients **prepared** before starting to cook. 厨师在开始烹饪之前已**准备**好所有的食材。
unprepared [ˌʌnprɪ'peəd] *adj.* 未准备好的，没有做好打算的	**极速理解：un（否定）+ prepared（准备好的）** • He was completely **unprepared** for the difficult questions on the exam. 他完全**没有**为考试上的难题**做好准备**。
in preparation 正在准备中的	**极速理解：in（在……中）+ prepar(e)（准备）+ ation（名词后缀）** • The chef is **in preparation** for the dinner service. 厨师**正在**为晚餐服务**做准备**。
preparatory [prɪ'pærətəri] *adj.* 需要准备的	**极速理解：prepar(e)（准备）+ atory（形容词后缀）** • There is much **preparatory** work for us to do. 我们有许多**准备**工作要做。
prepare a meal 做饭	**极速理解：无** • He **prepared a** delicious **meal** for his guests. 他为他的客人**准备了一顿**美味的**饭菜**。

353 prevent『防止』

prevention [prɪ'venʃən] *n.* 预防，防止	极速理解：**prevent**（防止）+ **ion**（名词后缀） • Regular exercise is an important part of disease **prevention**. 定期锻炼是疾病**预防**的重要组成部分。
prevent from 防止，阻止	极速理解：无 • The umbrella **prevented** her **from** getting wet in the rain. 伞**防止**了她在雨中弄湿。
preventive [prɪ'ventɪv] *adj.* 预防的，防止的	极速理解：**prevent**（防止）+ **ive**（形容词后缀） • Vaccines are a **preventive** measure against many diseases. 疫苗是**预防**许多疾病的措施。
prevent disease 预防疾病	极速理解：无 • A balanced diet can help **prevent** many **diseases**. 均衡的饮食有助于**预防**许多**疾病**。
preventable [prɪ'ventəb(ə)l] *adj.* 可预防的	极速理解：**prevent**（防止）+ **able**（可……的） • Many diseases are **preventable**. 许多疾病是**可以预防的**。
unpreventable [ˌʌnprɪ'ventəbəl] *adj.* 无法预防的	极速理解：**un**（否定）+ **preventable**（可预防的） • Some genetic diseases are **unpreventable** at this time. 一些遗传疾病目前**无法预防**。

354 produce『生产』

produce [prə'djuːs] *v.* 生产，出产 *n.* 农产品	**极速理解：pro**（向前）+ **duc**（引导）+ **e**（名词 / 动词后缀） • The shop sells only fresh local **produce**. 这家商店专售当地的新鲜**农产品**。
producer [prə'djuːsə] *n.* 制片人，生产者	**极速理解：produc(e)**（生产）+ **er**（人） • The **producer** is responsible for overseeing the budget. **制片人**负责监督预算。
mass-produce *v.* 批量生产	**极速理解：mass**（大量）+ **produce**（生产） • The machine is capable of **mass-producing** thousands of units in a short amount of time. 这台机器能够在短时间内**生产**数千件产品。
product ['prɒdʌkt] *n.* 产品；产物	**极速理解：pro**（向前）+ **duct**（引导） • We are all **products** of our time. 我们都是这个时代的**产物**。
production [prə'dʌkʃən] *n.* 生产，制造；作品，产品	**极速理解：product**（生产）+ **ion**（名词后缀） • The company's **production** of new phones has increased this year. 该公司今年**生产**的新手机增加了。
productive [prə'dʌktɪv] *adj.* 富有成效的，多产的	**极速理解：product**（生产）+ **ive**（形容词后缀） • She has been very **productive** in her work this week. 她这周工作很**有成效**。

355 quick『快速的』

quicken ['kwɪkən] *v.* 使变快，加速	**极速理解：quick**（快速的）+ **en**（使……处于） • The new technology has the ability to **quicken** the production process. 新技术能够**加快**生产过程。
quickness ['kwɪknəs] *n.* 敏捷，反应快	**极速理解：quick**（快速的）+ **ness**（名词后缀） • She was praised for her **quickness** in solving the problem. 她因解决问题的**迅速**而受到赞扬。
quicker [kwɪkə] *adj.* 更快的，更敏捷的	**极速理解：quick**（快速的）+ **er**（更加） • With practice, she became **quicker** at typing on the computer. 通过练习，她在电脑上打字的速度**更快**了。
quick-minded *adj.* 反应敏捷的，机智的	**极速理解：quick**（快速的）+ **minded**（有想法的） • The detective was known for being **quick-minded**. 这位侦探以**反应敏捷**而闻名。
quick-witted *adj.* 机智的，机敏的	**极速理解：quick**（快速的）+ **witted**（聪明的） • He was admired for his **quick-witted** sense of humor. 他因富有**机智的**幽默感而受人钦佩。
quick tempered *adj.* 性情急躁的	**极速理解：quick**（快速的）+ **tempered**（某种性情的） • The boss was known for being **quick-tempered** and easily angered. 这位老板因**性情急躁**而闻名，容易发怒。

356 quiet『安静的』

quietness ['kwaɪətnəs] *n.* 安静，寂静	**极速理解：quiet**（安静的）+ **ness**（名词后缀） • The **quietness** of the forest was calming and peaceful. 森林的**安静**使人感到平静和宁静。
disquiet [dɪs'kwaɪət] *v.* 使不安 *n.* 不安	**极速理解：dis**（否定）+ **quiet**（安静的） • The unsettling news **disquieted** many people. 不安的消息**使**许多人**感到不安**。
quieten ['kwaɪətən] *v.* 使平静，使安静	**极速理解：quiet**（安静的）+ **en**（使……处于） • The baby was **quietened** with a lullaby. 婴儿被**哄睡**了。
quietly ['kwaɪətli] *adv.* 安静地，轻声地	**极速理解：quiet**（安静的）+ **ly**（副词后缀） • She whispered **quietly** to avoid disturbing the others. 她**轻声细语**，以免打扰别人。
unquiet [ʌn'kwaɪət] *adj.* 不安静的，不平静的	**极速理解：un**（否定）+ **quiet**（安静的） • The **unquiet** sea made the sailors uneasy. **汹涌的**大海使水手们感到不安。
keep quiet 保持安静，不要说话	**极速理解：keep**（保持）+ **quiet**（安静的） • The teacher told the students to **keep quiet** during the exam. 老师告诉学生在考试期间**保持安静**。

357 rain『雨』

rainy ['reɪni] *adj.* 多雨的	极速理解：**rain**（雨）+ **y**（形容词后缀） • It's been a **rainy** week with non-stop showers. 这是个**下雨**不停的一周。
rainbow ['reɪnˌbəʊ] *n.* 彩虹	极速理解：**rain**（雨）+ **bow**（弓形） • The **rainbow** appeared after the rain stopped. 雨停后，**彩虹**出现了。
raincoat ['reɪnˌkəʊt] *n.* 雨衣	极速理解：**rain**（雨）+ **coat**（外衣） • He bought a new **raincoat** for his trip to the rainforest. 他为去雨林旅行买了一件新**雨衣**。
rainproof ['reɪnˌpruːf] *adj.* 防雨的，防水的	极速理解：**rain**（雨）+ **proof**（防止） • My **rainproof** jacket is perfect for hiking in wet weather. 我的**防水**夹克非常适合在潮湿的天气下徒步旅行穿。
rainfall ['reɪnˌfɔːl] *n.* 降雨量，雨量	极速理解：**rain**（雨）+ **fall**（下降） • The **rainfall** in this area is very low. 该地区**降雨量**非常少。
rainstorm ['reɪnˌstɔːm] *n.* 暴雨，暴风雨	极速理解：**rain**（雨）+ **storm**（风暴） • The **rainstorm** caused a lot of damage to the city. **暴雨**给城市带来了很多破坏。

358 raise『提高；抚养；提起；筹集』

raise salaries 提高薪水，加薪	极速理解：**raise**（提高）+ **salaries**（薪水） • The company are offering to **raise salaries** by 12%. 这家公司提出将**工资增加** 12%。
raise up 抚养；培养	极速理解：**raise**（抚养）+ **up**（向上） • She was **raised up** by her grandparents after her parents' death. 她在父母去世后由祖父母**抚养**长大。
raise children 抚养孩子	极速理解：**raise**（抚养）+ **children**（孩子们） • **Raising children** can be challenging but it's also very rewarding. **抚养孩子**可能很有挑战性，但同时也很有回报。
fund-raiser *n.* 资金筹集活动；募捐人	极速理解：**fund**（资金）+ **raise**（筹集）+ **er**（人） • She has been a dedicated **fund-raiser** for years. 她多年来一直是一名热心**募捐人**。
raise hopes 增强希望；激励	极速理解：**raise**（提高）+ **hopes**（希望） • Her inspiring speech **raised the hopes** of people. 她鼓舞人心的演讲**增强**了人们的**希望**。
raise questions 提出问题	极速理解：**raise**（提起）+ **questions**（问题） • The new evidence **raised questions** about the defendant's alibi. 新证据**引发了**对被告不在场证明的**疑问**。

359 reach『到达』

reach a goal 达成目标	极速理解：无 • She finally **reached her goal** of becoming a doctor. 她最终**达成**了成为一名医生的**目标**。
reachable [ˈriːtʃəbl] *adj.* 可到达的；可接触到的	极速理解：**reach**（到达）+ **able**（可……的） • The top of the bookshelf is not **reachable** for me without a chair. 如果没有椅子，我**够不到**书架顶上的物品。
reach for the stars 追求卓越；追求诸多目标	极速理解：无 • Don't be afraid to **reach for the stars** and pursue your dreams. 不要害怕**追求卓越**和追寻自己的梦想。
far-reaching *adj.* 影响深远的；广泛的	极速理解：**far**（远）+ **reach**（到达）+ **ing**（形容词后缀） • The policy has **far-reaching** consequences on the economy. 政策对经济的**影响**非常**深远**。
eyereach [ˈaɪriːtʃ] *n.* 视线所及的范围	极速理解：**eye**（眼睛）+ **reach**（到达） • She placed her phone within **eyereach**. 她把手机放在**视线范围**内。
reach-me-down 用过的旧物	极速理解：无 • This pair of pants is a **reach-me-down** from my brother. 这条裤子是哥哥**穿过的**，现在轮到我了。

360 read『读』

reader ['riːdə] *n.* 读者；读物	极速理解：**read**（读）+ **er**（人或物） • The library provides a variety of books for different **readers**. 图书馆为不同**读者**提供各种书籍。
readable ['riːdəbəl] *adj.* 可读性强的；易读的	极速理解：**read**（读）+ **able**（可……的） • The professor's latest book is **readable**. 这位教授最新的书非常**易读**。
read out 大声读出；宣读	极速理解：**read**（读）+ **out**（向外） • The students to take turns to **read out** paragraphs from the textbook. 学生轮流**大声朗读**课本中的段落。
reading room 阅览室	极速理解：**read**（阅读）+ **ing**（名词后缀）+ **room**（房间） • The hotel's **reading room** was a cozy space. 酒店的**阅览室**是一个舒适的地方。
misread [ˌmɪsˈriːd] *v.* 误读；误解	极速理解：**mis**（错误的）+ **read**（读） • He **misread** the map and ended up taking the wrong road. 他**误读**地图，最终走错了路。
well-read *adj.* 博学的；阅读广泛的	极速理解：**well**（好的）+ **read**（读） • Michael was extremely **well-read**. 迈克尔是个相当**博学的**人。

361 real『真实的』

reality [rɪ'ælɪti] *n.* 现实；实际情况	极速理解：**real**（真实的）+ **ity**（名词后缀） • People prefer to escape from **reality**. 有时人们喜欢逃避**现实**。
realize ['rɪəˌlaɪz] *v.* 意识到；实现；认识到	极速理解：**real**（真实的）+ **ize**（动词后缀） • She **realized** that she had left her keys at home. 她**意识到**自己把钥匙落在家里了。
realistic [ˌrɪə'lɪstɪk] *adj.* 现实的；实际的	极速理解：**real**（真实的）+ **istic**（形容词后缀） • It's important to have **realistic** expectations. 设定**实际的**期望很重要。
unreal [ʌn'rɪəl] *adj.* 虚幻的；不真实的	极速理解：**un**（否定）+ **real**（真实的） • The story had such an **unreal** plot twist. 这个故事有一个如此**虚幻的**情节转折。
unrealistic [ˌʌnrɪə'lɪstɪk] *adj.* 不现实的；不实际的	极速理解：**un**（否定）+ **realistic**（现实的） • The company's sales projections were **unrealistic**. 公司的销售预测**不实际**。
It's for real! 确实；是真的；不是开玩笑	极速理解：无 • This is not a fire drill—**it's for real**. 这不是救火演习，这次是**真的**失火了。

362 record『记录；唱片；纪录』

recorder [rɪ'kɔːdə] *n.* 记录者；录音机	**极速理解：record**（记录；唱片）+ **er**（人或物） • I use a digital **recorder** to keep track of my daily tasks. 我用数码**录音机**来记录我的日常任务。
recording [rɪ'kɔːdɪŋ] *n.* 录音；录像	**极速理解：record**（记录；唱片）+ **ing**（名词后缀） • The singer was disappointed with the **recording** of her new song. 歌手对她新歌的**录音**感到失望。
record-breaker *n.* 破纪录者	**极速理解：record**（纪录）+ **break**（打破）+ **er**（人） • Usain Bolt is a famous **record-breaker** in the sport of track and field. 尤塞恩·博尔特是田径运动中著名的**破纪录者**。
record-breaking *adj.* 打破纪录的	**极速理解：record**（纪录）+ **break**（打破）+ **ing**（形容词后缀） • The athlete set a **record-breaking** time in the 100-meter dash. 这位运动员在 100 米短跑项目上创下了**打破纪录**的时间。
set a record 创造纪录	**极速理解：set**（创造）+ **a**（一个）+ **record**（纪录） • The hot dog eating champion **set a** new **record**. 这位吃热狗的冠军**创造了新纪录**。
surpass the world record 超过世界纪录	**极速理解：surpass**（超越；胜过）+ **the** + **world**（世界）+ **record**（纪录） • The long jump athlete was not able to **surpass the world record**. 这位跳远选手没有能够**超过世界纪录**。

363 red『红色』

reddish ['redɪʃ] *adj.* 略带红色的	极速理解：**red**（红色）+ **d** + **ish**（形容词后缀） • The painting had a **reddish** hue. 这幅画有一种**略带红色的**色调。
blood-red *adj.* 血红色的	极速理解：**blood**（血液）+ **red**（红色） • Her dress was a stunning **blood-red**. 她的裙子是惊艳的**血红色**。
red-blooded *adj.* 有血性的	极速理解：**red**（红色）+ **blood**（血液）+ **ed**（形容词后缀） • He was very anxious to prove he was a **red-blooded** male. 他急于证明自己是一名**热血**男儿。
in the red dress 穿着红色礼服	极速理解：无 • The actress looked stunning **in the red dress**. 女演员**穿着红色礼服**，看起来非常惊艳。
red-hot *adj.* 炽热的	极速理解：**red**（红色）+ **hot**（热的） • The metal was **red-hot** after being heated in the furnace. 那块金属在炉中加热后变得十分**炽热**。
infrared detector 红外线探测器	极速理解：**infra**（在下）+ **red**（红色）+ **detector**（探测器） • The security system uses **infrared detectors** to keep the area monitored. 安保系统使用**红外线探测器**来监控区域。

364 register『注册；记录』

registry ['redʒɪstri] *n.* 登记处；登记簿	**极速理解：regist(er)（注册）+ y（名词后缀）** • You can find the birth records in the **registry** at City Hall. 你可以在市政厅的**登记处**找到出生记录。
registration [ˌredʒɪ'streɪʃən] *n.* 注册；登记	**极速理解：regist(e)r（注册）+ ation（名词后缀）** • The **registration** process for the conference is simple and easy. 该会议的**注册**流程简单而容易。
register a company 注册公司	**极速理解：register（注册）+ a（一家）+ company（公司）** • It's very easy to **register a company**. **注册一家公司**非常简单。
deregister [diː'redʒɪstə] *v.* 注销；取消登记	**极速理解：de（否定）+ register（注册）** • The company was required to **deregister** its trademark. 该公司必须**注销**其商标。
register a marriage 登记结婚	**极速理解：register（注册）+ a（一个）+ marriage（婚姻）** • The newlyweds went to the courthouse to **register their marriage**. 新婚夫妇去法院**登记结婚**。
registrant ['redʒɪstrənt] *n.* 登记人；注册人	**极速理解：regist(e)r（注册）+ ant（人）** • The **registrant** of a domain name has the right to use that name for a certain period of time. 域名的**注册人**有权使用该名称一定时间。

365 regular『规则的；定期的』

irregular [ɪ'regjʊlə] *adj.* 不规则的；不整齐的	**极速理解：ir**（否定）+ **regular**（规则的；定期的） • The artist intentionally painted **irregular** lines. 艺术家有意地画出**不规则的**线条。
regularly ['regjʊlə(r)li] *adv.* 定期地；有规律地	**极速理解：regular**（规则的；定期的）+ **ly**（副词后缀） • She exercises **regularly** to keep her body healthy. 她**定期**锻炼以保持健康。
regularity [ˌregjʊ'lærəti] *n.* 规律性	**极速理解：regular**（规则的；定期的）+ **ity**（名词后缀） • Children seek out **regularities** in acquiring language. 儿童在学习语言的过程中会找出各种**规律**。
regulator ['regjʊˌleɪtə] *n.* 监管机构；调节器	**极速理解：regul**（调整；监管）+ **ator**（名词后缀） • The **regulator** is responsible for ensuring the stability. **监管机构**负责确保稳定。
regulate ['regjʊˌleɪt] *v.* 管制；调整	**极速理解：regul**（调整；监管）+ **ate**（动词后缀） • The industry is strictly **regulated**. 这个行业有严格的**管理**。
strict regulation 严格监管；严格规定	**极速理解：strict**（严格的）+ **regulat(e)**（管制）+ **ion**（名词后缀） • The company was fined for violating the **strict regulations**. 该公司因违反**严格规定**而被罚款。

366 repeat『重复』

repetition [ˌrepɪˈtɪʃən] *n.* 重复；复述	**极速理解：repe(a)t**（重复）+ **ition**（名词后缀） • We do not want to see a **repetition** of tragic events. 我们不想看到悲剧**重演**。
repetitious [ˌrepɪˈtɪʃəs] *adj.* 反复的；重复的	**极速理解：repe(a)t**（重复）+ **itious**（形容词后缀） • The professor's **repetitious** lectures were boring for the students. 教授**重复的**讲课对学生来说很无聊。
repeated [rɪˈpiːtɪd] *adj.* 反复的；重复的	**极速理解：repeat**（重复）+ **ed**（形容词后缀） • The **repeated** failures made the team feel discouraged. **连续的**失败让团队感到沮丧。
repeater [rɪˈpiːtə] *n.* 复读生；重复者	**极速理解：repeat**（重复）+ **er**（人） • Be an innovator, not a **repeater**! 不要做一名**重复者**，要做一名创新者！
repeat the grade 重读一年级；留级	**极速理解：repeat**（重复）+ **the** + **grade**（年级） • Some students choose to **repeat the grade**. 一些学生选择**重读一年级**。
repetitive [rɪˈpetɪtɪv] *adj.* 重复的；反复的	**极速理解：repe(a)t**（重复）+ **itive**（形容词后缀） • Don't be so **repetitive** in your writing. 写文章别太**重复**。

367 report『报告；报道』

news report 新闻报道	**极速理解：news（新闻）+ report（报道）** • This is an authentic **news report**. 这是篇可靠的**新闻报道**。
reporter [rɪ'pɔːtə] *n.* 记者	**极速理解：report（报告；报道）+ er（人）** • The **reporter** asked the politician a difficult question. **记者**向政治家提出了一个难题。
report back 回报；反馈	**极速理解：report（报告；报道）+ back（返回）** • The employee was instructed to **report back** on the progress of the project. 雇员被指示**汇报**该项目的进展情况。
report on 报告；对……作出报告	**极速理解：report（报告）+ on（对于）** • The auditor will **report on** the financial situation of the company. 审计师将**报告**公司的财务状况。
underreport ['ʌndərɪ'pɔːt] *v.* 少报；低估	**极速理解：under（不足）+ report（报告；报道）** • The company was fined for **underreporting** its income. 公司因**少报**其收入而被罚款。
objective reporting 客观报道	**极速理解：objective（客观的）+ report（报道）+ ing（名词后缀）** • The journalist strives for **objective reporting**. 记者力求**客观报道**。

368 repute『名声，声誉』

disrepute [ˌdɪsrɪˈpjuːt] *n.* 坏名声；声名狼藉	**极速理解：dis**（否定）+ **repute**（名声，声誉） • The actor's behavior offstage earned him a reputation for **disrepute**. 这位演员在舞台外的行为使他**声名狼藉**。
reputation [ˌrepjʊˈteɪʃən] *n.* 名声；声誉	**极速理解：reput(e)**（名声，声誉）+ **ation**（名词后缀） • This college has a good academic **reputation**. 这所大学有良好的学术**声誉**。
reputable [ˈrepjʊtəbəl] *adj.* 声誉好的；有信誉的	**极速理解：reput(e)**（名声，声誉）+ **able**（形容词后缀） • It's important to work with a **reputable** financial advisor. 与一名**知名**财务顾问合作非常重要。
disreputable [dɪsˈrepjʊtəbəl] *adj.* 无信誉的；声名狼藉的	**极速理解：dis**（否定）+ **reputable**（声誉好的） • He was accused of using **disreputable** methods to get rich. 他被指控采取**不正当的**手段谋取私利。
build a reputation 建立声誉	**极速理解：**无 • The young musician worked hard to **build a reputation**. 这位年轻音乐家努力工作**打造自己的名声**。
well-reputed *adj.* 有好名声的；有声望的	**极速理解：well**（好的）+ **reput(e)**（名声，声誉）+ **ed**（形容词后缀） • She is a **well-reputed** expert in her field. 她是该领域的**知名**专家。

369 room『房间』

roomful ['ruːmfʊl] *n.* 满室的；一室	**极速理解：room（房间）+ ful（充满……的）** • The concert hall was filled with a **roomful** of enthusiastic fans. 音乐厅里**挤满**了热情的乐迷。
roomy ['ruːmi] *adj.* 宽敞的	**极速理解：room（房间）+ y（形容词后缀）** • The minivan is known for its **roomy** interior. 这辆多用途车以其**宽敞的**内部空间而闻名。
roommate ['ruːmˌmeɪt] *n.* 同房者；寝室室友	**极速理解：room（房间）+ mate（同伴）** • My **roommate** is a fellow student from my college. 我的**室友**是我的大学同学。
sitting room *n.* 客厅	**极速理解：sitting（坐着的）+ room（房间）** • The family gathered in the **sitting room** to watch TV show. 家人们聚集在**客厅**看电视节目。
roomette [ruː'met] *n.* 卧铺；小包厢	**极速理解：room（房间）+ ette（小的）** • She reserved a **roomette** on the overnight train. 她预订了过夜火车上的一个**小包厢**。
changing-room *n.* 更衣室	**极速理解：changing（更换的）+ room（房间）** • She hurried into the **changing-room** to try on the dress. 她匆忙走进**更衣室**试穿了裙子。

370 root『根』

rooted ['ruːtɪd] *adj.* 扎根的；深深扎根的	极速理解：**root**（根）+ **ed**（形容词后缀） • He has lived in this town his whole life and feels deeply **rooted** to it. 他一生都生活在这个城镇中，感觉和这里**紧密相连**。
rootless ['ruːtlɪs] *adj.* 无根的；没有根基的	极速理解：**root**（根）+ **less**（无） • The company's new policies seemed **rootless**. 该公司的新政策似乎**缺乏根基**。
uproot family 背井离乡的家庭	极速理解：**up**（向上）+ **root**（根）+ **family**（家庭） • The earthquake **uprooted** many **families** from their homes. 地震**使**许多**家庭离开了**他们的家园。
take root in 扎根于	极速理解：无 • Their love for this city has **taken root in** their hearts. 他们对这座城市的热爱已经**扎根于**他们的心中。
root of a problem 问题的根源	极速理解：无 • We need to identify the **root of the problem**. 我们需要找出**问题的根源**。
outroot [ˌaʊt'ruːt] *v.* 根除；把……连根拔起	极速理解：**out**（出去）+ **root**（根） • We need to **outroot** the weeds from our garden. 我们要从花园中将杂草**连根拔起**。

371 round『圆形的』

half-round *adj.* 半圆形的	极速理解：**half**（半）+ **round**（圆形的） • The garden path is made up of a series of **half-round** stepping stones. 花园小路由一系列的**半圆形**踏石铺成。
rounded [ˈraʊndɪd] *adj.* 圆形的；圆润的；完美的	极速理解：**round**（圆形的）+ **ed**（形容词后缀） • The artist created a beautiful sculpture with smooth, **rounded** curves. 艺术家用光滑、**圆润的**曲线雕刻出一尊美丽的雕塑。
surround [səˈraʊnd] *v.* 包围；环绕；包裹	极速理解：**sur**（周围）+ **round**（圆形的） • She likes to **surround** herself with friends and family. 她喜欢把自己**包围**在亲友中间。
surrounding [səˈraʊndɪŋ] *adj.* 周围的；周边的	极速理解：**sur**（周围）+ **round**（圆形的）+ **ing**（形容词后缀） • The **surrounding** mountains provide a breathtaking backdrop. **周围的**山脉提供了一个令人惊叹的背景。
round-trip-ticket *n.* 往返票	极速理解：无 • The travel agent recommended buying a **round-trip-ticket**. 旅行社建议购买**往返机票**。
roundabout [ˈraʊndəˌbaʊt] *adj.* 绕路的；转弯抹角的；迂回的	极速理解：**round**（圆形的）+ **about**（关于） • He took a **roundabout** route to avoid the freeway traffic. 他**绕路**来避开高速公路的交通拥堵。

372 rule『统治；规则』

ruler ['ruːlə] *n.* 统治者；尺；直尺	**极速理解：rul(e)（统治；规则）+ er（人或物）** • The king was a just **ruler** who cared for his subjects' well-being. 国王是一位公正的**统治者**，关心他的臣民的福利。
ruling ['ruːlɪŋ] *n.* 裁决 *adj.* 统治的	**极速理解：rul(e)（统治）+ ing（名词/形容词后缀）** • The **ruling** government is facing criticism. **执政**党受到了批评。
misrule [ˌmɪs'ruːl] *n.* 混乱统治；暴政	**极速理解：mis（错误的）+ rule（统治；规则）** • He was accused of corruption and **misrule**. 他因贪污和**暴政**受到指控。
abide by the rules 遵守规则；遵循规定	**极速理解：abide by（遵守；坚持）+ the + rules（规则）** • All players should **abide by the rules** of the game. 所有的运动员都应该**遵守**比赛**规则**。
traffic rules *n.* 交通规则	**极速理解：traffic（交通）+ rules（规则）** • Drivers must obey **traffic rules** in order to prevent accidents. 驾驶员必须遵守**交通规则**才能预防事故发生。
rule of thumb 经验法则；常规做法	**极速理解：rule（规则）+ of（关于）+ thumb（拇指）** • As a **rule of thumb**, a cup of filter coffee contains about 80mg of caffeine. 凭**经验估计**，一杯过滤咖啡约含 80 毫克咖啡因。

373 run『跑步；管理』

runner ['rʌnə] *n.* 跑步者；奔跑的人；赛跑选手	**极速理解：run（跑步）+ n + er（人）** • She was a fast **runner** in her school's track and field team. 她是学校田径队中的快速**赛跑选手**。
forerunner ['fɔːrʌnə] *n.* 先驱；预兆；前身	**极速理解：fore（前面）+ runner（跑步者）** • The wildflowers blooming in the mountain were a **forerunner** of spring. 山里盛开的野花是春天的**先兆**。
state-run *adj.* 国有的；国营的	**极速理解：state（国家）+ run（管理）** • It's a country's **state-run** company. 这是一家**国有**企业。
run away 跑掉；逃跑	**极速理解：run（跑步）+ away（离开，走开）** • The young boy tried to **run away** from home. 这个小男孩试图**离家出走**。
runaway ['rʌnəˌweɪ] *n.* 逃跑的人 *adj.* 失控的；不受控制的	**极速理解：run（跑步）+ away（离开，走开）** • The stock market experienced a **runaway** rally. 股市经历了**失控**涨势。
outrun [ˌaʊt'rʌn] *v.* 超过；逃脱；跑得比……快	**极速理解：out（超过）+ run（跑步）** • There are not many players who can **outrun** me. **跑得比**我**快**的球员为数不多。

374 safe『安全的』

safety ['seɪfti] *n.* 安全，安全性	**极速理解：safe（安全的）+ ty（名词后缀）** • Always wear a helmet for your own **safety**. 为了你自己的**安全**，一定要戴头盔。
safely ['seɪfli] *adv.* 安全地	**极速理解：safe（安全的）+ ly（副词后缀）** • The little girl crossed the street **safely** with her mother's hand to hold. 小女孩和妈妈牵着手，**安全**过马路了。
unsafe [ʌn'seɪf] *adj.* 不安全的	**极速理解：un（否定）+ safe（安全的）** • It's **unsafe** to swim in the river after a heavy rain. 大雨后在河里游泳**不安全**。
safeguard ['seɪfˌgɑːd] *n.* 保护措施，安全保障 *v.* 保护，维护	**极速理解：safe（安全的）+ guard（保护）** • The police have a duty to **safeguard** the lives of citizens. 警察有责任**保护**公民的生命安全。
safe and sound 完好无损的，安然无恙的	**极速理解：safe（安全的）+ and（和）+ sound（安好的，健全的）** • After the car accident, they were both relieved to be **safe and sound**. 车祸后，他们俩都庆幸自己**安然无恙**。
safe landing 安全降落	**极速理解：safe（安全的）+ landing（降落）** • The spaceship made a **safe landing** on the moon. 宇宙飞船在月球上**安全着陆**。

375 sail『帆；航行』

sailing ['seɪlɪŋ] *n.* 航行，航海	**极速理解：sail（航行）+ ing（名词后缀）** • I enjoy the feeling of freedom when **sailing** on the open sea. 在大海上**航行**时，我享受着自由的感觉。
sailboat ['seɪlˌbəʊt] *n.* 帆船	**极速理解：sail（帆）+ boat（船）** • Joe bought a **sailboat** to fulfill his dream of sailing around the world. 乔买了一艘**帆船**，想要实现他环游世界的梦想。
sailor ['seɪlə] *n.* 航海家，扬帆者	**极速理解：sail（航行）+ or（人）** • I was the son of **sailors** and reared on stories of the sea. 我是**水手**的儿子，是听海的故事长大的。
sail for 驶向	**极速理解：sail（航行）+ for（向……）** • The ship set **sail for** Europe. 这艘船**启航**去欧洲。
resail [riːˈseɪl] *v.* 重复航行	**极速理解：re（再，重新）+ sail（航行）** • We had to **resail** the entire race. 我们不得不**重新航行**整个比赛。
sail through exams 轻松通过考试	**极速理解：sail（航行）+ through（通过）+ exams（考试）** • He can **sail through** difficult **exams** with ease. 他能够**轻松应对**难的**考试**。

376 sale『销售』

salesman ['seɪlzmən] *n.*（男）推销员，售货员	极速理解：**sale**（销售）+ **s** + **man**（人） • The **salesman** gave him his change. 那位**售货员**把零钱找给了他。
salesmanship ['seɪlzmənʃɪp] *n.* 推销技巧，推销能力	极速理解：**salesman**（推销员）+ **ship**（方法） • The young entrepreneur learned the art of **salesmanship**. 这位年轻的创业者学习了**推销**的艺术。
big fire sale 大甩卖，大减价	极速理解：**big**（大的）+ **fire**（火）+ **sale**（销售） • The store had a **big fire sale**. 这家商店举行了**大甩卖**。
wholesale ['həʊlˌseɪl] *adj.* 批发的 *adv.* 批发地 *n.* 批发	极速理解：**whole**（全部的）+ **sale**（销售） • We buy our office supplies **wholesale** to save money. 我们以**批发**价格采购办公用品，以节省资金。
saleable ['seɪləbəl] *adj.* 有销路的，适销的	极速理解：**sale**（销售）+ **able**（形容词后缀） • The company determined the most **saleable** product line. 公司确定最**适销的**产品线。
on sale 出售中，打折销售中	极速理解：**on**（处于……中）+ **sale**（销售） • The winter coats are **on sale** at 50% off. 这些冬季外套正在**打五折出售**。

377 salt『盐』

salty ['sɔːlti] *adj.* 咸的	极速理解：**salt**（盐）+ **y**（形容词后缀） • The soup is too **salty** for my taste. 这汤对我的口味来说太**咸**了。
sea salt 海盐	极速理解：**sea**（海）+ **salt**（盐） • Many people prefer **sea salt**. 许多人喜欢**海盐**。
saltiness ['sɔːltɪnəs] *n.* 咸味，咸度	极速理解：**salt**（盐）+ **i** + **ness**（名词后缀） • The **saltiness** of the dish was just right for me. 这道菜的**咸度**对我来说刚刚好。
sprinkle salt 撒盐	极速理解：**sprinkle**（撒开）+ **salt**（盐） • You should **sprinkle** a little **salt** on the meat before cooking it. 在烹饪肉类之前，你应该**撒**一些**盐**。
salted ['sɔːltɪd] *adj.* 盐腌的，腌制的	极速理解：**salt**（盐）+ **ed**（形容词后缀） • The fish are cut and **salted**. 鱼被切成块**腌**起来了。
a pinch of salt 一撮盐	极速理解：无 • The recipe calls for **a pinch of salt**. 这个食谱要加**一撮盐**。

378 select『选择』

selection [sɪˈlekʃən] *n.* 选择	极速理解：**select**（选择）+ **ion**（名词后缀） • The final team **selection** will be made tomorrow. 明天将确定队伍的最后**人选**。
self-selection *n.* 自我选择，自我筛选	极速理解：**self**（自我）+ **selection**（选择） • The university offers a **self-selection** program. 这所大学提供了一个**自主选择**的课程。
selective [sɪˈlektɪv] *adj.* 有选择性的，挑剔的	极速理解：**select**（选择）+ **ive**（形容词后缀） • The school is very **selective** and only accepts the most qualified students. 这所学校非常**挑剔**，只招收最合格的学生。
selected [sɪˈlektɪd] *adj.* 被精选的，被选拔的	极速理解：**select**（选择）+ **ed**（形容词后缀） • The **selected** candidates will be invited for a second interview. **被精选的**候选人将被邀请进行第二轮面试。
selectivity [sɪˌlekˈtɪvɪti] *n.* 选择性，选拔标准	极速理解：**select**（选择）+ **ivity**（名词后缀） • Schools are tending towards greater **selectivity**. 学校对新生的**选拔**有趋严之势。
natural selection 自然选择，适者生存	极速理解：**natural**（自然的）+ **selection**（选择） • The process of **natural selection** ensures that the fittest survive in their environment. **自然选择**的过程确保最适者能在环境中生存下来。

379 sell『出售』

seller ['selə] *n.* 卖家，销售者	**极速理解：sell（出售）+ er（人）** • The **seller** offered a discount to attract more customers. **卖方**提供了折扣来吸引更多的客户。
best-seller *n.* 畅销书；畅销品	**极速理解：best（最好的）+ seller（商品）** • The new phone model is expected to be a **best-seller**. 这款新手机型号预计将成为**畅销产品**。
best-selling *adj.* 畅销的，最畅销的	**极速理解：best（最好的）+ sell（出售）+ ing（形容词后缀）** • The company's **best-selling** product is their smartphone. 这家公司**最畅销的**产品是他们的智能手机。
sell out 售罄；出卖	**极速理解：sell（出售）+ out（向外）** • The concert tickets **sold out** within hours of going on sale. 这场音乐会的门票在开售几小时内就**售罄**了。
selling point 卖点，销售重点	**极速理解：selling（出售的）+ point（点，要点）** • The low price is one of the main **selling points** of this product. 低价是这个产品的主要**卖点**之一。
sell-by date 保质期	**极速理解：无** • It's important to check the **sell-by date**. 检查**保质期**非常重要。

380 serve『服务』

server ['sɜːvə] *n.* 服务器，服务员	极速理解：**serv(e)**（服务）+ **er**（人或物） · The **server** was friendly and attentive. 服务员友好且细心。
serving ['sɜːvɪŋ] *n.*（食物的）一份，服务	极速理解：**serv(e)**（服务）+ **ing**（名词后缀） · This recipe will be enough for four **servings**. 本食谱为四人量。
service ['sɜːvɪs] *n.* 服务；维修；行政部门	极速理解：**serv(e)**（服务）+ **ice**（名词后缀） · The hotel offers a wide range of **services**. 这家酒店提供很多**服务**。
self-service *n.* 自助服务	极速理解：**self**（自我）+ **service**（服务） · The gas station has **self-service** pumps. 加油站有**自助**加油泵。
serve as 担任，作为；用作	极速理解：**serve**（服务）+ **as**（作为） · The sofa will **serve as** a bed for a night or two. 沙发可以**当**床凑合一两夜。
serviceman ['sɜːvɪsˌmæn] *n.* 军人；服务人员	极速理解：**service**（服务）+ **man**（人） · The **serviceman** returned home after serving in Iraq for six months. 这名**军人**在伊拉克服役六个月后回到家。

381 shade『阴凉处；遮蔽』

shady ['ʃeɪdi] *adj.* 阴凉的，背阴处的；可疑的	极速理解：**shad(e)**（阴凉处）+ **y**（形容词后缀） • The salesman's **shady** behavior made me suspicious of his intentions. 售货员的**可疑**行为让我怀疑他的意图。
sunshade ['sʌnˌʃeɪd] *n.* 遮阳伞，遮阳物	极速理解：**sun**（太阳）+ **shade**（阴凉处；遮蔽） • The beachgoers set up their **sunshades** to block the sun. 海滩上的人们打**遮阳伞**来挡住太阳。
put down the window shade 拉下窗帘	极速理解：无 • She **put down the window shade** to block out the bright sunlight. 她**拉下窗帘**挡住了耀眼的阳光。
lampshade ['læmpˌʃeɪd] *n.* 灯罩	极速理解：**lamp**（灯）+ **shade**（遮蔽） • She replaced the old and worn-out **lampshade** with a new and stylish one. 她用新的时尚灯罩代替了旧的破旧**灯罩**。
shade of a tree 树荫	极速理解：无 • He sat under the **shade of a tree**. 他坐在**树荫**下。
shadow ['ʃædəʊ] *n.* 影子	极速理解：**shad(e)**（遮蔽）+ **ow**（名词后缀） • The **shadow** of the building made the street dark and gloomy. 建筑物的**阴影**使街道变得黑暗阴郁。

382 shadow『阴影』

shadowy [ˈʃædəʊi] *adj.* 阴影的；鲜为人知的	极速理解：**shadow**（阴影）+ **y**（形容词后缀） • Someone was waiting in the **shadowy** doorway. 有人守候在**昏暗的**门口。
overshadow [ˌəʊvəˈʃædəʊ] *v.* 使阴暗；使失色	极速理解：**over**（在……上）+ **shadow**（阴影） • The large building **overshadowed** the small park, blocking out the sun. 高大的建筑物**遮蔽了**小公园，使阳光无法照射。
shadowless [ˈʃædəʊlɪs] *adj.* 没有阴影的	极速理解：**shadow**（阴影）+ **less**（无） • The brightly lit room was curiously **shadowless**. 这间明亮的房间竟然**没有阴影**，令人好奇。
in the shadow of 在……的阴影下	极速理解：无 • The small town lies **in the shadow of** a towering mountain range. 这个小镇坐落**在**一个高耸的山脉**下**。
foreshadow [fɔːˈʃædəʊ] *v.* 预示	极速理解：**fore**（前面）+ **shadow**（阴影） • The dark clouds **foreshadowed** a coming storm. 深色的云朵**预示**着暴风雨即将来临。
eyeshadow [ˈaɪˌʃædəʊ] *n.* 眼部彩妆，眼影	极速理解：**eye**（眼睛）+ **shadow**（阴影） • She carefully applied **eyeshadow** to her eyelids, creating a glamorous look. 她仔细地抹上了**眼影**，打造出一种迷人的造型。

383 shake『颤动』

shaky [ˈʃeɪki] *adj.* 颤抖的，不稳定的	**极速理解：shak(e)（颤动）+ y（形容词后缀）** • The stock market has been **shaky** lately. 股票市场近来**不稳定**。
unshaken [ʌnˈʃeɪkən] *adj.* 坚定的，不动摇的	**极速理解：un（否定）+ shaken（颤抖的）** • His **unshaken** faith kept him going. 他**坚定的**信仰支撑着他走下去。
shake hands 握手	**极速理解：shake（颤动）+ hands（手）** • The two businessmen **shook hands** and sealed their agreement. 两位商人**握手**并敲定了他们的协议。
earth-shaking *adj.* 震撼的，重大的	**极速理解：earth（地球）+ shake（颤抖）+ ing（形容词后缀）** • The CEO's announcement of his retirement caused an **earth-shaking** shift in the company's leadership. CEO 宣布退休引起公司领导层的**重大**变动。
shake off 摆脱，甩掉	**极速理解：shake（颤动）+ off（甩掉）** • The athlete worked hard to **shake off** his injury. 运动员努力**摆脱**伤病。
milk shake 奶昔	**极速理解：milk（牛奶）+ shake（颤动）** • She drank a strawberry **milk shake**. 她喝了一杯草莓味的**奶昔**。

384 shape『形状』

reshape [riːˈʃeɪp] *v.* 重新塑造，改变形状	**极速理解：re（再，重新）+ shape（形状）** • The designer **reshaped** the dress. 设计师**重新塑造**了裙子。
shapely [ˈʃeɪpli] *adj.* 体态匀称的，苗条的，标致的	**极速理解：shape（形状）+ ly（形容词后缀）** • The ballerina had a **shapely** figure. 芭蕾舞女演员身材**匀称**。
shape up 变得健康；变得更好	**极速理解：shape（形状）+ up（向上，变好）** • If you don't **shape up**, you'll never get promoted. 如果你不**变得更好**，你就永远无法升职。
terrible shape 糟糕的健康状况	**极速理解：terrible（糟糕的）+ shape（形状）** • After years of smoking, he was in **terrible shape**. 多年的吸烟使他的**身体状况十分糟糕**。
in good shape 处于良好状态	**极速理解：无** • The car was **in good shape** after its regular maintenance. 汽车经过定期保养后，**状态良好**。
shape up or ship out 要么好好干，要么走人	**极速理解：shape up（变好）+ or（或者）+ ship out（乘船离开）** • The coach gave the team a choice: **shape up or ship out**. 教练给了球队一个选择：**要么好好干，要么走人**。

385 shine『发光』

shiny [ˈʃaɪni] *adj.* 有光泽的，闪耀的	**极速理解：shin(e)**（发光）+ **y**（形容词后缀） • The car's paint job was so good that it looked **shiny**. 汽车的喷漆做得很好，看起来**闪闪发光**。
shininess [ˈʃaɪnɪnɪs] *n.* 光泽，闪光	**极速理解：shiny**（有光泽的）+ **ness**（名词后缀） • The **shininess** of the diamond caught the light and sparkled in her eyes. 钻石的**光泽**在她的眼中闪烁。
sunshine [ˈsʌnˌʃaɪn] *n.* 阳光，日光	**极速理解：sun**（太阳）+ **shine**（发光） • The flowers in the garden bloomed brightly in the **sunshine**. 花园里的花朵在**阳光**下绽放得格外鲜艳。
shine shoes 擦鞋	**极速理解：shine**（擦亮）+ **shoes**（鞋子） • **Shine** your **shoes** before going out. 出门前**把**你的**皮鞋擦亮**。
shining [ˈʃaɪnɪŋ] *adj.* 发光的，闪耀的	**极速理解：shin(e)**（发光）+ **ing**（形容词后缀） • The stars were **shining** brightly in the night sky. 夜空中的星星**闪烁着**亮光。
outshine [ˌaʊtˈʃaɪn] *v.* 超过，胜过，使相形见绌	**极速理解：out**（超出，胜过）+ **shine**（发光） • The fireworks display **outshone** all the others in the city. 烟花表演**胜过**城市中的所有其他表演。

386 ship『船』

shipment [ˈʃɪpmənt] *n.* 运输，装运	极速理解：**ship**（船）+ **ment**（名词后缀） • Food **shipments** could begin in a matter of weeks. 几周内就可以开始**运送**食物了。
shipping [ˈʃɪpɪŋ] *n.* 航运，运输	极速理解：**ship**（船）+ **p** + **ing**（名词后缀） • She arranged for the **shipping** of her furniture to England. 她安排将家具**海运**到英国。
shipmaster [ˈʃɪpˌmɑːstə] *n.* 船长，船主	极速理解：**ship**（船）+ **master**（主人；能手） • The **shipmaster** navigated the vessel through the treacherous waters. **船长**引领船只穿过险恶的水域。
shipwreck [ˈʃɪpˌrek] *n.* 船只失事，船难	极速理解：**ship**（船）+ **wreck**（事故，毁坏） • The **shipwreck** was caused by strong winds. **船只失事**是由狂风大作导致的。
ship's crew 船员	极速理解：**ship**（船）+ **'s**（的）+ **crew**（全体船员） • The **ship's crew** included a captain, several sailors, and a cook. **船员**包括一名船长、几名水手和一名厨师。
board the ship 登上船	极速理解：无 • Cars lined up waiting to **board the ship**. 汽车排队等候**上船**。

387 shoe『鞋』

a pair of shoes 一双鞋子	极速理解：无 • I need to buy a new **pair of shoes** for the wedding. 我需要为婚礼买**一双**新**鞋**。
shoe shop 鞋店	极速理解：**shoe**（鞋）+ **shop**（店铺） • She went to the **shoe shop** to pick out a new pair of sneakers. 她去**鞋店**挑选了一双新的运动鞋。
put on shoes 穿上鞋子	极速理解：**put on**（穿上）+ **shoes**（鞋） • He **put on** his dress **shoes** before heading to the job interview. 他在去面试之前**穿上了**他的礼**鞋**。
take off shoes 脱下鞋子	极速理解：**take off**（脱下）+ **shoes**（鞋） • She always **takes off** her **high heels** and puts on slippers. 她总是**脱掉高跟鞋**，换上拖鞋。
shoe lace 鞋带	极速理解：**shoe**（鞋）+ **lace**（细带） • His **shoe lace** came untied during his morning run. 他在早晨的慢跑中**鞋带**松开了。
if I were in your shoes 如果我处在你的位置	极速理解：无 • **If I were in your shoes**, I would take some time to think about it before making a decision. **如果我处在你的位置**，我会先仔细思考再作决定。

388 shop『商店；工厂；购物』

window shopping 只逛不买	极速理解：**window**（窗口）+ **shop**（购物）+ **p** + **ing**（名词后缀） • She likes to go **window shopping** on weekends just to see what's new. 她喜欢在周末去**逛街**，只是看看有什么新东西。
shop hours 营业时间	极速理解：**shop**（商店）+ **hours**（小时） • The **shop hours** vary depending on the day of the week. 商店的**营业时间**根据一周的不同天而有所不同。
workshop ['wɜːkˌʃɒp] *n.* 车间；工作室	极速理解：**work**（工作）+ **shop**（工厂） • The company has a **workshop** for repairing machinery. 公司有一个**车间**，用于维修机器。
bookshop ['bʊkʃɒp] *n.* 书店	极速理解：**book**（书籍）+ **shop**（商店） • The next day the **bookshops** sold out. 第二天**书店**就卖断了货。
shopkeeper ['ʃɒpˌkiːpə] *n.* 店主，老板	极速理解：**shop**（商店）+ **keeper**（管理者） • She asked the **shopkeeper** for advice on which product to buy. 她询问**店主**应该买哪种产品。
shopaholic [ˌʃɒpəˈhɒlɪk] *n.* 购物狂	极速理解：**shop**（购物）+ **aholic**（狂） • She admits she's a **shopaholic**. 她承认自己是一个**购物狂**。

389 shore『岸，滨』

shores [ʃɔːz] *n.* 海岸，海滨	极速理解：无 • The endangered turtles lay their eggs on the sandy **shores** of the island. 濒危的海龟在岛上的沙**滩**上产卵。
longshore ['lɒŋˌʃɔː] *n.* 海滨	极速理解：**long**（长的）+ **shore**（滨） • The jogger ran along the **longshoreh**. 慢跑者沿着**海滨**跑步。
go ashore 登陆	极速理解：**go**（去）+ **a**（上）+ **shore**（海滨） • They **went ashore** on a deserted beach. 他们在一片荒凉的海滩**登陆**。
shoreline ['ʃɔːlaɪn] *n.* 海岸线	极速理解：**shore**（岸）+ **line**（线） • She walked along the **shoreline**. 她沿着**海岸线**走。
swim to shore 游到岸边	极速理解：无 • After her boat capsized, she had to **swim to shore**. 船翻后，她不得不**游到岸边**。
alongshore [əˌlɒŋ'ʃɔː] *adv.* 沿海滨	极速理解：**along**（沿着）+ **shore**（滨） • The hikers walked **alongshore** for hours. 徒步旅行者**沿着海滨**走了数小时。

390 short『短的』

shorts [ʃɔːts] *n.* 短裤	极速理解：无 • She packed a few pairs of **shorts** for her beach vacation. 她为海岛度假准备了几条**短裤**。
shortcoming [ˈʃɔːtˌkʌmɪŋ] *n.* 缺点，不足之处	极速理解：**short**（短的）+ **coming**（到来） • She acknowledged her own **shortcoming**. 她承认了自己的**缺点**。
shortage [ˈʃɔːtɪdʒ] *n.* 不足，短缺	极速理解：**short**（短的）+ **age**（名词后缀） • There is a **shortage** of skilled workers in this industry. 这个行业**缺乏**熟练的工人。
short-term *adj.* 短期的	极速理解：**short**（短的）+ **term**（期限） • The **short-term** training class has been run three times. **短**训班办了三期。
shortcut [ˈʃɔː(r)tˌkʌt] *n.* 捷径，近路	极速理解：**short**（短的）+ **cut**（割，切） • He took a **shortcut** through the park to get home faster. 他穿过公园走**捷径**以更快地回家。
short-handed *adj.* 人手不足的	极速理解：**short**（短的）+ **handed**（人手的） • The restaurant was **short-handed** on the weekend. 周末餐厅**人手不足**。

391 show『展示；表演』

showy ['ʃəʊɪ] *adj.* 艳丽的；炫耀的	极速理解：**show**（展示）+ **y**（形容词后缀） • The **showy** fireworks lit up the night sky. **华丽的**烟火点亮了夜空。
showing ['ʃəʊɪŋ] *n.* 表现，显示	极速理解：**show**（展示；表演）+ **ing**（名词后缀） • Her **showing** in the championship was impressive. 她在锦标赛上的**表现**令人印象深刻。
show around 带领参观	极速理解：**show**（展示）+ **around**（周围） • I'm going to **show** my friend **around** the city. 我打算**带**我的朋友**游览**这个城市。
show up 出席，露面	极速理解：**show**（展示）+ **up**（向上） • He promised to **show up** at the meeting. 他答应**出席**会议。
show off 炫耀，卖弄	极速理解：**show**（展示）+ **off**（离开） • He loves to **show off** his sports car to his friends. 他喜欢向他的朋友们**炫耀**他的跑车。
showcase ['ʃəʊˌkeɪs] *n.* 玻璃柜台；展示（本领等）的场合	极速理解：**show**（展示）+ **case**（情况） • The festival was a **showcase** for young musicians. 音乐节是青年音乐家**展现**才华的场合。

392 sick『生病的；恶心』

sickness ['sɪknɪs] *n.* 疾病；恶心	极速理解：**sick**（生病的）+ **ness**（名词后缀） • She had to stay at home due to her **sickness**. 因为**生病**了，她不得不待在家里。
sickly ['sɪkli] *adj.* 病态的，身体不好的	极速理解：**sick**（生病的）+ **ly**（形容词后缀） • The plant looks **sickly** and needs some fertilizer. 这株植物看起来**生病**了，需要些肥料。
sickroom ['sɪkˌruːm] *n.* 病房	极速理解：**sick**（生病的）+ **room**（房间） • He is staying in the **sickroom** until he recovers from his illness. 他会在**病房**里待到他从疾病中恢复。
sickbed ['sɪkbed] *n.* 病床	极速理解：**sick**（生病的）+ **bed**（床） • The hospital is running out of **sickbeds**. 医院的**病床**越来越少。
heartsick ['hɑːtˌsɪk] *adj.* 极度悲伤的，心痛的	极速理解：**heart**（心）+ **sick**（生病的） • She was **heartsick** after her best friend moved away. 她最好的朋友离开了，让她感到**极度悲伤**。
feel sick 感到恶心，有恶心的感觉	极速理解：**feel**（感觉到）+ **sick**（恶心） • The very thought of it makes me **feel sick**. 一想到这事就使我**恶心**。

393 side『旁边；副的』

sidewalk ['saɪdˌwɔːk] *n.* 人行道	**极速理解：side（旁边）+ walk（走，步行）** • He tripped and fell on the **sidewalk**. 他在**人行道**上被绊倒了。
outside [ˌaʊt'saɪd] *n.* 外部 *adj.* 外部的	**极速理解：out（向外）+ side（旁边）** • The **outside** of the house needs to be painted. 房子的**外面**需要刷漆。
side dish 配菜	**极速理解：side（旁边）+ dish（菜肴）** • These mushrooms would make a delicious **side dish**. 这些蘑菇将会是一道美味的**配菜**。
inside ['ɪnˌsaɪd] *n.* 内部　*adj.* 内部的　*adv.* 在里面	**极速理解：in（在里面）+ side（旁边）** • I painted the **inside** of the house. 我粉刷了一遍房子**内部**。
side effect 副作用	**极速理解：side（副的）+ effect（影响）** • This medication may cause drowsiness as a **side effect**. 这种药物可能会引起嗜睡等**副作用**。
on the other side 在另一边；另一方面	**极速理解：无** • The store is **on the other side** of the street. 商店在街道的**另一边**。

394 sight『看见』

sightseeing ['saɪtˌsiːɪŋ] *n.* 观光，游览	极速理解：**sight**（看见）+ **see**（看，观光）+ **ing**（名词后缀） • We spent the whole day **sightseeing** in the capital city. 我们花了一整天在首都进行**观光**。
eyesight ['aɪˌsaɪt] *n.* 视力	极速理解：**eye**（眼睛）+ **sight**（看见） • You should take care of your **eyesight**. 你应该保护你的**视力**。
short-sighted *adj.* 近视的；目光短浅的	极速理解：**short**（短的）+ **sight**（看见）+ **ed**（形容词后缀） • Don't be **short-sighted** in your business decisions. 在商业决策中不要**目光短浅**。
long-sighted *adj.* 远视的；有远见的	极速理解：**long**（长的）+ **sight**（看见）+ **ed**（形容词后缀） • She doesn't need glasses because she is **long-sighted**. 她不需要戴眼镜，因为她是**远视**。
far-sighted *adj.* 有远见的	极速理解：**far**（远的）+ **sight**（看见）+ **ed**（形容词后缀） • The leader's **far-sighted** vision led the company to success. 领导者**远见卓识的**眼光将公司带向了成功。
quick-sighted *adj.* 视力敏锐的，反应快的	极速理解：**quick**（快的）+ **sight**（视力）+ **ed**（形容词后缀） • The predator is **quick-sighted** and can spot its prey from far away. 捕食者**视力敏锐**，可以从远处发现猎物。

395 sign『标志』

signature ['sɪgnɪtʃə] *n.* 签名	**极速理解：sign（标志）+ ature（名词后缀）** • His **signature** is very unique and easy to recognize. 他的**签名**非常独特，很容易辨认。
resign [rɪ'zaɪn] *v.* 辞职	**极速理解：re（再，重新）+ sign（标志）** • He decided to **resign** from his position because of personal reasons. 他因个人原因决定**辞去**职务。
significant [sɪg'nɪfɪkənt] *adj.* 重要的，有意义的	**极速理解：sign（标志）+ i + fic（做）+ ant（形容词后缀）** • Her contribution to the project was **significant**. 她对项目的贡献非常**重要**。
sign in 登记；签到	**极速理解：sign（标志）+ in（进入）** • All visitors are required to **sign in** at the reception desk. 所有访客都必须在前台**登记**。
signify ['sɪgnɪˌfaɪ] *v.* 表示，意味着	**极速理解：sign（标志）+ ify（动词后缀）** • The color red in this culture **signifies** good luck and happiness. 在这种文化中，红色**代表**好运和幸福。
signpost ['saɪnˌpəʊst] *n.* 路标，招牌	**极速理解：sign（标志）+ post（柱子，招牌）** • The **signpost** outside the restaurant was old and faded. 餐厅外面的**路标**已经老旧褪色。

396 silver『银』

silvery ['sɪlvəri] *adj.* 银白色的	极速理解：**silver**（银）+ **y**（形容词后缀） • Her hair was long and **silvery**. 她的长发是**银白色的**。
silverware ['sɪlvəˌweə] *n.* 银器，银餐具	极速理解：**silver**（银）+ **ware**（器具，用品） • Her grandmother passed down a set of antique **silverware**. 她的祖母将一套古董**银器**传给了她。
silversmith ['sɪlvəˌsmɪθ] *n.* 银匠，银饰制造商	极速理解：**silver**（银）+ **smith**（工匠，制造者） • The **silversmith** handcrafted a beautiful silver necklace for her. **银匠**手工制作了一条美丽的银项链给她。
silver-haired *adj.* 银发的	极速理解：**silver**（银）+ **haired**（毛发的） • The old man with the **silver-haired** beard was a familiar sight in the park. 留着**银发**胡子的老人经常在公园里出现。
silver lining 困境中的一线希望，转机	极速理解：**silver**（银）+ **lining**（细线） • The accident brought him unexpected **silver lining**. 事故为他带来了惊人的**转机**。
silver bullet 灵丹妙药，解决办法	极速理解：**silver**（银）+ **bullet**（子弹） • There is no **silver bullet** to solve this complicated problem. 没有什么**灵丹妙药**可以解决这个复杂的问题。

397 simple『简单的』

simply ['sɪmpli] *adv.* 简单地，仅仅	**极速理解：simpl(e)**（简单的）+ **ly**（副词后缀） • She would **simply** not listen to reason. 她**根本**不会听理智的话。
simplify ['sɪmplɪˌfaɪ] *v.* 简化，使简单	**极速理解：simpl(e)**（简单的）+ **ify**（动词后缀） • My teacher suggested that I **simplify** my essay. 我的老师建议我**简化**我的论文。
fairly simple 相当简单的	**极速理解：fairly**（相当地）+ **simple**（简单的） • With a little effort, the game is **fairly simple** to master. 稍加努力，这个游戏就**相当容易**掌握。
simplistic [sɪm'plɪstɪk] *adj.* 过于简单化的，过分单纯化的	**极速理解：simpl(e)**（简单的）+ **istic**（形容词后缀） • His view of the world was overly **simplistic**. 他对世界的看法**过于简单化**。
simplicity [sɪm'plɪsɪti] *n.* 简单，简约	**极速理解：simpl(e)**（简单的）+ **icity**（名词后缀） • The beauty of his artwork lies in its **simplicity**. 他的艺术作品的美在于其**简约性**。
simple-minded *adj.* 愚蠢的，头脑简单的	**极速理解：simple**（简单的）+ **minded**（有想法的） • This is a **simple-minded** approach. 这是一个**笨**方法。

398 sit『坐』

sit-up *n.* 仰卧起坐	**极速理解：sit（坐）+ up（起来）** • She does **sit-ups** every morning to stay in shape. 她每天早上做**仰卧起坐**来保持身材。
have a sit-down 坐下来	**极速理解：无** • She was happy to **have a sit-down** and relax. 她很高兴**坐下来**放松一下。
sit around doing nothing 无所事事地坐着	**极速理解：无** • She won't accomplish anything if she **sits around doing nothing** all day. 如果她整天**无所事事地坐着**，她将什么也不会完成。
babysitter ['beɪbiˌsɪtə(r)] *n.* 临时保姆	**极速理解：baby（婴儿）+ sit（照看）+ t + er（人或物）** • The **babysitter** played games with the children. **保姆**和孩子们一起玩游戏。
fence-sitter *n.* 两面三刀的人，摇摆不定的人	**极速理解：fence（篱笆）+ sit（坐）+ t + er（人或物）** • His friends viewed him as a **fence-sitter**. 他的朋友认为他是个**摇摆不定的人**。
sit alone 独自坐着	**极速理解：sit（坐）+ alone（独自）** • He **sat alone** at the bar. 他**独自坐在**酒吧里。

399 size『大小，尺寸』

oversize

[ˌəʊvəˈsaɪz]

adj. 特大号的，过大的

极速理解：over（过度）+ size（大小）

• Please show me the **oversize** shirt.

请给我拿件**特大号的**衬衫。

sizeable

[ˈsaɪzəb(ə)l]

adj. 相当大的，可观的

极速理解：size（大小）+ able（形容词后缀）

• She made a **sizeable** profit from her investment.

她从投资中获得了**可观的**收益。

mid-sized

adj. 中等大小的

极速理解：mid（中间）+ siz(e)（大小）+ ed（形容词后缀）

• She prefers driving a **mid-sized** car to a small one.

她更喜欢开**中等大小的**车而不是小型的。

life-size

adj. 实物大小的

极速理解：life（实物）+ size（大小）

• This is a **life-size** statue.

这是件**与真人一样大的**雕像。

good-sized

adj. 尺寸相当大的

极速理解：good（合适的）+ sized（尺寸的）

• The backyard has a **good-sized** swimming pool.

后院有一个**很大的**游泳池。

undersized

[ˌʌndəˈsaɪzd]

adj. 过小的

极速理解：under（不足，过小）+ sized（尺寸的）

• The shirt he bought was **undersized**.

他买的衬衫**过小**。

400 storm『暴风雨』

stormy ['stɔːmi] *adj.* 暴风雨的，有暴风雨的	**极速理解：storm（暴风雨）+ y（形容词后缀）** • The sea was rough and **stormy**, making it difficult to sail. 海洋波涛汹涌，**风雨交加**，航行十分困难。
sandstorm ['sændˌstɔːm] *n.* 沙尘暴	**极速理解：sand（沙子）+ storm（暴风雨）** • During the **sandstorm**, the government advised people to stay indoors. **沙尘暴**期间，政府建议人们待在室内。
windstorm ['wɪndˌstɔːm] *n.* 风暴，暴风雨	**极速理解：wind（风）+ storm（暴风雨）** • A strong **windstorm** is expected to hit the coast. 预计将有一场强**风暴**袭击海岸。
rainstorm ['reɪnˌstɔːm] *n.* 暴雨，降雨	**极速理解：rain（雨）+ storm（暴风雨）** • A **rainstorm** may cool the weather. **暴风雨**的到来可能会使气温降低。
snowstorm ['snəʊˌstɔːm] *n.* 暴风雪，风雪	**极速理解：snow（雪）+ storm（暴风雨）** • They had to cancel the flight due to the severe **snowstorm**. 由于**暴风雪**天气严重，他们不得不取消航班。
brainstorm ['breɪnˌstɔːm] *v.* 集体讨论 *n.* 头脑风暴	**极速理解：brain（大脑）+ storm（暴风雨）** • We need to **brainstorm** ideas for the new marketing campaign. 我们需要**集思广益**，为新的营销活动策划点子。

401 dance『舞蹈』

dancery ['dænsərɪ] *n.* 舞蹈学校或舞蹈培训机构	极速理解：**dance**（舞蹈）+ **ry**（名词后缀） • She learned ballet at a renowned **dancery**. 她在一家著名的**舞蹈学校**学习芭蕾舞。
folk dance 民间舞蹈	极速理解：**folk**（民间的）+ **dance**（舞蹈） • The group performed a traditional **folk dance**. 这个组合表演了一支传统的**民间舞蹈**。
ballet dancer 芭蕾舞演员	极速理解：**ballet**（芭蕾舞）+ **danc(e)**（舞蹈）+ **er**（人） • The ballet company is looking for a male **ballet dancer**. 芭蕾舞团正在寻找一名男**芭蕾舞演员**。
dancercise ['dɑːnsəˌsaɪz] *n.* 舞蹈健身操	极速理解：**danc(e)**（舞蹈）+ **ercise**（运动） • **Dancercise** is a fun way to stay fit and healthy. **舞蹈健身操**是一种有趣的保持健康的方式。
dance band 舞蹈乐队	极速理解：**dance**（舞蹈）+ **band**（乐队） • My mother was a singer in a **dance band**. 我妈妈是一个**舞蹈乐队**的歌手。
wiredancer ['waɪəˌdænsə] *n.* 高空钢丝演员	极速理解：**wire**（钢丝）+ **dancer**（舞者） • He had always dreamed of becoming a **wiredancer**. 他一直梦想成为一名**高空钢丝演员**。

402 resist『抵抗，反抗』

resist [rɪ'zɪst] *v.* 抵抗，反抗	**极速理解：re（反复）+ sist（站立）** • A healthy diet should help your body **resist** infection. 健康饮食有助于身体**抗**感染。
resistant [rɪ'zɪstənt] *adj.* 反对的；有抵抗力的	**极速理解：resist（反抗）+ ant（形容词后缀）** • The body may be less **resistant** if it is cold. 天冷时，身体的**抵抗力**会下降。
water-resistant *adj.* 防水的	**极速理解：water（水）+ resistant（有抵抗力的）** • This watch is **water-resistant** up to 50 meters. 这个手表的**防水**深度达到 50 米。
resistance [rɪ'zɪstəns] *n.* 抵抗；抵抗力	**极速理解：resist（抵抗，反抗）+ ance（名词后缀）** • AIDS lowers the body's **resistance** to infection. 艾滋病降低了身体的**抗感染能力**。
resistible [rɪ'zɪstəbəl] *adj.* 可抵抗的；可抵制的	**极速理解：resist（抵抗，反抗）+ ible（形容词后缀）** • The disease is highly **resistible** with the right medication. 使用正确的药物可以有效**抵抗**疾病。
irresistible [ˌɪrɪ'zɪstəbəl] *adj.* 不可抵抗的；不可反驳的	**极速理解：ir（否定）+ resistible（可抵抗的）** • His arguments were **irresistible**. 他的论点**无可反驳**。

403 respect『尊敬』

respectable
[rɪ'spektəbəl]
adj. 受人尊敬的；体面的

极速理解：respect（尊敬）+ able（形容词后缀）

• Go and make yourself look **respectable**.
去把自己弄得**体面**点儿。

respectful
[rɪ'spektfʊl]
adj. 恭敬的；有礼貌的

极速理解：respect（尊敬）+ ful（充满……的）

• The young man was always **respectful** to his elders.
这个年轻人总是对长辈**恭敬有礼**。

respective
[rɪ'spektɪv]
adj. 各自的；分别的

极速理解：respect（尊敬）+ ive（形容词后缀）

• They are each recognized specialists in their **respective** fields.
他们在**各自的**领域都被视为专家。

self-respect
n. 自尊；自重

极速理解：self（自我）+ respect（尊敬）

• She lost her **self-respect** after being repeatedly bullied at work.
她在工作中多次受到欺负后失去了**自尊**。

disrespect
[ˌdɪsrɪ'spekt]
n. 不尊重；轻视

极速理解：dis（否定）+ respect（尊敬）

• No **disrespect** intended sir. It was just a joke.
先生，绝无**不敬**之意。这不过是个玩笑而已。

disrespectful
adj. 不尊重的；轻视的

极速理解：dis（否定）+ respectful（恭敬的）

• The students were reprimanded for being **disrespectful** to their teacher.
学生因对老师**不尊重**而受到了训斥。

404 rest『休息；剩余部分』

take a rest 休息	极速理解：无 • After a long day of work, it's important to **take a rest**. 经过一整天的工作，**休息**很重要。
restless ['restlɪs] *adj.* 焦躁不安的；不平静的	极速理解：**rest**（休息）+ **less**（无） • He had a **restless** night, tossing and turning in bed. 他晚上睡觉很**不安**，辗转反侧。
armrest ['ɑːmˌrest] *n.* 扶手	极速理解：**arm**（手臂）+ **rest**（休息） • The **armrest** was broken. **扶手**坏了。
lie at rest 安息；平静	极速理解：**lie**（躺下）+ **at**（在）+ **rest**（休息） • May he **lie at rest** now that his suffering is over. 他的痛苦已经结束，现在愿他**安息**。
the rest 剩余部分	极速理解：无 • How would you like to spend **the rest** of the day? **后半**天你打算怎么过？
unrest [ʌn'rest] *n.* 不安；动荡	极速理解：**un**（否定）+ **rest**（休息） • The political **unrest** in the country has caused widespread fear. 该国的政治**动荡**引起了广泛的恐惧。

405 restrict『限制』

derestrict [ˌdiːrɪ'strɪkt] *v.* 解除限制	**极速理解：de（去掉）+ restrict（限制）** • The government decided to **derestrict** access to the beach. 政府决定**解除**对海滩的**限制**。
restriction [rɪ'strɪkʃən] *n.* 限制；约束	**极速理解：restrict（限制）+ ion（名词后缀）** • There are strict **restrictions** on the use of social media during work hours. 在工作时间使用社交媒体有严格的**限制**。
restrictive [rɪ'strɪktɪv] *adj.* 限制性的；约束性的	**极速理解：restrict（限制）+ ive（形容词后缀）** • The school has a **restrictive** dress code that prohibits casual clothes. 学校有一项**约束性的**着装规定，禁止穿着休闲服装。
restricted [rɪ'strɪktɪd] *adj.* 受限制的；有限的	**极速理解：restrict（限制）+ ed（形容词后缀）** • The building is **restricted** to three floors. 该建筑物**只有**三层高。
unrestricted [ˌʌnrɪ'strɪktɪd] *adj.* 不受限制的；自由的	**极速理解：un（否定）+ restricted（受限制的）** • The children were given **unrestricted** access to the playground. 孩子们可以**自由**使用游乐场。
restrictedly [rɪst'ræktɪdli] *adv.* 受限制地；有限地	**极速理解：restricted（限制的）+ ly（副词后缀）** • The park is only **restrictedly** open to the public. 公园只是**有限地**向公众开放。

406 rich『富有的；丰富的』

richness ['rɪtʃnəs] *n.* 富裕；丰富	**极速理解：rich**（富有的）+ **ness**（名词后缀） • Some people are born into **richness**. 有些人天生**富足**。
rich in 富含；含有	**极速理解：rich**（丰富的）+ **in**（在……里面） • The city is **rich in** history. 这座城市历史**丰富**。
the rich 富人，有钱人	**极速理解：**无 • Suites are for **the rich**. 豪华套间是供**富人**住的
enrich [ɪn'rɪtʃ] *v.* 使富裕；丰富	**极速理解：en**（使）+ **rich**（富有的） • The fertilizer will **enrich** the soil. 肥料会**使**土壤**富饶**。
rich diet 富含营养的饮食	**极速理解：rich**（丰富的）+ **diet**（饮食） • A **rich diet** in vegetables and fruits can improve your health. **富含**蔬菜和水果的**饮食**可以改善健康。
get-rich-quick *adj.* 追求快速致富的；图谋一夜暴富的	**极速理解：**无 • The **get-rich-quick** scheme turned out to be a scam. **图谋一夜暴富的**计划最终被证明是一个骗局。

407 right『正确的』

rightly ['raɪtli] *adv.* 应有地；恰当地	极速理解：**right**（正确的）+ **ly**（副词后缀） • He was **rightly** praised for his bravery in saving the child. 他因救助儿童表现勇敢而受到了**应有的**赞扬。
rightful ['raɪtfʊl] *adj.* 合法的	极速理解：**right**（正确的）+ **ful**（形容词后缀） • He claimed his **rightful** profits from the company. 他声称从公司获得了**合法的**利润。
righteous ['raɪtʃəs] *adj.* 正义的；正直的	极速理解：**right**（正确的）+ **eous**（形容词后缀） • Everyone admires his spirit of doing boldly what is **righteous**. 人人都赞美他这种**见义勇为的**精神。
right away 立刻；马上	极速理解：**right**（正确的）+ **away**（远离） • The company resolved the issue **right away**. 公司**立刻**解决了问题。
right now 现在；立即	极速理解：无 • I'm in the middle of something **right now**. 我**正在**做事情。
upright ['ʌpˌraɪt] *adj.* 正直的；直立的	极速理解：**up**（向上）+ **right**（正确的） • The construction worker ensured that the walls were **upright**. 施工工人确保建筑墙壁**垂直**。

408 rise『上升』

rising ['raɪzɪŋ] *adj.* 上升的；增长的	**极速理解：ris(e)（上升）+ ing（形容词后缀）** • The **rising** number of cases is a concern for public health officials. 不断**增长的**病例数是公共卫生官员关注的问题。
sunrise ['sʌnˌraɪz] *n.* 日出，黎明	**极速理解：sun（太阳）+ rise（上升）** • The view of the sea at **sunrise** is truly breathtaking. **日出**时的海景真的令人惊叹。
a sharp rise 急剧上升，骤增	**极速理解：a（一个）+ sharp（急剧的）+ rise（上升）** • There has been **a sharp rise** in unemployment. 失业率**急剧上升**。
uprising ['ʌpˌraɪzɪŋ] *n.* 起义；暴动	**极速理解：up（向上）+ ris(e)（上升）+ ing（名词后缀）** • This chapter gives a general introduction to the Nanchang **Uprising**. 这一章大致介绍了南昌**起义**。
high-rise housing 高层住宅；公寓楼	**极速理解：high（高的）+ rise（上升）+ housing（住房）** • The city skyline is dominated by **high-rise housing** and office buildings. 城市天际线以**高层住宅**和办公楼为主。
low-rise housing 低层住宅；平房	**极速理解：low（低的）+ rise（上升）+ housing（住房）** • Many people prefer to live in **low-rise housing** units. 许多人喜欢住在**低层住宅**楼中。

409 river『河』

by the river 河边；在河旁	**极速理解：by（旁边）+ the + river（河）** • We had a picnic **by the river**. 我们在**河边**野餐。
riverbank [ˈrɪvəˌbæŋk] *n.* 河岸；江滩	**极速理解：river（河）+ bank（河岸）** • The **riverbank** was covered in plants and flowers. **河岸**上长满了植物和花朵。
in the river 在河中；在江里	**极速理解：无** • The children love to play **in the river** on hot summer days. 孩子们喜欢在炎炎夏日**在河里**玩耍。
on the river 在河上；在江面	**极速理解：无** • We spent the day punting **on the river**. 我们乘方头平底小船**在河上**游览了一天。
rivulet [ˈrɪvjʊlɪt] *n.* 小溪；小河	**极速理解：rivu（小河）+ let（小的）** • The hiker followed the **rivulet** up the mountain. 徒步旅行者沿着**小溪**爬上山。
the Changjiang River 长江	**极速理解：无** • **The Changjiang River** is the longest river in Asia. **长江**是亚洲最长的河流。

410 road『道路』

roadside ['rəʊdˌsaɪd] *n.* 路边，路旁	**极速理解：road（道路）+ side（旁边）** • The flowers on the **roadside** were in full bloom. **路边**的花儿盛开着。
railroad ['reɪlˌrəʊd] *n.* 铁路，铁道	**极速理解：rail（铁轨）+ road（道路）** • The train derailed on the **railroad** and caused traffic delays for hours. 火车在**铁路**上脱轨，导致交通延误数小时。
roadblock ['rəʊdˌblɒk] *n.* 路障；路障检查站	**极速理解：road（道路）+ block（障碍物）** • The protesters were met with a **roadblock**. 抗议者遇到了**路障**。
on the road 在路上；在……过程中	**极速理解：无** • She is **on the road** to recovery. 她正**在**康复之**中**。
down the road 将来；日后	**极速理解：down（朝下）+ the + road（道路）** • The company plans to implement new policies **down the road**. 公司计划**未来**实施新的政策。
crossroad ['krɒsˌrəʊd] *n.* 十字路口；岔路口	**极速理解：cross（交叉）+ road（道路）** • I always get lost at this **crossroad**. 我总是在这个**十字路口**迷路。

411 satisfy『满足』

satisfying
['sætɪsˌfaɪɪŋ]
adj. 令人满意的

极速理解：satisfy（满足）+ ing（形容词后缀）

- The food was delicious and **satisfying**.
  食物美味又**令人满足**。

satisfied
['sætɪsfaɪd]
adj. 满意的

极速理解：satisfy（满足）+ ed（形容词后缀）

- The customer was **satisfied** with the service provided by the store.
  顾客对商店提供的服务**感到满意**。

dissatisfied
[dɪs'sætɪsˌfaɪd]
adj. 不满意的

极速理解：dis（否定）+ satisfied（满意的）

- The customer was **dissatisfied** with the poor quality of the product.
  顾客对产品的质量**不满意**。

satisfaction
[ˌsætɪs'fækʃən]
n. 满足；满意

极速理解：satisf(y)（满足）+ action（名词后缀）

- His main goal in life was to achieve **satisfaction** and happiness.
  他人生的主要目标是实现**满意**和幸福。

dissatisfaction
[dɪsˌsætɪs'fækʃən]
n. 不满

极速理解：dis（否定）+ satisfaction（满意）

- Many people have expressed their **dissatisfaction** with the arrangement.
  许多人表示对这一安排**不满**。

self-satisfied
adj. 自满的

极速理解：self（自我）+ satisfied（满足的）

- He was a **self-satisfied** person.
  他是一个**自满的人**。

412 save『救；节省』

life-saving *adj.* 挽救生命的；救生的	**极速理解：life**（生命）+ **sav(e)**（救）+ **ing**（形容词后缀） • He has a **life-saving** qualification. 他有**救生**资格。
saviour ['seɪvjə] *n.* 救助者；救世主	**极速理解：sav(e)**（救）+ **iour**（名词后缀） • She regarded him as her **saviour**. 她将他当成自己的**救星**。
saver ['seɪvə(r)] *n.* 节约者；储蓄者	**极速理解：sav(e)**（节省）+ **er**（人或物） • She's a real money **saver** and always finds ways to save on her expenses. 她是一个很会**节省的人**，总是找方法减少开销。
saving ['seɪvɪŋ] *n.* 节约；节省；储蓄	**极速理解：sav(e)**（节省）+ **ing**（名词后缀） • I opened a **savings** account at my local bank. 我在本地银行开了一个**储蓄**账户。
labor-saving *adj.* 节省劳动力的	**极速理解：labor**（劳动力）+ **saving**（节省） • The new software program was a **labor-saving** tool. 新的软件程序是一种**节省劳动力的**工具。
time-saving *adj.* 节省时间的	**极速理解：time**（时间）+ **saving**（节省） • Online shopping is a **time-saving** alternative to going to the mall. 网购是去商场的**节约时间的**替代品。

413 say『说』

saying ['seɪɪŋ] *n.* 格言；谚语	极速理解：**say**（说）+ **ing**（名词后缀） • "Time is money" is a **saying** that reminds us to use our time wisely. "时间就是金钱"是一句提醒我们要明智使用时间的**格言**。
hearsay ['hɪəˌseɪ] *n.* 谣言；传闻	极速理解：**hear**（听）+ **say**（说） • The news about the singer's retirement turned out to be just **hearsay**. 关于歌手退役的消息最后只是**传言**。
sayable ['seɪəbəl] *adj.* 可说的；能够表达的	极速理解：**say**（说）+ **able**（能够） • He made the poems **sayable** through beautiful language. 他通过美丽的语言让诗歌变得**可以表达**。
as the saying goes 常言道；俗话说	极速理解：无 • **As the saying goes**, "It's better to be safe than sorry," so I always wear a helmet when riding my bike. **俗话说**，"安全第一"，所以我骑自行车时总是戴着头盔。
said [sed] *adj.* 上述的；说过的	极速理解：无 • The **said** article was published last week in the newspaper. **上述**文章在上周的报纸上发表。
say no to 拒绝	极速理解：无 • It's important to **say no to** unhealthy habits. **拒绝**不健康的习惯是非常重要的。

414 screen『屏幕；筛选；遮蔽物』

screening ['skriːnɪŋ] *n.* 筛查；放映	**极速理解：screen**（屏幕；筛选）+ **ing**（名词后缀） • The hospital offers breastcancer **screenings** for women. 该医院为女性提供乳腺癌**筛查**。
screen test 试镜；选角	**极速理解：screen**（屏幕；筛选）+ **test**（测试） • She had to go through multiple **screen tests**. 她要经历多次**试镜**。
screenplay ['skriːnˌpleɪ] *n.* 剧本；电影脚本	**极速理解：screen**（屏幕）+ **play**（演出；剧本） • He spent years writing his first **screenplay**. 他花了多年的时间写他的第一个**剧本**。
windscreen ['wɪndˌskriːn] *n.* 汽车挡风玻璃	**极速理解：wind**（风）+ **screen**（遮蔽物） • The hailstorm cracked his **windscreen**. 冰雹砸碎了他的**汽车挡风玻璃**。
sunscreen ['sʌnˌskriːn] *n.* 防晒霜	**极速理解：sun**（太阳）+ **screen**（遮蔽物） • The resort provided complimentary **sunscreen** to guests. 度假村为客人提供免费**防晒霜**。
wide-screen *adj.* 宽屏的	**极速理解：wide**（宽的）+ **screen**（屏幕） • The theater had recently installed new **wide-screen** projectors. 电影院最近安装了新的**宽屏**投影机。

415 sea『海』

seaside ['siːˌsaɪd] *n.* 海边	**极速理解：sea（海）+ side（旁边）** • We rented a small cottage by the **seaside** for our summer vacation. 我们在**海边**租了一间小屋度过了夏季假期。
seaweed ['siːˌwiːd] *n.* 海草；海藻	**极速理解：sea（海）+ weed（杂草）** • **Seaweed** is a common ingredient in many Asian dishes. **海藻**是许多亚洲菜肴的常见配料。
seashore ['siːˌʃɔː] *n.* 海岸；海滨	**极速理解：sea（海）+ shore（岸，滨）** • The **seashore** was littered with shells and seaweed. **海滨**上散落着贝壳和海草。
at sea with 困惑，茫然	**极速理解：无** • Many people are **at sea with** popular culture. 很多人**搞不懂**大众文化。
overseas student 海外留学生	**极速理解：over（外）+ seas（海）+ student（学生）** • The university has a large population of **overseas students**. 这所大学有大量**海外留学生**。
get seasick 晕船	**极速理解：get（变得）+ sea（海）+ sick（生病的）** • When I **get seasick**, I throw up my food. 我一**晕船**就呕吐。

416 seat『座位』

take a seat 就座	极速理解：无 • Please **take a seat** and wait for the doctor to call you. 请**就座**等候医生叫您。
seatmate ['siːtmeɪt] *n.* 坐在相邻座位上的人	极速理解：**seat**（座位）+ **mate**（同伴） • I struck up a conversation with my **seatmate** on the train. 我和火车上**邻座的一名旅客**开始聊天。
window seat 靠窗座位	极速理解：**window**（窗户）+ **seat**（座位） • I always try to get a **window seat** when flying. 我总是在坐飞机时尽量选**靠窗座位**。
seat belt 安全带	极速理解：**seat**（座位）+ **belt**（带子） • It's important to always wear your **seat belt**. 乘坐汽车时始终系好**安全带**是重要的。
back seat 后座	极速理解：**back**（后面）+ **seat**（座位） • I prefer to sit in the **back seat** of a car. 我喜欢坐在汽车的**后座**上。
deep-seated *adj.* 根深蒂固的；深层的	极速理解：**deep**（深的）+ **seat**（座位）+ **ed**（形容词后缀） • Her fear of dogs was **deep-seated**. 她对狗的恐惧**根深蒂固**。

417 second『第二的』

secondly ['sekəndli] *adv.* 第二（点）地	**极速理解：second**（第二的）+ **ly**（副词后缀） • **Secondly**, we need to start building. **其次**，我们需要开始建设。
secondhand ['sekənd͵hænd] *adj.* 二手的；旧的	**极速理解：second**（第二的）+ **hand**（手） • She wore a **secondhand** dress to the party. 她穿了一件**二手**裙子去参加派对。
secondary school 中学	**极速理解：second**（第二的）+ **ary**（形容词后缀）+ **school**（学校） • She taught history at a **secondary school**. 她在一所**中学**教历史。
seconder ['sekəndə(r)] *n.* 附议者	**极速理解：second**（支持）+ **er**（人） • The candidate for president still needed a **seconder** in order to officially run for office. 总统候选人仍需一个**附议者**才能正式竞选。
second-best *adj.* 候补的；次佳的	**极速理解：second**（第二的）+ **best**（最好的） • He was still happy to accept the **second-best** option. 他仍然很乐意接受**次优**选择。
Just a second! 等一下！	**极速理解：**无 • "**Just a second**, let me check the closet." "**等一下**，让我检查一下衣柜。"

418 see『看见』

see off 为……送行	**极速理解：see（看见）+ off（离开）** • I'll make sure to **see** you **off** at the train station tomorrow morning. 明天早上我一定会到火车站**为**你**送行**。
see about 考虑；处理	**极速理解：see（看见）+ about（关于）** • Can you **see about** fixing the leak in the roof? 你能**处理**一下屋顶漏水的问题吗？
see to it that 务必确保	**极速理解：无** • Please **see to it that** the project is completed on time. 请**务必确保**项目能按时完成。
let me see 看一看	**极速理解：无** • "**Let me see**…it's $50." "**让我看看**……它是 50 美元。"
foresee [fɔː'siː] *v.* 预见；预知	**极速理解：fore（前面）+ see（看见）** • We do not **foresee** any problems. 我们**预料**不会出任何问题。
wait-and-see *n.* 观望	**极速理解：无** • They were taking a **wait-and-see** approach. 他们持**观望**态度。

419 seed『种子；衰败』

sow the seeds 播下种子；打下基础	**极速理解：sow（播种）+ the + seeds（种子）** • The founder's vision **sowed the seeds** for the company's success. 创始人的远见为公司的成功**打下了基础**。
seedling ['siːdlɪŋ] *n.* 幼苗，小树苗	**极速理解：seed（种子）+ ling（小）** • We planted the **seedlings** in the garden. 我们把**幼苗**种在花园里。
seedless ['siːdləs] *adj.* 无籽的，不结果实的	**极速理解：seed（种子）+ less（无）** • I prefer **seedless** grapes. 我更喜欢**无籽**葡萄。
top seed 种子选手	**极速理解：top（顶端的）+ seed（种子）** • The **top seed** of the competition was unexpectedly knocked out. 比赛的**种子选手**出乎意料地被淘汰了。
seed money 创业资金，种子资金	**极速理解：seed（种子）+ money（资金）** • The venture capitalist provided **seed money** for the startup. 这位创业投资家提供了**种子资金**。
go to seed 过时；破败不堪	**极速理解：go to（进入）+ seed（衰败）** • The abandoned building has **gone to seed**. 这座废弃的建筑已**破败不堪**。

420 skill『技能』

skilled at 擅长	极速理解：**skill**（技能）+ **ed**（形容词后缀）+ **at**（在……领域） • Tom is **skilled at** playing guitar. 汤姆**擅长**弹吉他。
unskilled [ʌn'skɪld] *adj.* 不熟练的，无技能的	极速理解：**un**（否定）+ **skilled**（有技能的） • He is **unskilled** in using the computer. 他使用电脑**不太熟练**。
semi-skilled *adj.* 半熟练的，半技能的	极速理解：**semi**（半）+ **skilled**（有技能的） • He is a **semi-skilled** electrician. 他是一名**半熟练的**电工。
skilful ['skɪlfʊl] *adj.* 娴熟的，熟练的	极速理解：**skil(l)**（技能）+ **ful**（形容词后缀） • He is a **skilful** negotiator. 他是一位**熟练的**谈判专家。
skilfully ['skɪlfʊl] *adv.* 熟练地，熟手地	极速理解：**skilful**（娴熟的）+ **ly**（副词后缀） • She plays the piano **skilfully**. 她弹钢琴非常**熟练**。
unskillful [ˌʌn'skɪlfəl] *adj.* 不熟练的，无技巧的	极速理解：**un**（否定）+ **skillful**（娴熟的） • He is **unskillful** at playing basketball. 他打篮球**不熟练**。

421 skin『皮肤』

skinny ['skɪni] *adj.* 瘦的，皮包骨的，单薄的	极速理解：**skin**（皮肤）+ **n** + **y**（形容词后缀） • He used to be **skinny**. 他以前很**瘦**。
fair skin 白皙的皮肤，淡色皮肤	极速理解：**fair**（白皙的）+ **skin**（皮肤） • People with **fair skin** are prone to sunburn. **皮肤白皙**的人容易晒伤。
rough skin 粗糙的皮肤	极速理解：**rough**（粗糙的）+ **skin**（皮肤） • The cold weather can cause **rough skin**. 寒冷的天气会导致**皮肤**变得**粗糙**。
oily skin 油性皮肤	极速理解：**oily**（油性的）+ **skin**（皮肤） • **Oily skin** is more prone to acne. **油性皮肤**更容易长粉刺。
smooth skin 光滑的皮肤	极速理解：**smooth**（光滑的）+ **skin**（皮肤） • Babies have soft and **smooth skin**. 婴儿有柔软和**光滑的皮肤**。
shed skin 脱皮	极速理解：**shed**（脱落）+ **skin**（皮肤） • Snakes **shed** their **skin** as they grow. 蛇在生长进程中会**脱落皮肤**。

422 sleep『睡觉；睡眠』

sleepy ['sli:pi] *adj.* 困倦的，瞌睡的	极速理解：**sleep**（睡觉；睡眠）+ **y**（形容词后缀） • I feel so **sleepy** after a big meal. 吃了一顿大餐后，我感觉**睡意蒙眬**。
oversleep [ˌəʊvə'sli:p] *v.* 睡过头，睡得过久	极速理解：**over**（过度）+ **sleep**（睡觉；睡眠） • I **overslept** and missed the bus. 我**睡过了头**，因此误了班车。
sleepless ['sli:plɪs] *adj.* 失眠的，不眠之夜的	极速理解：**sleep**（睡觉；睡眠）+ **less**（无，没有） • Even a small noise can make me **sleepless**. 即使是微小的噪声也会令我**失眠**。
fall asleep 入睡，睡着	极速理解：**fall**（进入）+ **a**（在……）+ **sleep**（睡觉；睡眠） • The moment I closed my eyes, I **fell asleep**. 我闭上眼睛就**睡着**了。
lack of sleep 睡眠不足	极速理解：**lack of**（缺乏）+ **sleep**（睡眠） • **Lack of sleep** can have negative effects on your health. **睡眠不足**可能对您的健康产生负面影响。
go to sleep 上床睡觉	极速理解：无 • I usually **go to sleep** before midnight. 我通常在午夜前就去**睡觉**。

423 smith『工匠』

blacksmith
['blækˌsmɪθ]
n. 铁匠

极速理解：black（黑色的）+ smith（工匠）

- The **blacksmith** is making a horseshoe in his workshop.
  铁匠正在他的工作室里打马蹄铁。

coppersmith
['kɒpəˌsmɪθ]
n. 铜匠

极速理解：copper（铜）+ smith（工匠）

- The **coppersmith** is shaping a piece of copper into a pot.
  铜匠正在把一块铜铸造成一个锅。

goldsmith
['gəʊldˌsmɪθ]
n. 金匠

极速理解：gold（黄金）+ smith（工匠）

- The earrings were custom-made by a **goldsmith**.
  这对耳环是由一位**金匠**特别制作的。

locksmith
['lɒkˌsmɪθ]
n. 锁匠

极速理解：lock（锁）+ smith（工匠）

- My key is broken, I need to call a **locksmith** to help me fix it.
  我的钥匙坏了，我需要找一位**锁匠**帮我修理一下。

songsmith
['sɒŋˌsmɪθ]
n. 写流行歌曲的人

极速理解：song（歌曲）+ smith（工匠）

- The **songsmith** wrote many famous songs.
  这位**词曲作者**创作了很多著名歌曲。

smithy ['smɪði]
n.（铁匠、锡匠等的）作坊，店铺

极速理解：smith（工匠）+ y（地方）

- The old **smithy** has been converted into a museum.
  这个古老的**工匠铺**已经变成了一个博物馆。

424 smoke『烟；吸烟』

No smoking 禁止吸烟	极速理解：无 • The sign on the door says "**No smoking.**" 门上的标志写着"**禁止吸烟**"。
smoker ['sməʊkə] *n.* 吸烟者	极速理解：**smok(e)**（烟；吸烟）+ **er**（人或物） • How long have you been a **smoker**? 你**抽烟**多久了？
non-smoker *n.* 不吸烟的人	极速理解：**non**（否定）+ **smoke**（烟；吸烟）+ **er**（人） • The company has a policy of hiring **non-smokers** only. 这个公司的政策是仅雇用**不吸烟的人**。
smoky ['sməʊki] *adj.* 冒烟的，烟雾弥漫的	极速理解：**smok(e)**（烟；吸烟）+ **y**（形容词后缀） • The street was **smoky** because of the fire in the neighborhood. 由于附近起火，这条街道上**弥漫着烟雾**。
smokeless ['sməʊklɪs] *adj.* 无烟的，无烟煤的	极速理解：**smoke**（烟；吸烟）+ **less**（无） • The use of **smokeless** coal can greatly reduce air pollution. 使用**无烟**煤可以大大减少空气污染。
smoked salmon 熏鲑鱼	极速理解：**smoke**（烟；吸烟）+ **ed**（形容词后缀）+ **salmon**（鲑鱼） • **Smoked salmon** is my favorite kind of fish. **熏鲑鱼**是我最喜欢的鱼。

425 social『社会的；社交的』

society [sə'saɪəti] *n.* 社会	**极速理解：soci(al)**（社会的）+ **cty**（名词后缀） • The role of women in **society** has changed dramatically. 女性在**社会**中的角色发生了巨大的变化。
socialize ['səʊʃəˌlaɪz] *v.* 社交，交际	**极速理解：social**（社交的）+ **ize**（动词后缀） • I enjoy **socializing** with the other students. 我喜欢和同学**来往**。
socializing ['səʊʃəˌlaɪzɪŋ] *n.* 社交，交际	**极速理解：socializ(e)**（社交，交际）+ **ing**（名词后缀） • My friend enjoys **socializing** and meeting new people. 我的朋友喜欢**社交**，结识新朋友。
unsocial [ʌn'səʊʃəl] *adj.* 不合群的，不善社交的	**极速理解：un**（否定）+ **social**（社交的） • John is quite **unsocial**. 约翰非常**不合群**。
sociable ['səʊʃəbəl] *adj.* 好交际的，合群的	**极速理解：soci(al)**（社交的）+ **able**（形容词后缀） • Being **sociable** can help you advance in your career. **善于社交**可以帮助你在事业上更进一步。
socialite ['səʊʃəˌlaɪt] *n.* 社交名流，社会名士	**极速理解：social**（社交的）+ **ite**（人或物） • She is a well-known **socialite** in the city. 她是该市知名的**社交名士**。

426 sound『声音；健康的；明智的』

soundless
['saʊndlɪs]
adj. 无声响的

极速理解：**sound**（声音）+ **less**（无）

- Her lips parted in a **soundless** scream.
  她张开嘴想喊，但**喊不出声来**。

resound
[rɪ'zaʊnd]
v. 回响，传遍

极速理解：**re**（再，重新）+ **sound**（声音）

- The applause **resounded** throughout the hall.
  掌声在大厅里**回响**。

soundproof
['saʊnd,pruːf]
adj. 隔音的，防噪声的

极速理解：**sound**（声音）+ **proof**（阻止）

- We need to install **soundproof** walls.
  我们需要安装**隔音**墙。

sound off
发出响亮声音；通报情况

极速理解：**sound**（声音）+ **off**（离去，脱离）

- The soldiers **sounded off** in unison.
  士兵们齐声**发出响亮的声音**。

sleep soundly
睡得香，安睡

极速理解：**sleep**（睡觉）+ **sound**（健康的，安详的）+ **ly**（副词后缀）

- My baby always **sleeps soundly** in the car.
  我的宝宝总是在车里**睡得香**。

sound advice
明智的建议，可靠的忠告

极速理解：**sound**（明智的）+ **advice**（建议）

- We need to seek **sound advice** from experts before making any important decisions.
  在做出任何重大决定之前，我们需要寻求专家**可靠的忠告**。

427 south『南』

southwards ['saʊθwədz] *adv.* 向南方地区	**极速理解：south（南）+ wards（方向）** • The birds are flying **southwards** for the winter. 这些鸟儿正在**南**飞过冬。
southern ['sʌðən] *adj.* 南方的，南部的	**极速理解：south（南）+ ern（形容词后缀）** • She loves the taste of **southern** food. 她喜欢**南方**食物的味道。
southerner ['sʌðənə] *n.* 南方人，南部居民	**极速理解：southern（南方的）+ er（人）** • His accent proclaimed that he was a **southerner**. 他的口音表明他是**南方人**。
southeaster [ˌsaʊθ'iːstə] *adj.* 东南的，东南风	**极速理解：south（南）+ east（东）+ er（人或物）** • The **southeaster** breeze brings cool air to the city. **东南风**把清凉的空气带到这个城市。
southwestern [ˌsaʊθ'westən] *adj.* 西南的，西南方的	**极速理解：south（南）+ west（西）+ ern（形容词后缀）** • The **southwestern** part of the state is known for its beautiful national parks. 这个州的**西南**部以其美丽的国家公园而著名。
southernmost ['sʌðənˌməʊst] *adj.* 最南的，最南端的	**极速理解：southern（南方的）+ most（最）** • The **southernmost** state in the United States is Hawaii. 美国**最南端的**州是夏威夷。

428 space『空间』

spacious ['speɪʃəs] *adj.* 宽敞的，广阔的	**极速理解：spac(e)**（空间）+ **ious**（形容词后缀） • The room was **spacious** and airy. 房间**宽敞**明亮。
interspace ['ɪntəˌspeɪs] *n.* 间隔，间距	**极速理解：inter**（在……之间）+ **space**（空间） • Dental floss is used to clean the **interspace** between your teeth. 牙线用于清洁牙齿之间的**间隙**。
take up too much space 占用太多空间	**极速理解：**无 • The old sofa **takes up too much space** in the living room. 旧沙发在客厅**占据了太多空间**。
spaceship ['speɪsˌʃɪp] *n.* 宇宙飞船	**极速理解：space**（空间）+ **ship**（船） • The astronauts boarded the **spaceship**. 宇航员们登上**宇宙飞船**。
clear a space for 为……清出地方	**极速理解：clear**（清除）+ **a**（一个）+ **space**（空间）+ **for**（为） • She **cleared a space for** a new bookshelf in her bedroom. 她为卧室里的新书架**清出了一片地方**。
spaceman ['speɪsˌmæn] *n.* 宇航员	**极速理解：space**（空间）+ **man**（人） • The **spaceman** conducted experiments on the space station. **宇航员**在空间站里进行实验。

429 speak『说话』

speaker ['spiːkə] *n.* 演讲者，发言人	极速理解：**speak**（说话）+ **er**（人） • The politician was known for being a skilled **speaker**. 这位政治家以擅长**演讲**而著名。
speak English 说英语	极速理解：**speak**（说话）+ **English**（英语） • Can you **speak English** with me? 你能和我**说英语**吗?
speak louder 大声说话	极速理解：**speak**（说话）+ **louder**（更大声的） • I can't hear you, can you **speak louder**? 我听不见你的声音，你能**大声说话**吗?
speak up 大声说，表达自己的意见	极速理解：**speak**（说话）+ **up**（向） • Don't be afraid to **speak up** if you have a different opinion. 如果你有不同的意见，请勇敢地**说出来**。
outspoken [ˌaʊt'spəʊkən] *adj.* 直言不讳的，坦率的	极速理解：**out**（外部，向外）+ **spoken**（**speak** 的过去分词） • She was **outspoken** in her criticism of the plan. 她对该计划的批评**直言不讳**。
speak of 提到，谈论	极速理解：**speak**（说话）+ **of**（关于） • We do not **speak of** that topic at the dinner table. 我们在餐桌上不**谈论**那个话题。

430 spirit『精神』

spirited ['spɪrɪtɪd] *adj.* 有精神的，活泼的	**极速理解：spirit（精神）+ ed（形容词后缀）** • Our team played a **spirited** game and won by a landslide. 我们的队伍展现出**活力十足**的比赛表现，大胜对手。
dispirited [dɪ'spɪrɪtɪd] *adj.* 沮丧的，意志消沉的	**极速理解：dis（否定）+ (s)pirited（有精神的）** • She was **dispirited** after failing her driving test for the third time. 第三次驾照考试未通过后，她感到很**沮丧**。
spiritual ['spɪrɪtjʊəl] *adj.* 心灵的，精神上的	**极速理解：spirit（精神）+ ual（形容词后缀）** • Yoga is not only a physical practice, but also a **spiritual** one. 瑜伽不仅是一种身体练习，也是一种**灵性**实践。
high-spirited *adj.* 充满活力的，精神饱满的	**极速理解：high（非常）+ spirited（有精神的）** • The **high-spirited** athlete won the race with ease. **精神饱满的**运动员轻松赢得了比赛。
free-spirited *adj.* 自由奔放的，无拘无束的	**极速理解：free（自由的）+ spirited（有精神的）** • She felt liberated and **free-spirited** after quitting her corporate job. 她辞去公司工作后觉得自由解放、**无拘无束**。
public-spirited *adj.* 爱公益的，为公众利益着想的	**极速理解：public（公众的）+ spirited（有精神的）** • The **public-spirited** volunteers organized a charity event. **为公众利益着想的**志愿者们组织了一场慈善活动。

431 stand『立，站』

handstand ['hænd,stænd] *n.* 倒立	**极速理解：hand（手）+ stand（立，站）** • Can you do a **handstand**? 你会做**倒立**吗？
outstanding [,aʊt'stændɪŋ] *adj.* 杰出的，卓越的	**极速理解：out（超过，外面）+ stand（立，站）+ ing（形容词后缀）** • The student's **outstanding** grades earned her a scholarship. 这名学生以**卓越的**成绩获得了奖学金。
stand out 突出，显眼	**极速理解：stand（立，站）+ out（出来）** • Her colorful dress made her **stand out** in the crowd. 她色彩鲜艳的连衣裙让她在人群中**显眼**。
withstand [wɪð'stænd] *v.* 承受，抵抗	**极速理解：with（与……一起）+ stand（立，站）** • She had to **withstand** criticism from her coworkers. 她得**忍受**同事对她的批评。
stand up for 支持，维护（某人或某事）	**极速理解：stand（立，站）+ up（起来）+ for（为了）** • Don't be afraid to **stand up for** yourself. 要敢于**维护**自己的权利。
stand up to 抵挡，面对	**极速理解：stand up（站起来）+ to（朝向）** • She **stood up to** the bully and refused to be intimidated. 她勇敢地**面对**恶霸，并拒绝被恐吓。

432 star『星星；明星』

superstar ['suːpəˌstɑː] *n.* 超级明星，巨星	**极速理解：super（超级）+ star（明星）** • She rose from being a nobody to become a **superstar**. 她从无名小辈一跃成为**超级明星**。
starlight ['stɑːˌlaɪt] *n.* 星光	**极速理解：star（星星）+ light（光）** • We sat on the beach and gazed up at the **starlight** sky. 我们坐在海滩上，仰望**星光**璀璨的夜空。
rising star 新星，后起之秀	**极速理解：rising（升起的）+ star（星星；明星）** • The young singer is considered a **rising star** in the music industry. 这位年轻歌手被认为是音乐行业的**后起之秀**。
shooting star 流星	**极速理解：shooting（发射的）+ star（星星）** • We made a wish when we spotted a **shooting star** in the night sky. 我们在夜空中发现**流星**时许了一个愿。
stare [steə] *v.* 凝视，盯着看	**极速理解：无** • She **stared** at the painting on the wall for several minutes. 她**凝视**着墙上的画好几分钟。
startle ['stɑːtəl] *v.* 使吓一跳，惊吓	**极速理解：star（星星）+ tle（动词后缀）** • The loud thunder **startled** the sleeping baby. 巨响的雷声**惊醒**了正在睡觉的婴儿。

433 state『国家』

state visit 国事访问	**极速理解：state**（国家）＋ **visit**（访问） • It's a short but important **state visit**. 这是一次短暂却重要的**国事访问**。
statesman ['steɪtsmən] *n.* 政治家	**极速理解：states**（国家）＋ **man**（男人） • He was a great **statesman** who devoted his life to serving his country. 他是一位伟大的**政治家**，为他的国家奉献了一生。
stateless ['steɪtlɪs] *adj.* 无国籍的	**极速理解：state**（国家）＋ **less**（无） • The **stateless** refugees were stuck in a legal limbo. 这些**无国籍**难民陷入了法律的旋涡中。
superstate ['suːpəˌsteɪt] *n.* 超级大国	**极速理解：super**（超级的）＋ **state**（国家） • America is an economic **superstate**. 美国在经济上是一个**超级大国**。
state-owned *adj.* 国有的	**极速理解：state**（国家）＋ **owned**（拥有的） • The **state-owned** bank is known for its stability and reliability. 这家**国有**银行以其稳定和可靠性闻名。
statement ['steɪtmənt] *n.* 陈述，声明	**极速理解：state**（国家）＋ **ment**（名词后缀） • The politician's **statement** caused public criticism. 这位政治家的**陈述**引起了公众的批评。

434 step『脚步』

footstep ['fʊtˌstep] *n.* 脚步声；足迹	极速理解：**foot**（脚）+ **step**（脚步） • I heard **footsteps** approaching from behind me. 我听到了身后逐渐逼近的**脚步声**。
trip up on the step 绊倒在台阶上	极速理解：无 • Be careful you don't **trip up on the step**. 你小心别**在台阶上绊倒**了。
step forward 迈步向前，站出来	极速理解：**step**（脚步）+ **forward**（向前） • The CEO asked for anyone with a new idea to **step forward**. CEO 要求任何有新想法的人都要**站出来**。
misstep [ˌmɪs'step] *n.* 失误，错误行动	极速理解：**mis**（错误的）+ **step**（脚步） • The athlete's **misstep** caused him to lose the race. 这位运动员的**错误行动**导致他输掉了比赛。
step by step 逐步，一步一步地	极速理解：无 • She followed the recipe **step by step** to make the perfect cake. 她**逐步**遵循食谱制作完美的蛋糕。
step up onto the platform 上台，登台	极速理解：无 • It took all her courage to **step up onto the platform**. 她鼓起所有的勇气，**向台上走去**。

435 stone『石头』

stony ['stəʊni] *adj.* 多石的，多石头的；冷酷的	**极速理解：ston(e)**（石头）+ **y**（形容词后缀） • The path to the mountain was **stony** and difficult to walk on. 到山上的小路是**石头林立**的，很难走。
milestone ['maɪlˌstəʊn] *n.* 重要事件，重要阶段	**极速理解：mile**（英里）+ **stone**（石头） • Graduating from college is a big **milestone** in one's life. 大学毕业是一个人人生中的**重要里程碑**。
touchstone ['tʌtʃˌstəʊn] *n.* 试金石	**极速理解：touch**（触摸）+ **stone**（石头） • Job security has become the **touchstone** of a good job. 工作稳定性已成为衡量一份工作好坏的**试金石**。
kill two birds with one stone 一箭双雕	**极速理解：**无 • He decided to exercise on his way to work to **kill two birds with one stone**: save time and stay fit. 他决定在上班路上锻炼，就能“**一箭双雕**”：节省时间并保持身体健康。
gravestone ['greɪvˌstəʊn] *n.* 墓碑	**极速理解：grave**（坟墓，墓地）+ **stone**（石头） • I swept rainwater off the flat top of a **gravestone**. 我拂去了**墓碑**顶上的雨水。
stone-cold *adj.* 冰冷的；毫无感情的	**极速理解：stone**（石头）+ **cold**（冷的；没有感情的） • She found his body lying there, **stone-cold** and lifeless. 她发现他的尸体躺在那里，**冰冷无生命**。

436 stop『停止；阻止』

stopper ['stɒpə] *n.* 塞子，瓶塞	极速理解：**stop**（阻止）+ **p** + **er**（工具） • The **stopper** on the bottleneck was so tight. 瓶颈处的**塞子**太紧了。
stop to do 停下来去做某事	极速理解：无 • They **stopped to** take a break and enjoy the beautiful scenery. 他们**停下来**休息，欣赏美丽的风景。
stop doing 停止正在做的事	极速理解：无 • He **stopped smoking** to improve his health. 他**戒烟**是为了改善自己的健康状况。
stopwatch ['stɒpˌwɒtʃ] *n.* 计时器，秒表	极速理解：**stop**（阻止）+ **watch**（观察） • She set her **stopwatch** to time her cooking precisely. 她设置**秒表**以准确计时烹饪。
nonstop flight 直达航班	极速理解：无 • The **nonstop flight** from New York to London takes about 6 hours. 从纽约到伦敦的**直达航班**需要大约 6 小时。
stop by 停下来，顺便拜访，顺路去	极速理解：**stop**（停止）+ **by**（经过） • Can you **stop by** the grocery store and buy some milk? 你可以**顺便**在杂货店买些牛奶吗？

437 stream『小溪；流』

downstream ['daʊn'striːm] *adj.* 下游的 *adv.* 顺流而下地	**极速理解：down（向下）+ stream（小溪）** • We had drifted **downstream**. 我们漂向了**下游**。
upstream ['ʌp'striːm] *adj.* 上游的 *adv.* 向上游；逆流	**极速理解：up（向上）+ stream（小溪）** • The falls **upstream** are full of salmon. **上游**瀑布一带盛产鲑鱼。
a stream of 一连串，一系列	**极速理解：无** • The professor spoke for an hour, delivering **a stream of** information. 教授说了一个小时，传递了**一连串**的信息。
airstream ['eəˌstriːm] *n.* 气流，空气流动	**极速理解：air（空气）+ stream（流）** • A rather cold **airstream** will cover our province. 一股偏冷**气流**将覆盖我省。
streamlined ['striːmˌlaɪnd] *adj.* 流线型的	**极速理解：stream（流）+ lined（一条线的）** • Contemporary cars are more **streamlined** than older ones. 当代轿车比旧时轿车更**具流线型**。
mainstream ['meɪnˌstriːm] *n.* 主流，主流文化　*adj.* 主流的，流行的	**极速理解：main（主要的）+ stream（流）** • Their views lie outside the **mainstream** of current medical opinion. 他们的观点不属于当今医学界的**主流**观点。

438 street『街道』

streetlight [ˈstriːtˌlaɪt] *n.* 街灯	极速理解：**street**（街道）+ **light**（光） • The **streetlights** turn on automatically at sunset. **街灯**在日落时自动亮起。
across the street 街对面	极速理解：**across**（横过，穿过）+ **the** + **street**（街道） • The restaurant is just **across the street** from the cinema. 这家餐厅就在电影院**对面**。
one-way street 单行道	极速理解：**one-way**（单方向的）+ **street**（街道） • Be careful when driving on a **one-way street**. 在**单行道**上开车要小心。
side street 小街，次要街道	极速理解：**side**（侧面，旁边）+ **street**（街道） • The coffee shop is located on a cozy **side street**. 这家咖啡店坐落在一条舒适的**小街**上。
high street 商业步行街	极速理解：**high**（重要的）+ **street**（街道） • The **high street** is lined with shops, restaurants and theaters. **商业街**上有商店、餐馆和剧院。
at street level 在街面上，与街平齐	极速理解：**at**（在）+ **street**（街道）+ **level**（水平） • The café has a small patio **at street level**. 咖啡厅有一个**在街面上**的小露台。

439 strong『强壮的』

strong on 对……有热情；擅长于某事	**极速理解：strong**（强壮的）+ **on**（在……方面） • She's **strong on** hiking. 她**擅长于**徒步旅行。
strong-willed *adj.* 意志坚强的，有决心的	**极速理解：strong**（强壮的）+ **willed**（意志的） • The **strong-willed** woman refused to give up. 这位**意志坚强的**女性从不肯放弃。
headstrong ['hedˌstrɒŋ] *adj.* 顽固的，固执的	**极速理解：head**（头）+ **strong**（强壮的） • The **headstrong** child refused to listen to his parents' advice. 这个**固执的**孩子不听父母的建议。
stronghold ['strɒŋˌhəʊld] *n.* 据点	**极速理解：strong**（强壮的）+ **hold**（持有，拥有） • The police raided the drug lord's **stronghold**. 警方突袭了毒枭的**据点**。
strongbox ['strɒŋˌbɒks] *n.* 保险箱，提款机	**极速理解：strong**（强壮的）+ **box**（盒子） • The store's daily cash is kept in a steel **strongbox**. 商店每天的现金都放在一个钢制**保险箱**中。
strong suit 长处，擅长之处	**极速理解：strong**（强壮的）+ **suit**（合适，适合） • Public speaking is not his **strong suit**. 演讲不是他**擅长的领域**。

440 study『学习，研究』

study ['stʌdi] *n.* 书房	**极速理解：** 无 • She spent most of her time in the **study**, reading and writing. 她大部分时间都在**书房**里读书和写作。
study hard 努力学习	**极速理解：study**（学习，研究）+ **hard**（努力） • He **studied hard** throughout high school. 他在高中期间**刻苦学习**。
study abroad 出国留学	**极速理解：study**（学习，研究）+ **abroad**（在国外） • She plans to **study abroad** next year. 她计划明年**出国留学**。
studious ['stjuːdɪəs] *adj.* 勤奋的，用功的	**极速理解：study**（学习，研究）+ **ious**（形容词后缀） • He was a **studious** gentle lad. 他原是个**好学的**、温顺的孩子。
in a brown study 心事重重的，陷入沉思的	**极速理解：** 无 • He sat **in a brown study**, lost in thought about his future career. 他坐在那里**陷入沉思**，想着他未来的职业。
overstudy [ˌəʊvə'stʌdi] *n.* 过度用功，学习过度	**极速理解：over**（过度，超过）+ **study**（学习，研究） • **Overstudy** may lead to mental and physical problems. **过度用功**可能会引起身心问题。

441 sun『太阳』

sunny ['sʌni] *adj.* 晴朗的，阳光充足的	**极速理解：sun**（太阳）+ **n** + **y**（形容词后缀） • The weather is **sunny** and warm. 天气**晴朗**温暖。
sunlight ['sʌnlaɪt] *n.* 日光，阳光	**极速理解：sun**（太阳）+ **light**（光） • She drew back the curtains and let the **sunlight** in. 她拉开窗帘让**阳光**照进来。
sunrise ['sʌnˌraɪz] *n.* 日出，拂晓	**极速理解：sun**（太阳）+ **rise**（上升） • The best time for a morning run is right after **sunrise**. 晨跑的最佳时间是**日出**后。
sunset ['sʌnˌset] *n.* 日落，傍晚	**极速理解：sun**（太阳）+ **set**（下降，落下） • The beach is the perfect place to watch the **sunset** in the evening. 海滩是欣赏傍晚**日落**的绝佳场所。
sunburn ['sʌnˌbɜːn] *n.* 晒伤	**极速理解：sun**（太阳）+ **burn**（烧伤，晒伤） • She forgot to wear sunscreen at the beach and got a bad **sunburn**. 她忘了在海滩上涂防晒霜，结果**晒伤**了。
sunscreen ['sʌnˌskriːn] *n.* 防晒霜；防晒油	**极速理解：sun**（太阳）+ **screen**（挡板） • Don't forget to put on **sunscreen** before going out in the sun. 出门前不要忘记涂**防晒霜**。

442 suppose『假设；认定』

suppose [səˈpəʊz] *v.* 假设；认定	极速理解：**sup**（底下）+ **pose**（放置） • Prices will go up, I **suppose**. 我**觉得**物价将会上涨。
supposed [səˈpəʊzd] *adj.* 情理上应该的，假定的	极速理解：**suppos(e)**（假设；认定）+ **ed**（形容词后缀） • When did this **supposed** accident happen? 这场**所谓的**事故发生在什么时候？
supposition [ˌsʌpəˈzɪʃən] *n.* 假定，推测	极速理解：**suppos(e)**（假设；认定）+ **ition**（名词后缀） • Her theory was based on **supposition** rather than actual evidence. 她的理论是基于**推测**而非实际证据。
supposedly [səˈpəʊzɪdli] *adv.* 据说，所谓	极速理解：**supposed**（假定的）+ **ly**（副词后缀） • The novel is **supposedly** based on a true story. **据说**这部小说是以一个真实的故事为依据的。
be supposed to do 应该做某事	极速理解：无 • I **am supposed to** study tonight. 我今晚**应该**学习。
supposed to have done 本该做了某事	极速理解：无 • He is **supposed to have** finished his homework by now. 他现在**本该**完成作业了。

443 sweet『甜的』

sweetish ['swiːtɪʃ] *adj.* 有点甜的	**极速理解：sweet**（甜的）+ **ish**（形容词后缀） • This wine has a **sweetish** aftertaste. 这种酒有一种**略带甜味的**余韵。
sweetheart ['swiːtˌhɑːt] *n.* 恋人，亲爱的	**极速理解：sweet**（甜的）+ **heart**（心） • He's always calling her his **sweetheart**. 他总是称呼她为他的**甜蜜心肝宝贝**。
sweet [swiːt] *n.* 糖果，甜点	**极速理解：sweet**（甜的） • They enjoyed some **sweets** for dessert. 他们享用了一些**甜点**作为甜品。
sweetly ['swiːtli] *adv.* 甜美地，温柔地	**极速理解：sweet**（甜的）+ **ly**（副词后缀） • She smiled **sweetly** at him as he walked over to her. 他走向她时，她**甜甜地**微笑着。
sweetener ['swiːtənə] *n.* 甜味剂，甜料	**极速理解：sweet**（甜的）+ **en**（变）+ **er**（工具） • Many people use artificial **sweeteners** for weight loss. 许多人为减肥使用人工**甜味料**。
sweet-talk *v.* 奉承，讲甜言蜜语	**极速理解：sweet**（甜的）+ **talk**（交谈，说话） • She **sweet-talked** the salesman into giving her a discount. 她用**甜言蜜语**劝说销售员给她打折。

444 take『拿，带走』

take-away *n.* 外卖食品；外卖店	**极速理解：take**（拿，带走）+ **away**（离开） • Let's order some **take-away** for dinner tonight. 我们今晚点些**外卖**当晚饭。
intake [ˈɪnˌteɪk] *n.* 摄取量，吸入量	**极速理解：in**（进入；向内）+ **take**（拿，带走） • Everyone benefited from limiting their **intake** of tea to just three or four cups a day. 每天只**喝**三四杯茶对身体有益。
mistake [mɪˈsteɪk] *v.* 误解，弄错	**极速理解：mis**（错误的）+ **take**（拿，带走） • I **mistook** you for Carlos. 我把你**错**当成卡洛斯了。
take off 起飞，脱下	**极速理解：take**（拿，带走）+ **off**（离开；脱离） • We eventually **took off** at 11 o'clock. 我们终于在 11 点**起飞**。
take up 开始从事某事；占据空间	**极速理解：take**（拿，带走）+ **up**（向上；开始） • The new furniture **takes up** too much space in my apartment. 新家具在我的公寓里**占据**了太多的**空间**。
breathtaking [ˈbreθˌteɪkɪŋ] *adj.* 惊艳的，惊险的	**极速理解：breath**（呼吸，气息）+ **tak(e)**（带走）+ **ing**（形容词后缀） • The view from the top of the mountain was **breathtaking**. 从山顶俯瞰的景色让人**惊艳**。

445 talk『说话』

talker ['tɔːkə(r)] *n.* 说话者，话痨	**极速理解：talk（说话）+ er（人）** • My boss is a smooth **talker**. 我的老板是一个**能说会道的人**。
talkative ['tɔːkətɪv] *adj.* 健谈的，话多的	**极速理解：talk（说话）+ ative（有……倾向的）** • He's very **talkative** at parties. 他参加聚会时非常**健谈**。
talk about 谈论，说起	**极速理解：talk（说话）+ about（在……方面）** • Can we **talk about** something more pleasant? 我们能转换话题**谈论**些更愉快的事情吗？
talk show 脱口秀节目	**极速理解：talk（说话）+ show（表演；展览）** • She was invited to be a guest on a popular **talk show**. 她受邀成为一档热门**脱口秀节目**的嘉宾。
talk nonsense 胡说八道	**极速理解：talk（说话）+ nonsense（无意义的话）** • She accused him of **talking nonsense**. 她指责他在**胡说八道**。
talk back 反驳，顶嘴	**极速理解：talk（说话）+ back（向后；返回；反驳）** • The teenager had a habit of **talking back** to his parents. 青少年有一个习惯，就是和父母**顶嘴**。

446 taste『品尝；味道』

taster ['teɪstə] *n.* 品尝员，品酒师	**极速理解：tast(e)**（品尝；味道）+ **er**（人）
	• The restaurant invited a **taster** to try out their new menu before launching it to the public. 餐厅邀请**品尝员**在发布新菜单之前试吃一下。
tasty ['teɪsti] *adj.* 美味的，可口的	**极速理解：tast(e)**（品尝；味道）+ **y**（形容词后缀）
	• This pasta dish is really **tasty**! 这道意面真的很**美味**！
tasteless ['teɪstlɪs] *adj.* 无味的，没味道的	**极速理解：taste**（品尝；味道）+ **less**（无）
	• The fish was mushy and **tasteless**. 鱼做得太烂了，**没滋没味的**。
tasteful ['teɪstfʊl] *adj.* 有品位的，考究的	**极速理解：taste**（品尝；味道）+ **ful**（充满……的）
	• The decor is **tasteful** and restrained. 装饰风格**雅致优美**朴素简约。
distaste [dɪs'teɪst] *n.* 不喜欢，嫌弃	**极速理解：dis**（否定）+ **taste**（品尝；味道）
	• He had a **distaste** for fast food. 他**不喜欢**快餐。
aftertaste ['ɑːftəˌteɪst] *n.* 回味，余味	**极速理解：after**（之后）+ **taste**（品尝；味道）
	• This wine has a pleasant **aftertaste**. 这种酒有一种愉悦的**回味**。

447 tax『税；征税』

taxation
[tæk'seɪʃən]
n. 征税，税收

极速理解：tax（征税）+ ation（名词后缀）

• The government is considering raising **taxation** on cigarettes.
政府正在考虑提高烟草**税**。

taxpayer
['tæks,peɪə]
n. 纳税人

极速理解：tax（征税）+ payer（付款人）

• Finance for education comes from **taxpayers**.
教育经费来自**纳税人**。

tax-free
adj. 免税的，无税的

极速理解：tax（税）+ free（免费的）

• This store offers a **tax-free** shopping program.
这家商店提供**免税**购物计划。

taxman
['tæks,mæn]
n. 税务人员，税务官员

极速理解：tax（税）+ man（人）

• He had been cheating the **taxman** for years.
数年来，他一直欺骗**税务部门**。

untaxed
[ʌn'tækst]
adj. 未征税的

极速理解：un（否定）+ tax（征税）+ ed（形容词后缀）

• It was **untaxed** income.
这是**未被征税的**收入。

taxable
['tæksəbəl]
adj. 应纳税的

极速理解：tax（征税）+ able（形容词后缀）

• Capital gains from stock trading are **taxable** income.
股票交易的资本收益是**应纳税的**。

448 teach『教授』

teaching ['tiːtʃɪŋ] *n.* 教学，教育	极速理解：**teach**（教授）+ **ing**（名词后缀） • Does the quality of **teaching** depend on class size? **教学**质量取决于每个班的人数吗？
teachable ['tiːtʃəbəl] *adj.* 可教授的，易教的	极速理解：**teach**（教授）+ **able**（能够） • He's a bright student and very **teachable**. 他是一个聪明的学生，很**容易教**。
teach-by-doing *n.* 动手教学法	极速理解：无 • We will be using a **teach-by-doing** method. 我们将使用**动手实践的教学方法**。
self-taught *adj.* 自学的，自学成才的	极速理解：**self**（自己）+ **taught**（**teach** 的过去分词） • He's a **self-taught** pianist. 他是一个**自学成才的**钢琴家。
teaching building 教学楼	极速理解：**teaching**（教学）+ **building**（建筑物） • The university is planning to build a new **teaching building**. 大学计划建造一座新的**教学楼**。
teaching assistant 助教，教学助理	极速理解：**teaching**（教学）+ **assistant**（助手，助理） • His mother is **teaching assistant** at the University. 他的母亲是大学的**教学助理**。

449 tell『告诉；讲述；识别；泄露』

tell apart 辨别，分辨	极速理解：**tell**（识别）+ **apart**（分开） • It's difficult to **tell apart** the twins. 很难**区分**这对双胞胎。
storyteller [ˈstɔːrɪˌtelə] *n.* 讲故事的人，故事作家	极速理解：**story**（故事）+ **tell**（告诉；讲述）+ **er**（人） • She's a skilled **storyteller**. 她是一个技艺高超的**讲故事的人**。
get a telling-off 受到责备，挨训	极速理解：无 • I **got a telling-off** from my boss for being late to the meeting. 我因为开会迟到而**受到了**老板的**严厉批评**。
foretell [fɔːˈtel] *v.* 预言，预测	极速理解：**fore**（前，预先）+ **tell**（告诉；讲述） • The fortune-teller claimed to be able to **foretell** the future. 算命先生声称他能够**预言**未来。
telltale [ˈtelˌteɪl] *adj.* 暴露问题的，泄露秘密的	极速理解：**tell**（泄露）+ **tale**（故事，传说） • The heavy rain was a **telltale** sign that the storm was going to get worse. 大雨是暴风雨将变得更糟的**预兆**。
fortune-teller *n.* 算命先生，占卜师	极速理解：**fortune**（命运）+ **tell**（泄露）+ **er**（人） • The **fortune-teller** predicted that I would marry a doctor. **算命先生**预言我会同一位医生结婚。

450 test『考试；检测』

test taker 考生	**极速理解：test（考试）+ taker（参加的人）** • The **test taker** was nervous before the exam. **考试者**在考试前很紧张。
pass a test 通过考试	**极速理解：pass（通过）+ a（一个）+ test（考试）** • I studied hard and was able to **pass the final test**. 我努力学习，最终能够**通过期末考试**。
fail a test 考试不及格	**极速理解：fail（失败）+ a（一个）+ test（考试）** • If you **fail the test**, you will have to retake it. 如果你**考试不及格**，你需要重新参加考试。
take a test 参加考试	**极速理解：take（参加）+ a（一个）+ test（考试）** • Sarah is going to **take** her math **test** next week. 莎拉下周要**参加**数学**考试**。
blood test 血液检测	**极速理解：blood（血液）+ test（检测）** • You have to undergo a **blood test**. 你必须进行**血液检测**。
strength test 强度测试，力量测试	**极速理解：strength（力量；强度）+ test（检测）** • The athletes had to undergo a rigorous **strength test**. 运动员必须接受严格的**力量测试**。

451 think『想』

thinker ['θɪŋkə(r)] *n.* 思想家；思考者	极速理解：**think**（想）+ **er**（人或物） • Hamilton is a great statesman and political **thinker**. 汉密尔顿是个伟大的政治家和政治**思想家**。
to my way of thinking 在我看来；据我所思	极速理解：无 • **To my way of thinking**, nothing in this world is perfect. **依我看**，世界上没有十全十美的东西。
rethink [riː'θɪŋk] *v.* 重新考虑；重新思考	极速理解：**re**（再，重新）+ **think**（想） • We need to **rethink** our marketing strategy. 我们需要**重新考虑**我们的营销策略。
think through 充分考虑；仔细思考	极速理解：**think**（想）+ **through**（通过，穿过） • Let's **think through** all the possible scenarios. 让我们**仔细考虑**所有可能的情况。
think over 仔细考虑；再三思考	极速理解：**think**（想）+ **over**（在……上面） • I need to **think over** the offer before I make a decision. 在做出决定之前，我需要**仔细考虑**这个报价。
think back 回忆；回想	极速理解：**think**（想）+ **back**（回来） • The photographs made me **think back** to my schooldays. 这些照片使我**回想**起我的学生时代。

452 tight『紧的』

tightly [ˈtaɪtli] *adv.* 紧密地；牢固地	**极速理解：tight**（紧的）+ **ly**（副词后缀） • She held onto the rope **tightly**. 她**紧紧**抓住绳子。
tighten your belt 收紧裤腰带；过拮据的日子	**极速理解：tight**（紧）+ **en**（使……）+ **your**（你的）+ **belt**（腰带） • I'm going to have to **tighten my belt** this month. 这个月我得**过拮据的日子**了。
airtight [ˈeəˌtaɪt] *adj.* 密封的；无懈可击的	**极速理解：air**（空气）+ **tight**（紧的） • The jar is **airtight**, so the food will stay fresh for a long time. 罐子是**密封的**，所以食品可以保持较长时间的新鲜。
tight-fisted *adj.* 吝啬的；小气的	**极速理解：tight**（紧的）+ **fist**（拳头）+ **ed**（形容词后缀） • My boss is so **tight-fisted**. 我的老板太**吝啬**了。
tight-knit *adj.* 紧密相连的；关系紧密的	**极速理解：tight**（紧的）+ **knit**（编织） • I have a very **tight-knit** family. 我的家庭非常**和睦**。
tight-lipped *adj.* 沉默寡言的；守口如瓶的	**极速理解：tight**（紧的）+ **lip**（嘴唇）+ **p** + **ed**（形容词后缀） • The witness was **tight-lipped** about what she saw at the crime scene. 目击证人对她在犯罪现场所见**守口如瓶**。

453 time『时间』

timely ['taɪmli] *adj.* 适时的；及时的	**极速理解：time（时间）+ ly（形容词后缀）** • Your **timely** intervention saved the company from a major disaster. 你**及时的**干预拯救了公司免遭一场重大灾难。
timer ['taɪmə] *n.* 计时器；定时器	**极速理解：tim(e)（时间）+ er（人或物）** • I use a **timer** when I cook. 我在做饭的时候使用**计时器**。
timetable ['taɪmˌteɪbəl] *n.* 时间表；时刻表	**极速理解：time（时间）+ table（表格）** • You can check the train **timetable** online before you go to the station. 你可以在去车站之前在网上查询火车**时刻表**。
overtime ['əʊvəˌtaɪm] *n.* 加班时间；加班费	**极速理解：over（过度）+ time（时间）** • They pay $150 a day plus **overtime**. 他们支付每天 150 美元的报酬，外加**加班费**。
time-saving *adj.* 节省时间的，省时的	**极速理解：time（时间）+ sav(e)（节省）+ ing（形容词后缀）** • Using a food processor can be **time-saving**. 使用食品加工机可以**省很多时间**。
time-consuming *adj.* 耗时的，费时间的	**极速理解：time（时间）+ consume（消耗）+ ing（形容词后缀）** • Cleaning the house can be a very **time-consuming** task. 打扫房间可能是一项很**费时间的**任务。

454 tongue『舌头』

mother tongue 母语，本国语	**极速理解：mother（母亲）+ tongue（舌头）** • English is my **mother tongue**, but I also speak Spanish fluently. 英语是我的**母语**，但我也能流利地说西班牙语。
tongue-tied *adj.* 结巴的；说不出话的	**极速理解：tongue（舌头）+ tie（绑住，束缚）+ ed（形容词后缀）** • She became **tongue-tied** and couldn't articulate her thoughts. 她**结巴**了，无法表达她的想法。
honey-tongued *adj.* 甜言蜜语的；能言善辩的	**极速理解：honey（蜂蜜）+ tongu(e)（舌头）+ ed（形容词后缀）** • The salesman was so **honey-tongued**. 那位推销员**甜言蜜语**的。
sharp-tongued *adj.* 说话刻薄的；嘴巴尖利的	**极速理解：sharp（锐利的）+ tongu(e)（舌头）+ ed（形容词后缀）** • My grandmother can be very **sharp-tongued**, but she means well. 我的祖母有时会**说话尖酸刻薄**，但她的本意是好的。
tongue twister 绕口令	**极速理解：tongue（舌头）+ twist（扭曲）+ er（名词后缀）** • This sentence is a **tongue twister**. 这句话很**绕嘴**。
loose-tongued *adj.* 嘴巴松的；轻率透露机密的	**极速理解：loose（松的）+ tongu(e)（舌头）+ ed（形容词后缀）** • She's known for being **loose-tongued**. She can never keep a secret. 她以**嘴巴不把门**闻名。她永远不能保守秘密。

455 top『顶部』

rooftop	极速理解：**roof**（屋顶）+ **top**（顶部）
['ruːfˌtɒp]	• The view from the **rooftop** was spectacular.
n. 屋顶；顶楼	从**屋顶**上看去的景象很壮观。
treetop ['triːtɒp]	极速理解：**tree**（树）+ **top**（顶部）
n. 树顶；树梢	• The bird perched on the **treetop**, singing a beautiful melody. 那只鸟停在**树顶**上，唱着美妙的旋律。
topic	极速理解：无
['tɒpɪk]	• The article covered a wide range of **topics**.
n. 话题；主题	这篇文章讨论了一系列广泛的**论题**。
topping ['tɒpɪŋ]	极速理解：**top**（顶部）+ **p** + **ing**（名词后缀）
n. 配料；浇头	• Distribute the **topping** evenly over the fruit.
adj. 顶部的	将**配料**均匀地撒在水果上。
top-level	极速理解：**top**（顶部）+ **level**（级别）
adj. 最高级别的；高层的	• The CEO is a **top-level** executive. CEO 是**高级主管**。
top-ranking	极速理解：**top**（顶部）+ **ranking**（排名）
adj. 最高排名的；最高级的	• The athlete achieved a **top-ranking** position. 那名运动员获得了**最高排名**。

456 town『城镇』

hometown ['həʊmtaʊn] *n.* 家乡	极速理解：**home**（家）+ **town**（城镇） • I'm heading back to my **hometown** for the holidays. 我要回我的**家乡**度假。
Chinatown ['tʃaɪnəˌtaʊn] *n.* 唐人街	极速理解：**China**（中国）+ **town**（城镇） • **Chinatown** in San Francisco is very famous. 旧金山的**唐人街**非常有名。
downtown ['daʊn'taʊn] *n.* 市中心 *adv.* 在市中心	极速理解：**down**（向下）+ **town**（城镇） • Let's go **downtown** and see a movie tonight. 今晚咱们去**市中心**看电影吧。
university town 大学城	极速理解：**university**（大学）+ **town**（城镇） • She studied at a **university town** in the UK. 她在英国的一个**大学城**学习。
town-bred *adj.* 城市出身的；习惯于城市生活的	极速理解：**town**（城镇）+ **bred**（出生于……的） • He's **town-bred** and has never been on a farm before. 他**出生在城市**并从未去过农场。
small-town *adj.* 小城镇的；乡村的	极速理解：**small**（小的）+ **town**（城镇） • She moved from a big city to a **small-town** community. 她从大城市搬到**小城镇**社区。

457 translate『翻译』

translator
[træns'leɪtə]
n. 翻译家；译者

极速理解：translat(e)（翻译）+ or（人）

• She's a professional **translator** who works for a multinational company.
她是一名职业**翻译**，为一家跨国公司工作。

translation
[træns'leɪʃən]
n. 翻译；译文

极速理解：translat(e)（翻译）+ ion（名词后缀）

• Poetry always loses something in **translation**.
诗歌一经**翻译**总会失去某些东西。

mistranslate
[ˌmɪstræns'leɪt]
v. 误译，译错

极速理解：mis（错误的）+ translate（翻译）

• The machine translation tool often **mistranslates** idioms.
机器翻译工具经常**在翻译**成语**时出错**。

translatable
[træns'leɪtəbl]
adj. 可翻译的

极速理解：translat(e)（翻译）+ able（能够）

• His books are extremely **translatable**.
他的书特别容易**翻译**。

untranslatable
[ˌʌntræns'leɪtəbəl]
adj. 不可翻译的

极速理解：un（否定）+ translatable（可翻译的）

• The beauty of some poetry is **untranslatable** and can only be appreciated in the original language.
一些诗歌的美是**无法翻译的**，只能在原语言中欣赏。

translate into
翻译成；转化为

极速理解：translate（翻译）+ into（成为）

• I hope all the hard work will **translate into** profits.
我希望所有的辛勤劳动都会**有回报**。

458 treat『处理；对待』

treatment ['triːtmənt] *n.* 治疗；对待	**极速理解：treat（对待）+ ment（名词后缀）** • Their **treatment** of staff is definitely not cricket. 他们**对待**员工的方式绝对不公正。
mistreat [ˌmɪs'triːt] *v.* 虐待	**极速理解：mis（错误的）+ treat（对待）** • She accused her husband of **mistreating** her. 她指控自己的丈夫**虐待**她。
maltreat [mæl'triːt] *v.* 虐待；不善待	**极速理解：mal（恶劣的）+ treat（对待）** • The child welfare agency discovered that the parents were **maltreating** their children. 儿童福利机构发现父母**虐待**自己的孩子。
pretreat [priː'triːt] *v.* 预处理	**极速理解：pre（预先）+ treat（处理）** • The surface needs to be **pretreated** to ensure a smooth finish. 需要对表面进行**预处理**，以确保表面光滑无瑕。
treatable ['triːtəb(ə)l] *adj.* 可治疗的	**极速理解：treat（处理）+ able（形容词后缀）** • Many diseases that were once fatal are now **treatable**. 许多曾经致命的疾病现在变得**可治疗**了。
untreatable [ʌn'triːtəbəl] *adj.* 不可治愈的	**极速理解：un（否定）+ treatable（可治疗的）** • Some types of cancer are currently **untreatable**. 一些癌症目前仍然**无法治愈**。

459 true『真实的；正确的』

truth [tru:θ] *n.* 真相；真实；真理	**极速理解：tru(e)（真实）+ th（名词后缀）** • The **truth** is often difficult to accept, but it's important to face it. **真相**常常难以接受，但是面对它非常重要。
truthful ['tru:θfʊl] *adj.* 诚实的；真实的	**极速理解：truth（真实；真相）+ ful（充满……的）** • It's always better to be **truthful** than to lie. **诚实**总比撒谎好。
true-to-life *adj.* 逼真的	**极速理解：true（真实的）+ to（与……相符）+ life（生活）** • This painting is really **true-to-life**. 这幅画画得十分**逼真**。
truehearted [ˌtru:'hɑ:tɪd] *adj.* 忠诚的；真心实意的	**极速理解：true（真实的）+ hearted（有心的）** • She proved to be a **truehearted** friend who always stood by me. 她证明了自己是一位**忠诚的**朋友，总是支持我。
truthless ['tru:θlɪs] *adj.* 不真实的；毫无根据的	**极速理解：truth（真实）+ less（无）** • The rumor that the company was going bankrupt was completely **truthless**. 公司破产的谣言完全**毫无根据**。
untrue [ʌn'tru:] *adj.* 不真实的；不准确的；错误的	**极速理解：un（否定）+ true（真实的；正确的）** • This story, it later transpired, was **untrue**. 后来得知，此事纯属**凭空假造**。

460 trust『信任』

distrust [dɪs'trʌst] *v./n.* 不信任；怀疑	**极速理解：dis（否定）+ trust（信任）** • They looked at each other with **distrust**. 他们**心怀戒备**地相互看着对方。
mistrust [ˌmɪs'trʌst] *v./n.* 不信任；猜疑	**极速理解：mis（错误的）+ trust（信任）** • She **mistrusted** her boyfriend's intentions. 她**不信任**男友的意图。
self-distrust *n.* 不自信；自我质疑	**极速理解：self（自我）+ distrust（不信任）** • **Self-distrust** is the cause of most of our failures. 我们绝大多数的失败都是因为**缺乏自信**的缘故。
trustworthy ['trʌstˌwɜːði] *adj.* 值得信赖的；可靠的	**极速理解：trust（信任）+ worthy（值得的）** • He is a **trustworthy** and level-headed leader. 他是个**值得信赖**、头脑冷静的领导。
mutual trust 相互信任	**极速理解：mutual（相互的；共同的）+ trust（信任）** • A strong relationship requires **mutual trust** between both partners. 良好的关系需要双方之间的**相互信任**。
trusty ['trʌsti] *adj.* 可信赖的；值得信任的	**极速理解：trust（信任）+ y（形容词后缀）** • She had her **trusty** dog with her. 她把她那条**忠实的**狗带在身边。

461 turn『转动』

turning ['tɜːnɪŋ] *n.* 转向；拐点	**极速理解：turn（转动）+ ing（名词后缀）** • The player's goal marked a **turning** point in the game. 球员的进球标志着比赛的**转折**点。
turn up 出现，到场；开大（音量）	**极速理解：turn（转动）+ up（向上）** • She didn't **turn up** at the meeting, so we had to reschedule it. 她没有**出现**在会议上，所以我们不得不重新安排。
turn down 拒绝；调低（音量）	**极速理解：turn（转动）+ down（向下）** • The university **turned down** his application. 大学**拒绝**了他的申请。
overturn [ˌəʊvə'tɜːn] *v./n.* 推翻；翻倒；翻转	**极速理解：over（反转）+ turn（转动）** • The boat was in danger of **overturning** in the rough sea. 小船在汹涌的海上有**翻覆**的危险。
turnover ['tɜː(r)nˌəʊvə(r)] *n.* 人员流动率；营业额	**极速理解：turn（转动）+ over（向上翻转）** • The company's high **turnover** rate was a cause for concern among its shareholders. 公司的高**人员流动率**引起了股东的担忧。
turn to 求助	**极速理解：turn（转动）+ to（朝向）** • After failing to find a solution to the problem, they **turned to** a specialist for help. 在找不到问题解决方案后，他们**寻求**专家的帮助。

462 unite『联合；团结』

a united team 一个团结的团队	**极速理解：united（联合；团结）+ team（团队）** • We need to become **a more united team**. 我们要成为**一支更加团结的队伍**。
unity [ˈjuːnɪti] *n.* 团结；协调	**极速理解：uni（一个）+ ty（名词后缀）** • The design lacks **unity**. 这项设计整体不够**协调**。
the United Kingdom 英国；联合王国	**极速理解：the + unite（联合）+ ed（形容词后缀）+ kingdom（王国）** • **The United Kingdom** consists of England, Scotland, Wales and Northern Ireland. **英国**由英格兰、苏格兰、威尔士和北爱尔兰组成。
disunite [ˌdɪsjʊˈnaɪt] *v.* 分裂；纷争	**极速理解：dis（否定）+ unite（团结）** • A weak leader can easily **disunite** a previously united group. 一个弱领导者可以很容易地**分裂**一支曾经团结的团队。
reunite [ˌriːjuːˈnaɪt] *v.* 重聚，重新团聚	**极速理解：re（再，重新）+ unite（联合；团结）** • The high school reunion was a chance for old friends to **reunite**. 高中同学聚会是老朋友**重新团聚**的机会。
the United Nations 联合国	**极速理解：the + united（联合的；团结的）+ nations（国家）** • **The United Nations** was founded after World War Ⅱ. **联合国**成立于第二次世界大战后。

463 use『使用』

useful
['ju:sfʊl]
adj. 有用的

极速理解：usc（使用）+ ful（充满……的）

- These tools are very **useful** for gardening and landscaping.
  这些工具对于园艺和景观设计非常**有用**。

used to doing
习惯于做某事

极速理解：无

- He's **used to** working late.
  他**习惯**加班到很晚。

used to do
曾经经常做某事

极速理解：无

- I **used to** play the piano every day when I was younger.
  我小时候**曾经**每天弹钢琴。

be used to do
被用来做某事

极速理解：无

- This type of wood **is** commonly **used to** make furniture.
  这种木材常**用于**制作家具。

abuse [ə'bju:z]
n./v. 滥用；虐待；辱骂

极速理解：ab（坏的）+ use（使用）

- The boy had been **abused**.
  这个男孩曾遭受过**虐待**。

useless
['ju:slɪs]
adj. 无用的；无效的

极速理解：use（使用）+ less（无）

- The old computer is now **useless** and needs to be replaced.
  旧计算机现在已经**无用**了，需要更换。

464 value『价值』

undervalue [ˌʌndəˈvæljuː] *v.* 低估	极速理解：**under**（不足）+ **value**（价值） • She **undervalues** her talent. 她**低估**了自己的才华。
overvalue [ˌəʊvəˈvæljuː] *v.* 高估	极速理解：**over**（过度）+ **value**（价值） • Don't **overvalue** the importance of appearances. 不要**高估**外表的重要性。
valuable [ˈvæljʊəbəl] *adj.* 宝贵的；有价值的 *n.* 贵重物品；财产	极速理解：**valu(e)**（价值）+ **able**（形容词后缀） • The burglars stole **valuable** jewelry and cash. 窃贼偷走了**贵重**的珠宝和现金。
valueless [ˈvæljʊlɪs] *adj.* 无价值的；不重要的	极速理解：**valu(e)**（价值）+ **less**（无） • His suggestion is **valueless**. 他的建议**毫无价值**。
evaluate [ɪˈvæljʊˌeɪt] *v.* 评估；评价	极速理解：**e**（出）+ **valu(e)**（价值）+ **ate**（动词后缀） • We need to **evaluate** how well the policy is working. 我们需要对这一政策产生的效果做出**评价**。
devalue [diːˈvæljuː] *v.* 贬值；降低价值	极速理解：**de**（向下）+ **value**（价值） • The economic crisis caused the currency to **devalue** rapidly. 经济危机导致货币迅速**贬值**。

465 view『观看；观点』

review [rɪ'vjuː] *n./v.* 评论，检查	**极速理解：re（再，重新）+ view（观看）**
	• The manager is currently **reviewing** the company's budget for next year. 经理目前正在**审查**明年的公司预算。
preview ['priːvjuː] *n./v.* 预览；预展	**极速理解：pre（先前）+ view（观看）**
	• He had gone to see the **preview** of a play. 他去看一场戏剧的**预演**了。
interview ['ɪntəˌvjuː] *n./v.* 面试；采访	**极速理解：inter（相互）+ view（观看）**
	• She's nervous about the job **interview** tomorrow. 她对明天的**面试**感到紧张。
interviewer ['ɪntə(r)ˌvjuːə(r)] *n.* 面试官；采访者	**极速理解：interview（面试；采访）+ er（人）**
	• She made a good impression on the **interviewer**. 她给**主持面试者**留下了很好的印象。
viewpoint ['vjuːˌpɒɪnt] *n.* 观点；立场	**极速理解：view（观点）+ point（点）**
	• The two candidates have different **viewpoints** on the issue of immigration. 这两位候选人对移民问题有不同的**观点**。
interviewee [ˌɪntə(r)vjuː'iː] *n.* 被面试者；被采访者	**极速理解：interview（面试；采访）+ ee（人）**
	• He had whittled eight **interviewees** down to two. 他已经逐渐将**参加面试**的人数由 8 人减少到 2 人。

466 voice『声音』

with one voice 众口一词地	**极速理解：** 无 • They consented **with one voice**. 他们**异口同声**地表示同意。
voiceless ['vɒɪslɪs] *adj.* 无声的	**极速理解：voice**（声音）+ **less**（无） • His **voiceless** lips formed the words "Thank you". 他**发不出声音**来，翕动着嘴唇说了"谢谢你"这几个字。
at the top of voice 大声；尖叫着	**极速理解：** 无 • The singer belted out the high notes **at the top of her voice**. 歌手**尖叫着**唱出了高音。
voice-over *n.* 画外音；旁白	**极速理解：voice**（声音）+ **over**（在……上面） • The animated movie was released with **voice-overs** in multiple languages. 这部动画电影配有多种语言的**配音**。
voice-activated *adj.* 被声控激活的；语音激活的	**极速理解：voice**（声音）+ **activated**（被激活的） • The **voice-activated** assistant can play music and answer questions. **语音激活**助手可以播放音乐并回答问题。
rough-voice 嘶哑的声音	**极速理解：rough**（粗糙的；嘶哑的）+ **voice**（声音） • He called in sick to work, citing a sore throat and **rough-voice**. 他打电话请病假，称喉咙疼痛且**声音嘶哑**。

467 wait『等待』

waiting ['weɪtɪŋ]
n. 等待 *adj.* 等候中的；未到的

极速理解：wait（等待）+ ing（进行中的）

- I spent a tense few weeks **waiting** for the results of the tests.
  等候测试结果的这几个星期里我寝食不安。

waiter ['weɪtə]
n. 服务员，侍者

极速理解：wait（等待）+ er（人）

- The restaurant needs to hire more **waiters** for the busy season.
  餐厅需要在旺季雇更多的**服务员**。

waitress ['weɪtrɪs]
n. 女服务生，女侍者

极速理解：wait（等待）+ ress（表女性）

- The new **waitress** was friendly and efficient.
  新来的**女服务员**友好而高效。

await [ə'weɪt]
v. 等候；期待

极速理解：a（处于……状态）+ wait（等待）

- A stack of files **awaited** me on my desk.
  我桌上有一堆文件**正待**我去处理。

long-awaited
adj. 期待已久的

极速理解：long（长时间的）+ await（等待）+ ed（形容词后缀）

- The author finally released the **long-awaited** fourth book.
  作者终于发表了**被期待已久的**第四本书。

waiting room
等候室；候诊室

极速理解：waiting（等待）+ room（房间）

- I sat in the **waiting room** at the airport, watching the planes take off and land.
  我坐在机场的**候机室**里，看着飞机起降。

468 walk『走』

walker ['wɔːkə] *n.* 步行者；行人；助步器	极速理解：**walk**（走）+ **er**（人或物） • The park was filled with **walkers** enjoying the beautiful weather. 公园里充满了享受美好天气的**行人**。
go walking 出去散步，去散步	极速理解：**go**（去）+ **walking**（散步） • After dinner, we like to **go walking** in the park to digest our food. 晚饭后，我们喜欢去公园**散步**来消化食物。
take a walk 散步，去散步	极速理解：**take**（进行）+ **a**（一个）+ **walk**（步行） • He suggested we **take a walk** in the park to discuss the project. 他建议我们去公园**散步**讨论这个项目。
You'll walk it! 你完全能搞定的，你肯定行的	极速理解：无 • The coach encouraged his team, "**You'll walk it!**" 教练鼓励他的队伍说："**你们一定行！**"
sidewalk ['saɪdˌwɔːk] *n.* 人行道	极速理解：**side**（侧面）+ **walk**（步行） • She tripped on the uneven **sidewalk** and nearly fell. 她在不平整的**人行道**上绊了一跤，险些跌倒。
walk up the street 沿着街走	极速理解：无 • She decided to **walk up the street** to the grocery store. 她决定**步行前往**杂货店。

469 war『战争』

wartime ['wɔːˌtaɪm] *n.* 战时	极速理解：**war**（战争）+ **time**（时间） • Fruit was a luxury in **wartime** Britain. 在**战时**的英国，水果是一种奢侈品。
warship ['wɔːʃɪp] *n.* 军舰；战舰	极速理解：**war**（战争）+ **ship**（船） • He dreamed of one day commanding his own **warship**. 他梦想有一天能指挥自己的**战舰**。
warrior ['wɒrɪə] *n.* 战士；勇士	极速理解：**war**（战争）+ **rior**（人） • The ancient Greeks were known for their fierce **warriors** and military tactics. 古希腊人以强大的**战士**和军事战术闻名。
antiwar [ˌæntɪ'wɔː] *adj.* 反战的，反对战争的	极速理解：**anti**（反对）+ **war**（战争） • She is actively involved in various **antiwar** organizations. 她积极参与各种**反战**组织。
postwar ['pəʊst'wɔː] *adj.* 战后的；战后时期的	极速理解：**post**（后）+ **war**（战争） • I'm a product of the **postwar** baby boom. 我出生在**战后的**生育高峰期。
ward [wɔːd] *n.* 病房；监护	极速理解：**war**（战争）+ **d**（地点） • The child was made a **ward** of court. 这个孩子由法院**监护**。

470 ware『物品』

tableware ['teɪbəlˌweə] *n.* 餐具	极速理解：无 • We need to buy new **tableware**. 我们需要买新**餐具**。
kitchenware ['kɪtʃɪnˌweə] *n.* 厨房用具	极速理解：**kitchen**（厨房）+ **ware**（物品） • She has a collection of all sorts of **kitchenware**. 她收集了各种各样的**厨房用具**。
glassware ['glɑːsˌweə] *n.* 玻璃器皿；玻璃餐具	极速理解：**glass**（玻璃）+ **ware**（物品） • The store sells a variety of **glassware**. 这家商店出售各种**玻璃器皿**。
software ['sɒftˌweə] *n.* 软件	极速理解：**soft**（软）+ **ware**（物品） • The company develops **software** for various industries. 这家公司开发各种行业的**软件**。
artware ['ɑːtweə] *n.* 工艺品	极速理解：**art**（艺术）+ **ware**（物品） • The gift shop sells a variety of **artware**. 礼品店出售各种**工艺品**。
warehouse ['weəˌhaʊs] *n.* 仓库	极速理解：**ware**（物品）+ **house**（房子） • The goods overflowed the **warehouse**. **货仓**里装满了货物。

471 warm『温暖的；变暖和』

warmth [wɔːmθ] *n.* 温暖；热情	**极速理解：warm**（温暖的）+ **th**（名词后缀） • She felt the **warmth** of his arms around her. 她感到了他双臂搂着她的**温暖**。
warmly [ˈwɔː(r)mli] *adv.* 热情地；温暖地	**极速理解：warm**（温暖的）+ **ly**（副词后缀） • The host welcomed the guests **warmly**. 主人**热情地**欢迎客人。
global warming 全球变暖	**极速理解：global**（全球的）+ **warm**（温暖的）+ **ing**（名词后缀） • The effects of **global warming** are felt around the world. **全球变暖**的影响在世界各地都感受到了。
warm and friendly 热情友好的	**极速理解：**无 • The restaurant's staff provided **warm and friendly** service. 餐厅的员工提供**热情友好**的服务。
warm-up *n.* 热身；热身运动	**极速理解：warm**（变温和）+ **up**（向上） • The dance teacher led the class in a series of **warm-ups**. 舞蹈老师带领学生进行一系列的**热身运动**。
warm up （使）变暖；热身	**极速理解：warm**（变温和）+ **up**（向上） • Please **warm up** this milk over the stove. 请把这牛奶放在炉子上**热一热**。

472 wash『洗』

do the washing 洗衣服	极速理解：无 • She usually asks her husband to **do the washing** on the weekends. 她通常在周末让她的丈夫**洗衣服**。
washroom ['wɒʃˌruːm] *n.* 洗手间	极速理解：**wash**（洗）+ **room**（房间） • Excuse me, can you please tell me where the washroom is? 不好意思，请问**洗手间**在哪里？
eyewash ['aɪˌwɒʃ] *n.* 眼药水	极速理解：**eye**（眼睛）+ **wash**（洗） • The doctor prescribed her some **eyewash** for dry eyes. 医生给她开了一些**眼药水**，用来缓解眼干症状。
wash dishes 洗碗	极速理解：**wash**（洗）+ **dishes**（碟子，盘子） • It's your turn to **wash dishes** tonight. 今晚轮到你**洗碗**了。
dishwasher ['dɪʃˌwɒʃə] *n.* 洗碗机	极速理解：**dish**（碟子，盘子）+ **wash**（洗）+ **er**（工具） • The restaurant's **dishwasher** broke down. 餐厅的**洗碗机**坏了。
brainwash ['breɪnˌwɒʃ] *v.* 洗脑；灌输思想	极速理解：**brain**（脑）+ **wash**（洗） • I'd been **brainwashed** into believing I was worthless. 我被**洗脑了**，认为自己一文不值。

473 water『水』

mineral water
矿泉水

极速理解：**mineral**（矿物质）+ **water**（水）

- She prefers to drink **mineral water**.
  她更喜欢喝**矿泉水**。

water flower
水生植物

极速理解：**water**（水）+ **flower**（花）

- The water lily is a popular **water flower**.
  睡莲是一种常见的**水生植物**。

watermelon
['wɔːtəˌmelən]
n. 西瓜

极速理解：**water**（水）+ **melon**（瓜）

- She sliced open the **watermelon** and served it up at the barbecue.
  她切开**西瓜**在烧烤时端上桌。

waterfall
['wɔːtəˌfɔːl]
n. 瀑布

极速理解：**water**（水）+ **fall**（落下）

- The soothing sound of the **waterfall** helped her relax and unwind.
  瀑布舒缓的声音帮助她放松身心。

spend money like water
挥霍金钱；花钱如流水

极速理解：无

- He was **spending money like water**.
  他**把钱挥霍得像流水一样**。

waterproof
['wɔːtəˌpruːf]
adj. 防水的；不透水的

极速理解：**water**（水）+ **proof**（防止）

- The container was **waterproof**.
  容器是**防水的**。

474 way『道，路；方法』

subway ['sʌbˌweɪ] *n.* 地铁；地下通道	极速理解：**sub**（下面）+ **way**（道，路） • The city is planning to build a new **subway** line. 市政府计划修建一条新的**地铁**线路。
give way to 让路；让步	极速理解：无 • He **gave way to** the ambulance by pulling over to the side of the road. 他把车靠到路边，**让**救护车**先行**。
halfway [ˌhɑːf'weɪ] *adv.* 在中途；到一半	极速理解：**half**（一半）+ **way**（道，路） • **Halfway** down the cigarette she had a fit of coughing. 烟抽到**一半**，她突然一阵猛咳。
freeway ['friːˌweɪ] *n.* 高速公路	极速理解：**free**（畅通的）+ **way**（道，路） • The **freeway** was busy during rush hour. 高峰时段**高速公路**很拥挤。
railway ['reɪlˌweɪ] *n.* 铁路	极速理解：**rail**（铁轨）+ **way**（道，路） • The **railway** is still under construction. 这条**铁路**仍在建设之中。
stairway ['steəˌweɪ] *n.* 楼梯	极速理解：**stair**（楼梯）+ **way**（道，路） • All **stairways** should be maintained clean. 所有的**楼梯**都应当保持干净。

475 week『星期』

on a weekday 在工作日；在平日	**极速理解：on**（在）+ **a**（一个）+ **week**（星期）+ **day**（日） • **On a weekday**, the office is busy with people working and running errands. **在平日里**，办公室里有许多人在工作和办事。
weekly ['wiːkli] *adj.* 每周的 *adv.* 每周一次地 *n.* 周报；周刊	**极速理解：week**（星期）+ **ly**（形容词 / 副词后缀） • The newspaper is published **weekly**. 这份报纸**每周**出版一次。
weekend [ˌwiːk'end] *n.* 周末	**极速理解：week**（星期）+ **end**（末尾） • The office is closed at the **weekend**. 本办事处**星期六和星期日**不办公。
weekends [ˌwiːk'endz] *adv.* 在周末；每个周末	**极速理解：week**（星期）+ **ends**（结束） • We used to go and see them most **weekends**. 我们过去经常**在周末**去看望他们。
workweek ['wɜːkˌwiːk] *n.* 工作周	**极速理解：work**（工作）+ **week**（星期） • The typical **workweek** is Monday through Friday. 通常的**工作周**是从周一至周五。
weeklong [ˌwiːk'lɒŋ] *adj.* 持续一周的	**极速理解：week**（星期）+ **long**（时间长的） • We went on a **weeklong** vacation to the beach. 我度过了**为期一周的**假期去海边。

476 west『西』

southwest [ˌsaʊθ'west] *n.* 西南 *adj.* 西南的	极速理解：**south**（南）+ **west**（西） • She is planning a road trip to the **southwest** to visit national parks. 她计划去**西南**地区的国家公园旅行。
northwest [ˌnɔːθ'west] *n.* 西北 *adj.* 西北的	极速理解：**north**（北）+ **west**（西） • They went on a camping trip to the **northwest**. 他们去**西北**旅行。
western ['westən] *adj.* 西方的，西部的	极速理解：**west**（西）+ **ern**（形容词后缀） • White has always been a symbol of purity in **Western** cultures. 在**西方**文化中，白色一向象征纯洁。
westerner ['westənə] *n.* 西方人	极速理解：**western**（西方的）+ **er**（人） • The young man looks like a **westerner**. 那年轻人看起来像**西方人**。
northwestern [ˌnɔːθ'westən] *adj.* 西北的	极速理解：**north**（北）+ **west**（西）+ **ern**（形容词后缀） • The **northwestern** part of the state is mountainous. 该州的**西北**部地区山区多。
face west 面向西方	极速理解：**face**（面向）+ **west**（西） • The beach house **faces west**, offering stunning ocean views at sunset. 海滩别墅**面向西方**，日落时有壮丽的海景。

477 where『哪里；地方』

somewhere ['sʌmˌweə] *adv.* 在某处 *pron.* 某个地方	**极速理解：some（某些）+ where（地方）** • She left her phone **somewhere** in the house and couldn't find it. 她把手机放在了房子的**某个地方**，找不到了。
get nowhere 没有取得进展；未能达到目标	**极速理解：get（获得）+ no（无）+ where（地方）** • They argued for hours, but in the end, they **got nowhere**. 他们争论了几个小时，但最后却**一事无成**。
everywhere ['evrɪˌweə] *adv.* 到处；在每个地方	**极速理解：every（每个）+ where（地方）** • During the holiday season, Christmas decorations are **everywhere**. 在假日季节，圣诞装饰品**随处**可见。
wherever [weər'evə] *adv.* 无论在哪里；无论何处	**极速理解：where（哪里）+ ever（无论）** • Some people enjoy themselves **wherever** they are. 有些人能够**随**遇而安。
whereabouts ['weərəˌbaʊts] *n.* 行踪；下落 *adv.* 在哪里	**极速理解：where（哪里）+ abouts（状态）** • **Whereabouts** did you find it? 你**在哪儿**找到它的？
whereas [weər'æz] *conj.* 然而；鉴于	**极速理解：无** • Some of the studies show positive results, **whereas** others do not. 有一些研究结果令人满意，**然而**其他的则不然。

478 white『白色』

whiten ['waɪtən] *v.* 使变白	**极速理解：white（白色）+ en（使……）** • She uses a special toothpaste to **whiten** her teeth and keep them looking bright. 她用特殊的牙膏**美白**牙齿，让它们保持明亮。
white collar 白领；白领的	**极速理解：white（白色）+ collar（领子）** • He prefers a **white-collar** lifestyle. 他喜欢**白领阶层的**生活方式。
white wine 白葡萄酒	**极速理解：white（白色）+ wine（葡萄酒）** • She prefers to drink **white wine** with fish. 她喜欢在吃鱼的时候喝**白葡萄酒**。
whiteboard ['waɪtˌbɔːd] *n.* 白板	**极速理解：white（白色）+ board（板子）** • The teacher used the **whiteboard** in class. 老师在课堂上使用**白板**。
white-hot *adj.* 白热的；极热的	**极速理解：white（白色）+ hot（热的）** • The debate became **white-hot**. 争论达到了**白热化的**程度。
black-and-white photos 黑白照片	**极速理解：black（黑）+ and（和）+ white（白色）+ photos（照片）** • She loves to take **black-and-white photos** of landscapes. 她喜欢拍摄**黑白**风景**照片**。

479 wide『宽的；广泛的』

widen
['waɪdən]
v. 扩大，加宽

极速理解：wid(e)(宽的) + en(使……变得)

- She needs to **widen** her perspective.
  她需要**拓宽**视野。

width
[wɪdθ]
n. 宽度，广度

极速理解：wid(e)(宽的) + th(名词后缀)

- The **width** of the classroom is 25 feet.
  教室的**宽度**为 25 英尺。

widespread
['waɪdˌspred]
adj. 广泛的，普遍的

极速理解：wide(广泛的) + spread(展开)

- The flu is a **widespread** illness.
  流感是一种**广泛传播的**疾病。

widely
['waɪdli]
adv. 广泛地，普遍地

极速理解：wide(广泛的) + ly(副词后缀)

- The internet has made information **widely** available.
  互联网使信息**广泛**可用。

nationwide
['neɪʃənˌwaɪd]
adj. 全国性的
adv. 遍及全国地

极速理解：nation(国家) + wide(广泛的)

- The company has over 500 stores **nationwide**.
  这家公司在**全国各地**有 500 多家商店。

worldwide
['wɜːld'waɪd]
adj. 全世界的
adv. 在全世界

极速理解：world(世界) + wide(广泛的)

- The product was launched amid much fanfare **worldwide**.
  这个产品在**世界各地**隆重推出。

480 will『意愿；决心』

willing ['wɪlɪŋ] *adj.* 乐意的，愿意的	极速理解：**will**（意愿；决心）+ **ing**（形容词后缀） • She is **willing** to help out with the project. 她**愿意**帮助完成这个项目。
unwilling [ʌn'wɪlɪŋ] *adj.* 不乐意的，不情愿的	极速理解：**un**（否定）+ **willing**（愿意的） • She felt **unwilling** to attend the party. 她**不想**参加派对。
willful ['wɪlfʊl] *adj.* 固执的；故意的	极速理解：**will**（决心）+ **ful**（充满……的） • He made a **willful** decision to break the law, knowing the consequences of his actions. 他**故意**违法，明知道自己的行为后果。
weak-willed *adj.* 意志薄弱的，无主见的	极速理解：**weak**（弱的）+ **will**（意愿；决心）+ **ed**（形容词后缀） • He was a **weak-willed** and indecisive leader. 他是一位**意志薄弱**、优柔寡断的领导。
self-willed *adj.* 自作主张的，固执己见的	极速理解：**self**（自我）+ **willed**（有意志力的） • He was very independent and **self-willed**. 他非常独立而且**固执己见**。
free will 自由意志	极速理解：**free**（自由的）+ **will**（意愿） • She left of her own **free will**. 她是**自愿**离开的。

481 wind『风』

windy ['wɪndi] *adj.* 多风的，刮风的	**极速理解：wind（风）+ y（形容词后缀）** • It's too **windy** to go for a picnic today. 今天太**多风**了，不适合野餐。
windless ['wɪndləs] *adj.* 无风的	**极速理解：wind（风）+ less（无）** • It's a **windless** day today. 今天是个**风平浪静的**日子。
howling wind 呼啸的风	**极速理解：howling（吼叫的）+ wind（风）** • The ship was battered by the **howling wind**. 船只被**呼啸的风**摧残。
windtight ['wɪndˌtaɪt] *adj.* 不透风的，防风的	**极速理解：wind（风）+ tight（紧的，不透气的）** • The windows and doors are **windtight**. 窗户和门是**不透风的**。
wind up 终止；绕紧	**极速理解：wind（缠绕）+ up（上面）** • Let's **wind up** the meeting and make a decision. 让我们**结束**会议，并做出决定。
windproof ['wɪndpruːf] *adj.* 防风的，不透风的	**极速理解：wind（风）+ proof（防止）** • The **windproof** jacket kept the hiker warm. **防风**夹克让徒步旅行者保持温暖。

482 wit『智慧』

witty ['wɪti] *adj.* 机智的，诙谐的	**极速理解：wit（智慧）+ ty（形容词后缀）** • His **witty** remarks always make me laugh during meetings. 他**机智的**言辞总是在会议期间让我笑个不停。
witless ['wɪtlɪs] *adj.* 愚蠢的，无知的	**极速理解：wit（智慧）+ less（无）** • The man's **witless** comments during the job interview ensured that he did not get hired. 他在面试时**无知的**言论使得他没有被录用。
quick-witted *adj.* 反应快的；机智的	**极速理解：quick（快的）+ wit（智慧）+ t + ed（形容词后缀）** • She was **quick-witted** and had an extraordinarily agile mind. 她**机智聪慧**，思维极为敏捷。
slow-witted *adj.* 反应迟钝的；愚笨的	**极速理解：slow（慢的）+ wit（智慧）+ t + ed（形容词后缀）** • A man of great wisdom often appears **slow-witted**. 大智若**愚**。
outwit [ˌaʊt'wɪt] *v.* 胜过，智胜	**极速理解：out（超过）+ wit（智慧）** • Somehow he always manages to **outwit** his opponents. 他反正总能设法**智胜**对手。
witticism ['wɪtɪˌsɪzəm] *n.* 机智俏皮的话，妙语	**极速理解：wit（智慧）+ tic（形容词后缀）+ ism（名词后缀）** • His **witticisms** always liven up dinner parties. 他的**机智言辞**总是使晚宴变得有趣起来。

483 woman『女人』

	极速理解：无
women ['wɪmɪn] *n.* 女人（复数形式）	• The event was open to both men and **women** of all ages. 这个活动对所有年龄段的男**女**都开放。
	极速理解：**spokes**（说话）+ **woman**（女人）
spokeswoman ['spəʊkswʊmən] *n.* 女发言人	• The company's **spokeswoman** announced the new product launch at the press conference. 公司的**女发言人**在新闻发布会上宣布了新产品的上市。
policewoman [pə'li:swʊmən] *n.* 女警察	极速理解：**police**（警察）+ **woman**（女人） • My wife is an excellent **policewoman**. 我妻子是一名出色的**女警察**。
	极速理解：**chair**（主席）+ **woman**（女人）
chairwoman ['tʃeəwʊmən] *n.* 主席，女主席	• A suitable answer has already been put forward by the **chairwoman**. 一个合适的解决办法已由**女主席**提出。
sportswoman ['spɔ:tsˌwʊmən] *n.* 女运动员	极速理解：**sports**（运动）+ **woman**（女人） • She is a talented **sportswoman**. 她是一位有才华的**女运动员**。
womanly ['wʊmənli] *adj.* 像女人的，女子般的	极速理解：**woman**（女人）+ **ly**（形容词后缀） • That young nurse gave off **womanly** radiance. 那位年轻的护士散发出**女性的**神采。

484 wood『木头；森林』

woody ['wʊdi] *adj.* 多木质的，林木繁茂的	极速理解：**wood**（木头；森林）+ **y**（形容词后缀） • The **woody** scent of the forest filled the air. 森林的**木质**香气弥漫在空气中。
wooden ['wʊdən] *adj.* 木制的；呆板的	极速理解：**wood**（木头）+ **en**（形容词后缀） • His performance on stage was **wooden**. 他在舞台上的表现很**呆板**。
woods [wʊdz] *n.* 木头，树林，林地	极速理解：无 • We went for a hike in the **woods**. 我们去了**树林**里远足。
deadwood ['dedˌwʊd] *n.* 枯木，废柴；落后的人	极速理解：**dead**（死亡的）+ **wood**（木头） • The old fence was held up by a few pieces of **deadwood**. 旧的篱笆只用几块**废柴**支撑。
woodpecker ['wʊdˌpekə] *n.* 啄木鸟	极速理解：**wood**（木头）+ **pecker**（啄木鸟） • The **woodpecker** tapped on the tree trunk with its beak. **啄木鸟**用它的喙在树干上轻敲。
woodland ['wʊdlənd] *n.* 树林，林地	极速理解：**wood**（森林）+ **land**（土地） • The **woodland** was home to a variety of plants and animals. **树林**是许多植物和动物的家园。

485 word『单词；话语』

wordy ['wɜːdi] *adj.* 冗长的，啰唆的	极速理解：**word**（话语）+ **y**（形容词后缀） • The article was filled with **wordy** descriptions. 这篇文章充斥着**冗长的**描述。
wording ['wɜːdɪŋ] *n.* 措辞，用词	极速理解：**word**（话语）+ **ing**（名词后缀） • The legal contract needed careful scrutiny of the **wording**. 法律合同需要仔细审查**措辞**。
wordless ['wɜːdlɪs] *adj.* 无言的，缄默的	极速理解：**word**（话语）+ **less**（无） • She stared back, now **wordless**. 她凝视着后面，一时**无语**。
loanword ['ləʊnˌwɜː(r)d] *n.* 外来词	极速理解：**loan**（借来的）+ **word**（单词） • "KARAOKE" is a **loanword** from Japanese. "卡拉 OK"**源自**日语。
foreword ['fɔːˌwɜːd] *n.* 前言，序言	极速理解：**fore**（前面）+ **word**（话语） • It's important to read the **foreword** carefully. 仔细阅读**前言**很重要。
by word of mouth 口口相传，口头传播	极速理解：无 • I have informed him **by word of mouth**. 我已**口头**通知他了。

486 work『工作』

worker ['wɜːkə] *n.* 工人，劳动者	极速理解：**work**（工作）+ **er**（人） • The union representatives negotiated for better pay for the **workers**. 工会代表为**工人**争取更好的薪资进行了谈判。
workaday ['wɜːkəˌdeɪ] *adj.* 平凡的，例行的	极速理解：**work**（工作）+ **aday**（每天） • Enough of fantasy, the **workaday** world awaited him. 一通乱想之后，等待他的是**平淡无奇的**现实世界。
overwork [ˌəʊvə'wɜːk] *v./n.* 过度劳累	极速理解：**over**（过度）+ **work**（工作） • She felt tired and stressed from **overwork**. 她因为**过度劳累**感到疲惫和压力。
workday ['wɜːkˌdeɪ] *n.* 工作日，平常日	极速理解：**work**（工作）+ **day**（日子） • He put in a long **workday**. 这天他**工作**了很长时间。
workaholic [ˌwɜːkə'hɒlɪk] *n.* 工作狂，工作狂人	极速理解：**work**（工作）+ **aholic**（上瘾的人） • He was an ambitious **workaholic**. 他是个雄心勃勃的**工作狂**。
workout ['wɜː(r)kaʊt] *n.* 锻炼，运动	极速理解：**work**（工作）+ **out**（完成） • He prefers to do a quick **workout** at home. 他更喜欢在家做简单的**锻炼**。

487 world『世界』

world-famous *adj.* 世界著名的	**极速理解：world（世界）+ famous（著名的）** • His books are **world-famous**. 他的著作**举世闻名**。
world-renowned *adj.* 世界闻名的	**极速理解：world（世界）+ renowned（闻名的）** • The Great Wall of China is a **world-renowned** landmark. 中国的长城是一座**世界闻名的**地标。
world-shaking *adj.* 世界性的，轰动全球的	**极速理解：world（世界）+ shaking（震撼的）** • The discovery of penicillin was a **world-shaking** moment in the history of medicine. 青霉素的发现是医学史上**轰动全球的**时刻。
worldwide ['wɜːld'waɪd] *adj.* 全球的 *adv.* 全世界地	**极速理解：world（世界）+ wide（广泛的）** • This book has **worldwide** sales. 这本书在**全世界**畅销。
world-class *adj.* 世界一流的	**极速理解：world（世界）+ class（等级，水平）** • He was determined to become a **world-class** player. 他决心成为**世界级**选手。
world view 世界观	**极速理解：world（世界）+ view（看法，观点）** • His **world view** was shaped by his upbringing and cultural background. 他的**世界观**受到了他成长环境和文化背景的影响。

488 write『写作』

	极速理解：**writ(e)**（写作）+ **er**（人）
writer ['raɪtə] *n.* 作家，作者	• He is not so much a journalist as a **writer**. 与其说他是个新闻工作者，不如说他是个**作家**。
	极速理解：**writ(e)**（写作）+ **ing**（名词后缀）
writing ['raɪtɪŋ] *n.* 写作，书写 *adj.* 书面的，写的	• His **writing** is very clear and easy to understand. 他的**写作**非常清晰，易于理解。
	极速理解：**hand**（手）+ **written**（**write** 的过去分词）
handwritten ['hænd,rɪtən] *adj.* 手写的	• The letter was **handwritten**. 这封信是**手写的**。
	极速理解：**hand**（手）+ **writing**（书写）
handwriting ['hænd,raɪtɪŋ] *n.* 书法；笔迹	• Her **handwriting** was very beautiful. 她的**书法**非常漂亮。
	极速理解：**write**（写作）+ **down**（向下）
write down 写下，记下	• Don't forget to **write down** the professor's office hours. 不要忘记**记下**教授的办公时间。
	极速理解：**type**（文字）+ **writ(e)**（写作）+ **er**（人或物）
typewriter ['taɪp,raɪtə] *n.* 打字机	• The **typewriter** was an important invention. **打字机**是一项重要的发明。

489 yard『庭院』

farmyard ['fɑːmˌjɑːd] *n.* 农家场院	极速理解：**farm**（农场）+ **yard**（庭院） • The road passes a **farmyard**. 那条路经过一个**农家场院**。
backyard [ˌbæk'jɑː(r)d] *n.* 后院	极速理解：**back**（后面）+ **yard**（庭院） • The children were playing basketball in the **backyard**. 孩子们正在**后院**打篮球。
graveyard ['greɪvˌjɑː(r)d] *n.* 墓地	极速理解：**grave**（坟墓，墓穴）+ **yard**（庭院） • They made their way to a **graveyard** to pay their respects to the dead. 他们前往**墓地**悼念死者。
schoolyard ['skuːljɑːd] *n.* 校园；校园操场	极速理解：**school**（学校）+ **yard**（庭院） • I ran faster than ever, reaching the **schoolyard** quite out of breath. 我跑得更快了，到了**校园**时上气不接下气了。
churchyard ['tʃɜːtʃˌjɑːd] *n.* 教堂墓地	极速理解：**church**（教堂）+ **yard**（庭院） • The old church had a small **churchyard**. 这座古老的教堂有一个小的**教堂墓地**。
give an inch and take a yard 得寸进尺	极速理解：无 • I **gave** him **an inch but** he **took a yard**. 我退让一步，结果他却**得寸进尺**。

490 year『年』

yearly ['jɪəli] *adj.* 每年的	极速理解：**year**（年）+ **ly**（方式或频率） • The company holds a **yearly** conference. 这家公司**每年**都会举行一次会议。
year-long *adj.* 持续一年的	极速理解：**year**（年）+ **long**（长时间的） • The **year-long** course was cut to six months. **1 年的**课程被缩短为 6 个月。
at the year end 在年底	极速理解：无 • We always have a big party **at the year end**. 我们总是**在年底**举行一个大型派对。
year award 年度奖项	极速理解：**year**（年）+ **award**（奖项） • He won the company's **year award** for outstanding performance. 他因表现出色获得了公司的**年度奖项**。
year after year 一年又一年，年复一年	极速理解：**year**（年）+ **after**（之后）+ **year**（年） • The flowers bloom **year after year** in this garden. 这个花园里的花朵**一年又一年**地开放。
light year 光年	极速理解：**light**（光）+ **year**（年） • A **light year** is the distance that light travels in one year. 一**光年**是光在一年内行进的距离。

491 after『之后』

afternoon

[ˌɑːftə'nuːn]

n. 下午；午后

极速理解：**after**（之后）+ **noon**（正午）

• In the **afternoon** they went shopping.

他们**下午**去购物了。

thereafter

[ˌðeər'ɑːftə]

adv. 此后；之后；以后

极速理解：**there**（那里）+ **after**（之后）

• **Thereafter**, he became very sensitive.

自此之后，他变得非常敏感。

afterwards

['ɑːftəwədz]

adv. 之后，后来，以后

极速理解：**after**（之后）+ **wards**（方向）

• Shortly **afterwards** he met her again.

不久**之后**，他又遇到了她。

aftermath

['ɑːftəˌmɑːθ]

n. 后果，创伤

极速理解：无

• The **aftermath** of war is hunger and disease.

战争的**后果**是饥饿与疾病。

ask after

问候

极速理解：无

• She **asks after** you.

她向你**问好**。

after all

毕竟

极速理解：无

• **After all**, individual strength is limited.

个人的力量**毕竟**是有限的。

492 bind『捆绑』

binding ['baɪndɪŋ] *n.* 书籍封面 *adj.* 有约束力的	极速理解：**bind**（捆绑）+ **ing**（名词 / 形容词后缀） • This is a **binding** agreement. 这是个**有约束力的**协议。
binder ['baɪndə] *n.* 黏合剂；文件夹	极速理解：**bind**（捆绑）+ **er**（工具） • She used a **binder** to glue the broken pages. 她用**黏合剂**将破损页粘在一起。
bind to 绑定到，连接到	极速理解：无 • The computer needs to be **bound to** the network. 电脑需要**连接到**网络。
unbind [ʌn'baɪnd] *v.* 解开，松开	极速理解：**un**（否定）+ **bind**（捆绑） • Please **unbind** the wires. 请**解开**电线。
unbound [ʌn'baʊnd] *adj.* 无束缚的	极速理解：**un**（否定）+ **bound**（**bind** 的过去分词） • Her hair was **unbound** and makes her look very tired. 她的头发**没有梳**，显得她很疲惫。
unbounded [ʌn'baʊndɪd] *adj.* 无限的	极速理解：**un**（否定）+ **bound**（捆绑）+ **ed**（形容词后缀） • His ambition is **unbounded**. 他的野心**毫无止境**。

493 praise『赞扬』

praiseful ['preɪzfʊl] *adj.* 赞扬的	极速理解：**praise**（赞扬）+ **ful**（充满……的） • He received a lot of **praiseful** reviews for his performance. 他的表演收到了很多的**好评**。
praiseworthy ['preɪzˌwɜːði] *adj.* 值得称赞的	极速理解：**praise**（赞扬）+ **worthy**（值得的） • His aim is honorable and **praiseworthy**. 他的目的是高尚的，**值得称赞的**。
overpraise [ˌəʊvə'preɪz] *v.* 过度称赞	极速理解：**over**（过度）+ **praise**（赞扬） • He does not like to be **overpraised** like that. 他不喜欢受到那样**过分的赞扬**。
dispraise [dɪs'preɪz] *v.* 指责，批评；毁谤	极速理解：**dis**（否定）+ **praise**（赞扬） • His performance was met with **dispraise** from the critics. 他的表现却受到了评论家的**批评**。
self-praise *v.* 自夸；自我表扬	极速理解：**self**（自我）+ **praise**（赞扬） • She has a habit of engaging in **self-praise**. 她有一个习惯，总是**夸自己**。
appraise [ə'preɪz] *v.* 鉴赏，评价	极速理解：**ap**（强调）+ **praise**（赞扬） • Managers must **appraise** all staff. 经理必须对全体员工**做出评价**。

494 revise『修订』

revision	极速理解：**revis(e)**（修订）+ **ion**（名词后缀）
[rɪˈvɪʒən]	• The catalogue is under **revision**.
n. 修订；复习	目录册正在**修订**之中。
revised	极速理解：**revis(e)**（修订）+ **ed**（形容词后缀）
[rɪˈvaɪzd]	• The budget has been **revised** upwards.
adj. 修订的	预算已经上**调**。
revisal	极速理解：**revis(e)**（修订）+ **al**（名词后缀）
[rɪˈvaɪzl]	• I need to make a **revisal** to my essay.
n. 修订；修改	我需要对我的论文进行**修改**。
revisionary	极速理解：**revision**（修订）+ **ary**（形容词后缀）
[rɪˈvɪʒənərɪ]	• The company implemented **revisionary** policies.
adj. 修正的	公司实施了**修订**政策。
revisory	极速理解：**revis(e)**（修订）+ **ory**（形容词后缀）
[rɪˈvaɪzəri]	• The **revisory** team made necessary revisions.
adj. 修订的	**修订**团队对报告进行了必要的修改。
reviser	极速理解：**revis(e)**（修订）+ **er**（人）
[rɪˈvaɪzə]	• As a **reviser**, he reviews all errors in the essay.
n. 校对员	作为**校对员**，他检查文中所有的错误。

495 thing『事情』

nothing	极速理解：**no**（否定）+ **thing**（事情）
['nʌθɪŋ]	• There's **nothing** to be afraid of.
n. 没有	没有什么要害怕的。
know-nothing	极速理解：**know**（知道）+ **no**（否定）+ **thing**（事情）
n. 一无所知的人	• I am a **know-nothing** in gardening.
	我对园艺**一无所知**。
something	极速理解：**some**（一些）+ **thing**（事情）
['sʌmθɪŋ]	• She's keeping **something** back from us.
n. 重要的事物	她有**重要的事**瞒着我们。
have a thing about	极速理解：无
讨厌，厌恶	• I **have a thing about** celery.
	我很**讨厌**芹菜。
for one thing	极速理解：无
一方面	• **For one thing**, air travel costs a great deal.
	一方面，空中旅行费用高。
do one's own thing	极速理解：无
做自己爱做的事	• Let him **do his own thing**.
	让他**做自己想做的事**吧。

496 seek『寻找』

seek to 寻求，试图	极速理解：**seek**（寻找）+ **to**（表示目的） • We **seek to** improve relations. 我们**寻求**改进彼此的关系。
seek out 找出；物色	极速理解：**seek**（寻找）+ **out**（出去） • We will **seek out** new opportunities. 我们将**寻找**新的机会。
hide-and-seek *n.* 捉迷藏	极速理解：**hide**（藏）+ **and**（和）+ **seek**（寻找） • **Hide-and-seek** is a traditional game. **捉迷藏**是传统的游戏。
seek one's fortune 寻找财富或机会	极速理解：**seek**（寻找）+ **one's fortune**（某人的财富） • He is going to Canada to **seek his fortune**. 他将到加拿大**寻求发展**。
far to seek 达不到，差得远	极速理解：**far**（远的）+ **to**（表示目的）+ **seek**（寻找） • The evidence is not **far to seek**. 证据不**难找到**。
seeker ['siːkə(r)] *n.* 探索者；追求者	极速理解：**seek**（寻找）+ **er**（人） • I am a **seeker** after truth. 我**追求**真理。

497 separate『分开』

separated ['sepəreɪtɪd] *adj.* 分开的	**极速理解：separat(e)**（分割）+ **ed**（形容词后缀） • Her parents are **separated** but not divorced. 她父母**分居**但没离婚。
separately ['seprətli] *adv.* 分别地	**极速理解：separate**（分割）+ **ly**（副词后缀） • Last year's figures are shown **separately**. 去年的数字被**分别**列出。
separate from 分开，离开	**极速理解：**无 • He decided to **separate from** the firm. 他决定**离开**这个公司。
separation [ˌsepə'reɪʃən] *n.* 分离，离别	**极速理解：separat(e)**（分割）+ **ion**（名词后缀） • **Separation** from her friends made her very sad. 与朋友**分别**使她很伤心。
separatist ['sepərətɪst] *n.* 分裂者 *adj.* 分裂主义的	**极速理解：separat(e)**（分割）+ **ist**（人） • He stopped a **separatist** movement. 他制止了一场**分裂主义**运动。
separatism ['seprətɪzəm] *n.* 分裂主义	**极速理解：separat(e)**（分割）+ **ism**（主义） • This is the struggle against **separatism**. 这是反对**分裂主义**的一场斗争。

498 popular『流行的』

populate ['pɒpjʊˌleɪt] *v.* 生活于；居住于	**极速理解：popul**（人）+ **ate**（动词后缀） • The island is **populated** largely by sheep. 这个岛的主要**生物**是绵羊。
population [ˌpɒpjʊ'leɪʃən] *n.* 人口	**极速理解：popul**（人）+ **ation**（名词后缀） • The **population** is aging. **人口**正在老龄化。
depopulate [dɪ'pɒpjʊˌleɪt] *v.* 人口减少	**极速理解：de**（否定）+ **popul**（人）+ **ate**（动词后缀） • The famine threatened to **depopulate** the continent. 饥荒可能会导致该大洲**人口剧减**。
overpopulated [ˌəʊvə'pɒpjʊˌleɪtɪd] *adj.* 人口过密的	**极速理解：over**（超过）+ **popul**（人）+ **ated**（形容词后缀） • Environmentalists say Australia is already **overpopulated**. 环保人士认为澳大利亚已经**人口过剩**。
underpopulated [ˌʌndə'pɒpjʊˌleɪtɪd] *adj.* 人口稀少的	**极速理解：under**（底下）+ **popul**（人）+ **ated**（形容词后缀） • The village is seriously **underpopulated**. 这个村庄**人口**严重**稀少**。
population growth 人口增长	**极速理解：population**（人口）+ **growth**（增长） • The area has seen a rapid **population growth**. 该地区**人口激增**。

499 light『轻的』

lightly ['laɪtli] *adv.* 轻柔地	**极速理解：light（轻的）+ ly（副词后缀）** • I touched him **lightly** on the arm. 我**轻轻**碰了碰他的手臂。
light-hearted *adj.* 轻松的；快活的	**极速理解：light（轻的）+ heart（心）+ ed（形容词后缀）** • This is a **light-hearted** speech. 这是一场**轻松愉快的**讲话。
light-minded *adj.* 轻率的	**极速理解：light（轻的）+ mind（心思）+ ed（形容词后缀）** • My friend is a bit **light-minded**. 我的朋友做事有点儿**轻率**。
light-headed *adj.* 头晕的；眩晕的	**极速理解：light（轻的）+ head（头）+ ed（形容词后缀）** • He felt **light-headed**. 他感到**头晕**。
light-colored *adj.* 浅色的	**极速理解：light（轻的）+ color（颜色）+ ed（形容词后缀）** • The living room is painted with **light-colored** walls. 客厅的墙壁涂成了**浅色**。
light-footed *adj.* 脚步轻快的	**极速理解：light（轻的）+ foot（脚）+ ed（形容词后缀）** • She is **light-footed** when she dances. 她跳舞时**舞步轻盈**。

500 find『发现』

finding ['faɪndɪŋ] *n.* 调查，发现	极速理解：**find**（发现）+ **ing**（名词后缀） • These results conflict with earlier **findings**. 这些结果与早期的**发现**相矛盾。
finder ['faɪndə] *n.* 发现者	极速理解：**find**（发现）+ **er**（人） • The planet is named by its **finder**. 那颗行星是以它的**发现者**命名的。
unfindable [ʌn'faɪndəbəl] *adj.* 找不到的	极速理解：**un**（否定）+ **find**（发现）+ **able**（能够） • The small café was **unfindable** for most people. 这家小咖啡馆对大多数人来说是**难以发现的**。
find one's feet 适应新环境	极速理解：无 • I was able to **find my feet** and become confident in my role. 我**适应了新环境**，对自己的角色变得自信起来。
find out 找出，查明	极速理解：**find**（发现）+ **out**（出去） • I'll do my best to **find out**. 我会尽力**查明真相**。
find against 否决，作出对……不利的判决	极速理解：**find**（发现）+ **against**（反对） • The team **found against** their proposal. 团队最终**否决**了他们的提案。